Oscar cla

Erich Fromm

Avere o essere?

Traduzione di Francesco Saba Sardi

ARNOLDO MONDADORI
EDITORE

Titolo originale dell'opera: *To have or to be?*

Pubblicato d'intesa con Harper & Row, Publishers, Inc.,
New York, N.Y., U.S.A.

I edizione Saggi marzo 1977
I edizione Oscar saggi gennaio 1986
I edizione Oscar classici moderni maggio 1996

ISBN 88-04-41771-4

Questo volume è stato stampato
presso Arnoldo Mondadori Editore S.p.A.
Stabilimento Nuova Stampa – Cles (TN)
Stampato in Italia – Printed in Italy

Ristampe:

4 5 6 7 8 9 10 11 12 13

1998 1999 2000 2001

Il nostro indirizzo internet è:
http://www.mondadori.com/libri

Erich Fromm

La vita

Durante la sua lunga e intensa attività di studioso, Erich Fromm incarnò in modo originale una figura di moderno predicatore laico, impegnato nel tentativo di rilanciare una radicale e aggiornata forma di umanesimo che mirasse a «porre l'uomo al di sopra delle cose, l'essere al di sopra dell'avere, la vita al di sopra di ciò che è morto e puramente meccanico». A ispirarlo fu una fiducia nelle «potenzialità» dell'uomo, che non gli venne meno neppure nei giorni estremi. Lo conferma il testo dell'intervista concessa alla televisione svizzera dieci giorni prima di morire nel quale richiamò la necessità «di credere e di sperare [...] anche se non in senso strettamente religioso».

Era nato il 23 marzo 1900 a Francoforte in una famiglia di origine ebraica che contava molti rabbini forse già dal XVII secolo. In età adulta lo studioso ricorderà il padre, commerciante di vini contro voglia, come un uomo nevrotico, ossessivo e pauroso. A lui riconobbe però il merito di avergli trasmesso una completa indifferenza verso il denaro e la logica mercantile. L'educazione intellettuale di Fromm avvenne peraltro all'insegna della tradizione ebraica, e anche dopo che, intorno alla metà degli anni Venti, aveva abbandonato l'ortodossia, rimasero in lui tracce considerevoli dell'antica formazione religiosa.

Nel frattempo i tragici eventi della prima guerra mondiale avevano acuito la sensibilità del futuro studioso, costringendolo a prendere coscienza di alcuni problemi di psicologia sociale sui quali in seguito si sarebbe soffermato a lungo. Il bisogno di spiegarsi il motivo per cui «uomini che non si conoscono e che non si sono fatti nulla» possano uccidersi reciprocamente lo spinse ad approfondire gli studi già iniziati di filosofia e di psicanalisi. A influenzarlo furono alcune delle personalità di maggiore spicco della cultura otto-novecentesca: non solo Marx e Freud, ma anche Johann Jacob Bachofen e Georg Groddeck.

Nel 1922 si laureò in filosofia presso l'Università di Heidelberg. Si iscrisse quindi all'Istituto di psicanalisi di Berlino, dove venne analizzato da Hans Sachs e dove seguì le lezioni di alcuni dei più famosi esponenti del movimento freudiano, tra i quali Theodor Reik. Nel 1926 incominciò a esercitare la professione. Negli stessi anni divenne membro del famoso Institut für Sozialforschung, al quale era legato il gruppo di studiosi che diede vita alla cosiddetta scuola di Francoforte. Tra i maggiori rappresentanti vi erano Max Horkheimer, Walter Benjamin, Theodor Adorno, Herbert Marcuse. Poco dopo, insieme alla moglie Frieda Reichmann (discepola di Emil Kraepelin), divenne uno dei membri effettivi (gli altri erano Karl Landauer e Henrich Meng) dell'Istituto psicanalitico della medesima città, prima organizzazione dichiaratamente freudiana collegata, sia pure in modo indiretto, a un ateneo tedesco. All'attività dell'Istituto parteciparono nei primi tempi alcuni fra i più importanti continuatori delle ricerche freudiane, tra cui il già citato Sachs e Anna Freud.

Nel 1934, all'inizio delle persecuzioni razziali, abbandonò (insieme agli altri intellettuali e scienziati ebraici) la Germania per rifugiarsi negli Stati Uniti, dove compose quasi tutte le sue opere. Qui insegnò in varie università, fra le quali la Columbia, la Yale, la New York University. Nel 1955 fu chiamato a dirigere il dipartimento di psicanalisi dell'Università Nazionale di Città del Messico. Con Karen Horney e Harry Stack Sullivan si distinse in questo periodo come uno dei principali esponenti di quell'indirizzo «culturalista» che riuniva i freudiani revisionisti, protesi a sottolineare l'influenza dei fattori sociali nella formazione della personalità umana.

In Europa Fromm tornò, anziano, dopo avere lasciato l'insegnamento. Gli ultimi dieci anni della sua vita li trascorse nella Svizzera italiana, dove fra l'altro si erano ritirate altre figure di rilievo della cultura tedesca: Hermann Hesse, Horkeimer, Erich Maria Remarque, lo storico della filosofia Karl Löwith. Come dimora scelse un silenzioso condominio a Muralto, presso Locarno, proprio di fronte al Lago Maggiore. Malato di cuore fin dalla giovane età, tra tanti disagi fisici (negli ultimi anni camminava con fatica) continuò a condurre la sua intensa attività di studioso dimostrandosi disponibile al confronto delle idee e sempre impegnato a riflettere sui fatti della contemporaneità.

Colpito da crisi cardiaca, muore il 18 marzo 1980, pochi giorni prima di compiere ottant'anni. L'anno precedente gli era stata conferita la cittadinanza onoraria svizzera.

Le opere

A una visione complessiva la vasta opera di Erich Fromm appare volta anzitutto a indagare i rapporti che nella storia umana si stabiliscono in maniera reciproca fra le tendenze inconsce e quelle sociali. Oggetto costante di ricerca è per lui la dialettica individuo-società, che indaga mettendo in atto una serie molto ampia di riferimenti culturali e con una non comune capacità di sintesi intellettuale. La sua attività prende avvio nell'ambito della Scuola di Francoforte. Fromm presenta però tratti propri che lo distinguono in maniera spiccata dagli altri esponenti della scuola con i quali pure ha in comune la formazione intellettuale e la convinzione che si debba muovere da una teoria critica della società capitalistica. Come è stato detto, egli è un ricercatore di frontiera, che opera combinando quanto di maggiormente vitale trova nelle più diverse correnti di cultura.

Decisivo rimane tuttavia il rapporto con Freud, che lui

stesso ha chiarito in forma riassuntiva in un libro famoso uscito nel 1979, *Greatness and Limitations of Freud's Psychoanalysis* (*Grandezza e limiti del pensiero di Freud*). In esso egli ribadisce l'importanza storica delle scoperte freudiane, vedendo nella teoria dell'inconscio il merito fondamentale del padre della psicanalisi. Proprio tale teoria permette in effetti di indagare in modo scientifico l'insieme delle emozioni e delle passioni umane che in precedenza erano appannaggio della filosofia, della letteratura, della religione. Come altri eretici, Fromm ridimensiona però il peso della libido che per Freud costituiva il fondamento dei comportamenti degli individui, e prende nel contempo le distanze da taluni degli elementi centrali del suo pensiero, primo fra tutti la teoria del complesso edipico. Oltre che in questo libro, nato dall'urgenza di fare i conti con il grande maestro, Freud è in ogni caso una presenza costante negli studi di Fromm: non in quanto profeta da chiosare (come fanno i peggiori epigoni), ma in quanto punto di riferimento a cui è necessario guardare con occhio critico.

Il richiamo al marxismo si colloca in questo punto, come correttivo imprescindibile. La perlustrazione delle costanti della «natura umana» per Fromm è destinata infatti a risultare parziale se insieme non si indagano anche le condizioni oggettive in cui l'io va maturandosi. È questo il tema centrale di una delle sue prove saggistiche più seducenti, *Marx and Freud*. Bisogna precisare nondimeno che egli legge Marx secondo un'ottica sua, prediligendo soprattutto le opere giovanili e in particolare i *Manoscritti economici e filosofici del 1844*. Più che il teorico e l'annunciatore della società socialista futura, Fromm scorge in Marx il fertile critico delle strutture della società occidentale presente. D'altronde, egli si avvicina a Marx spinto da una tensione religiosa che percorre l'intera sua attività e che è alimentata anche dall'analisi attenta dei grandi della mistica medievale e in un secondo tempo degli scritti canonici della tradizione buddista, gli uni e gli altri interpretati – s'intende – in chiave laica. Significativo in proposito il volume *Zen Buddhism and Psychoanalysis* (1960,

Psicanalisi e Buddismo Zen) composto insieme a D. Suzuki e a R. De Martino.

Secondo un punto di vista più generale, si può dire che di natura religiosa si dimostra quella passione per l'uomo che in *Escape from Freedom*, (1941, *Fuga dalla libertà*) lo induce a interrogarsi sul più clamoroso paradosso della modernità. Proprio la civiltà moderna, infatti, che della democrazia e della difesa delle libertà individuali ha fatto il suo cavallo di battaglia, è quella che ha conosciuto i peggiori regimi totalitari. Con intelligenza Fromm individua nello stato di inquietudine e di isolamento in cui la conquista della libertà getta l'uomo la ragione che induce masse consistenti di persone a sottomettersi a un potere autoritario che, mentre schiaccia ogni forma di indipendenza, le solleva dall'ansia e dalla responsabilità di scegliere.

Ma oltre a sottoporre a critica l'età borghese, Fromm si impegna anche nel tentativo di indicare le linee di comportamento capaci di orientare l'uomo verso fini positivi che rafforzino democraticamente la convivenza civile. È questo il vero intento perseguito fra l'altro in *The Art of Loving* (1956, *L'arte di amare*), dal quale affiora una concezione particolare dell'amore, inteso non come attrazione sessuale, ma come atteggiamento attivo che implica l'occuparsi affettuosamente dell'altro. L'amore come valore, insomma, da coltivare coscientemente affrancandosi sempre più dalle tentazioni a cui ci sottopone il nostro naturale egoismo. Come appare chiaro leggendo il testo in profondità, è una teoria che discende da una concezione positiva della natura umana, ribadita in un altro testo chiave, *Anatomy of Human Distructiveness*, (1975, *Anatomia della distruttività umana*). Polemizzando con Konrad Lorenz e con coloro che ritengono che l'uomo sia aggressivo per natura, in esso Fromm si impegna a dimostrare che l'aggressività non è prodotto dell'istinto bensì dell'organizzazione sociale.

In forma diversa il tema è ripreso e approfondito in *To have or to be?* (1976, *Avere o essere?*). Più che altrove forse è proprio qui che emerge d'altra parte una delle caratteristiche principali di questo autore che, oltre a essere mosso da esigenze di studio, è pure sempre proteso a intervenire in modo militante sugli eventi della civiltà contemporanea allo scopo di modificarli o perlomeno di influire sulle loro direzioni. Egli è stato anzitutto un interprete della filosofia critica e cioè di una tendenza volta a smascherare i veli intellettuali e morali che impediscono di vedere quella che egli chiama la verità. Ed è appunto questa esigenza di verità che lo spinge a farsi accusatore del mondo attuale che in questo libro descrive sempre più asservito ai beni materiali: una società improntata interamente alle modalità distruttive dell'«avere» anziché a quelle proficue dell'«essere». Ed è al culto dell'avere, del possesso che Fromm ricollega tra l'altro i gravi fatti che hanno determinato la decadenza della nostra civiltà, terrorismo compreso. Tuttavia il messaggio che emerge da questa così come dalle altre sue opere è tutt'altro che disarmante. Ad animare il filosofo è la certezza che, pur essendo in crisi, l'uomo riuscirà a sopravvivere, e vi riuscirà perché la pulsione alla vita è un fatto che appartiene al nostro codice genetico. L'importante è non cedere alle facili illusioni dell'ideologia. Negli ultimi anni della sua vita, quando si va aggravando il divario fra Est e Ovest, egli interviene a chiarire che né il capitalismo occidentale né il comunismo (sovietico o cinese) possono risolvere il problema del futuro: «Entrambi creano burocrazie che trasformano l'uomo in una cosa. L'alternativa non è tra capitalismo e comunismo, ma fra burocrazia e umanesimo».

La fortuna

Rispetto agli altri esponenti della Scuola di Francoforte, Fromm dimostra a parere della maggioranza degli interpreti un minore rigore filosofico. Più eclettico ed eccentrico, egli procede in ogni caso seguendo con coerenza un suo itinerario di ricerca che pure conosce svolte decisive. Le varie tappe di questo itinerario sono state messe in risalto fra gli altri da

Martin Jay, il quale gli riserva pagine illuminanti in *The Dialectical Imagination. A History of the Frankfurt School and the Institute of Social Research, 1923-1950* (*L'immaginazione dialettica. Storia della Scuola di Francoforte e dell'Istituto per le ricerche sociali, 1923-1950*). Le differenze rispetto agli indirizzi di studio seguiti dall'Istituto per le ricerche sociali vi sono adeguatamente chiarite insieme alle diverse componenti del pensiero di Fromm.

Il suo progressivo allontanamento dall'Istituto non ha mancato peraltro di suscitare reazioni di dissenso da parte dei maggiori esponenti della Scuola. In particolare Marcuse gli ha rimproverato di avere proposto una interpretazione riduttiva della psicanalisi e di avere divulgato un'immagine della vita funzionale alla conservazione dello *status quo*. Ma è soprattutto Adorno che, prendendo in esame *The Social Limitations of Psychoanalytic Therapy* di Fromm e *New ways in Psychoanalysis* di Horney, ha mostrato in un lucido saggio del 1946, "Social Science and Sociological Tendencies in Psychoanalysis", i motivi di maggiore debolezza del revisionismo neofreudiano.

A chi legga oggi le opere di Fromm, appare comunque evidente che della Scuola di Francoforte egli ha conservato in ogni caso lo spirito fondamentale. Giustamente Duccio Trombadori ha osservato che «di quella linea di pensiero Fromm ha ereditato l'appassionata tensione critica rivolta a interrogare la crisi del mondo contemporaneo, decifrando il "disagio della civiltà" e le sue ragioni dentro le condizioni del più avanzato sviluppo capitalistico». Con decisione inoltre Trombadori mette in risalto insieme agli sviluppi di pensiero anche la sua «intensa partecipazione ai più inquietanti problemi del nostro secolo, diretta a misurarne le teorie con le domande emergenti dal vivo dei conflitti sociali». Proprio questa partecipazione è peraltro ciò che ne fa «uno dei più significativi testimoni e interpreti» della nostra cultura.

È tenendo conto di queste osservazioni che si può comprendere la fortuna editoriale incontrata dai libri di Fromm, soprattutto da *L'arte di amare* e *Avere o essere?* E si è trattato di una fortuna straordinaria, calcolabile in centinaia di migliaia di copie vendute in tutto il mondo e in decine e decine di edizioni. Le ragioni di un così vasto successo vanno ricercate naturalmente nella semplicità di linguaggio con cui Fromm, pur senza scendere al di sotto di un livello comunque pregevole di argomentazione, divulga il proprio punto di vista. Egli è stato in effetti tra i non molti che sanno parlare a un pubblico vasto, composto non di addetti ai lavori ma di individui che in ogni caso sentono l'esigenza di interrogarsi sulle cause che hanno determinato quella crisi generale che ha attraversato tutto il secolo avviato a conclusione. Fromm si è rivolto cioè prima di tutto a lettori che, pur sentendosi orfani di ogni sicurezza ideologica, hanno rinunciato ad arrendersi a fantasie apocalittiche e hanno continuato a vagheggiare una diversa condizione di vita. È qui allora che si misurano davvero le ragioni del successo della sua opera. In un'età che ha visto sgretolarsi tutti i miti sociali e politici che in un passato recente erano apparsi tanto promettenti, Fromm propone un messaggio intelligentemente ottimistico. Non nega, non maschera in modo consolatorio i nodi critici dell'oggi, presenta però un modo per affrontarli, offre una opportuna indicazione di metodo. A derivarne è un incoraggiamento alla speranza, che non si traduce in attesa passiva bensì in comportamento pratico volto a rinsaldare la logica positiva dell'essere a danno di quella distruttiva dell'avere.

Bibliografia

Prima edizione

Erich Fromm, *To have or to be?*, Harper & Row Publishers, New York 1976.

Prima edizione italiana

Erich Fromm, *Avere o essere?*, trad. di F. Saba Sardi, Mondadori, Milano 1977.

Principali opere di Erich Fromm in edizione italiana

Anatomia della distruttività umana, trad. di S. Stefani, Mondadori, Milano 1975.

Anima e società, trad. di D. Scalmani, Mondadori, Milano 1993.

Da avere a essere, trad. di L. Coeta, Mondadori, Milano 1991.

Dalla parte dell'uomo. Indagine sulla psicologia della morale, trad. di R. Pedio, Astrolabio, Roma 1971.

Dogmi, gregari e rivoluzionari. Saggi sulla religione, la psicologia e la cultura, trad. di V. Di Giuro, Edizioni di Comunità, Milano 1972.

Fuga dalla libertà, trad. di C. Mannucci, Edizioni di Comunità, Milano 1963.

Grandezza e limiti del pensiero di Freud, trad. di F. Saba Sardi, Mondadori, Milano 1979.

I cosiddetti sani, trad. di M. Bistolfi, Mondadori, Milano 1996.

Il coraggio di essere (intervista di Guido Ferrari), Casagrande, Bellinzona 1994.

Il cuore dell'uomo. La sua disposizione al bene e al male, trad. di E. Calzavara, Carabba, Roma 1965.

Il linguaggio dimenticato. Introduzione alla comprensione dei sogni, delle fiabe e dei miti, trad. di G. Brianzoni, Bompiani, Milano 1962.

Il mondo di Sigmund Freud, trad. di M. Valente, Area, Milano 1962.

Io difendo l'uomo, trad. di A. Audisio, Rusconi, Milano 1994.

L'amore per la vita (letture radiofoniche a cura di Hans Jürgen Schultz), trad. di F. Saba Sardi, Mondadori, Milano 1975.

L'amore per la vita, trad. di F. Saba Sardi, Mondadori, Milano 1987.

L'arte di amare, trad. di M. Damiani, Il Saggiatore, Milano 1963.

L'arte di ascoltare, trad. di P. Severi, Mondadori, Milano 1994.

L'inconscio sociale: alienazione, idolatria, sadismo, trad. di M. Bistolfi, Mondadori, Milano 1992.

L'umanesimo socialista, trad. di S.C. Abbrescia, Rizzoli, Milano 1975.

La crisi della piscoanalisi, trad. di G. Fattorini, Mondadori, Milano 1971.

La disobbedienza e altri saggi, trad. di F. Saba Sardi, Mondadori, Milano 1982.
La legge degli ebrei, trad. di A. Audisio, Rusconi, Milano 1993.
La rivoluzione della speranza, trad. di P. Bardellini, Bompiani, Milano 1982; Etas Libri, Milano 1971.
Lavoro e società agli albori del Terzo Reich. Un'indagine di psicologia sociale, trad. di L. Boella, Mondadori, Milano 1982.
Marx e Freud, trad. di L. Pecchio, Il Saggiatore, Milano 1968.
Personalità, libertà, amore (intervista a cura di R.I. Evans), trad. di D. Mezzacapa, Newton Compton, Roma 1983.
Psicanalisi dell'amore, Newton Compton, Roma 1988.
Psicanalisi della società contemporanea, trad. di U. Varnai, Edizioni di Comunità, Milano 1960.
Psicanalisi e religione, trad. di U. Varnai, Edizioni di Comunità, Milano 1961.
Può l'uomo prevalere?, trad. di E. Tagliabue, Bompiani, Milano 1963.
Scritti su Sigmund Freud, trad. di C. Vittone, Mondadori, Milano 1991.
Voi sarete come dei. Una interpretazione radicale del Vecchio Testamento e della sua tradizione, trad. di S. Gana, Ubaldini, Roma 1970.

Principali scritti critici su Erich Fromm

M. Niel, in «Syntheses», agosto 1960.
M. Birnbach, *Neo-Freudian Social Philosophy*, Stanford Univer sity Press, Stanford 1961.
G. Granata, in «Il Resto del Carlino», 18 luglio 1962.
A. Norsa, in «Il Ponte», luglio 1962.
A. Catemario, *La società malata. Saggio sulla filosofia di Fromm*, Giannini, Napoli 1962.
G. Mutarelli, in «La Fiera letteraria», 17 febbraio 1963.
J.A.C. Brown, *Introduzione a Freud e i post-freudiani*, Editrice universitaria, Firenze 1964.
G.P. Prandstraller, in «Comunità», agosto 1965.
R. I. Evans, *Dialogue with Erich Fromm*, Harper e Row, New York 1966.

G. Lindzey e C.S. Hall (a cura di), *Teorie della personalità*, Boringhieri, Torino 1966.
G. Lo Russo, in «Critica sociale», 20 febbraio 1966.
G. Livi, in «Corriere della Sera», 19 agosto 1971.
F. Azzali, in «Il Resto del Carlino», 21 settembre 1971.
R. Cantoni, in «La Stampa», 15 ottobre 1971.
M. Donzelli, in «Nuova rivista storica», settembre-dicembre 1971.
V. Saltini, in «L'Espresso», 26 dicembre 1971.
L. Castagneri, in «L'Unità», 30 dicembre 1971.
G. Angeli, in «Rivista di storia e letteratura religiosa», gennaio 1972.
C. Failla, *La parabola del marxismo occidentale*, Editrice Queriniana, Brescia 1973.
A. Piccardo, in «Tribuna politica letteraria», 7 maggio 1973.
N. Abbagnano, in «Il Giornale», 14 maggio 1975.
E. Ferrero, in «La Stampa», 24 maggio 1975.
S. Di Risio, in «Il Messaggero», 17 novembre 1975.
A. Mercurio, *Amore e persona. Presupposti psicanalitici ed esistenziali*, Bulzoni, Roma 1976.
P. Zima, *Guida alla scuola di Francoforte. La dialettica del particolare*, Rizzoli, Milano 1976.
P.C. Devescovi, in «Vita sociale», luglio-agosto 1976.
P. De Luca, in «Nuova rivista storica», settembre-dicembre 1976.
R. Contardi, in «Fenomenologia e società», dicembre 1977.
A. Heller, *Istinto e aggressività. Introduzione a un'antropologia sociale marxista*, Feltrinelli, Milano 1978.
A. Ossicini, in «Bozze», febbraio 1978.
F. Camon, in «Il Giorno», 13 febbraio 1978.
M. Librazzi, *Condizione umana e problematica religiosa in Erich Fromm*, Cedam, Padova 1979.
G. Pirola, in «Fenomenologia e società», marzo 1979.
P. Legrenzi, in «Corriere della Sera», 21 ottobre 1979.
G. Nascimbeni, in «Corriere della Sera», 19 marzo 1980.
A. Todisco, in «Corriere della Sera», 19 marzo 1980.
D. Trombadori, in «L'Unità», 19 marzo 1980.
M. Clerici, in «Studi cattolici», giugno 1980.
T. Perlini, in «Controcultura», giugno-luglio 1980.

F. Scarso, in «Spirali», settembre 1980.
B. Mondin, *Una nuova cultura per una nuova società. Analisi della crisi epocale della cultura moderna e dei progetti per superarla*, Massimo, Milano 1981.
E. Bonanati, *Arte di vivere: arte d'amare. L'educazione della libertà all'armonia in Erich Fromm*, ECIG, Genova 1983.
G. Brescia, *Il tempo e la libertà. Teorie e sistemi della costruttività umana*, Lacaita, Manduria 1984.
F.A. Cusimano, *Erich Fromm*, Puleio, Milano 1984.
A. Caneva, in «Cultura e libri», gennaio-aprile 1986.
M. Serri, in «Tuttolibri», 19 luglio 1986.
E. Fizzotti, in «Cultura e scuola», gennaio-marzo 1987.
E. Fizzotti, in «Humanitas», febbario 1987.
AA.VV. *Atti del simposio internazionale su Erich Fromm: dalla necrofilia alla biofilia: linee per una psicanalisi umanistica*, Medicea, Firenze 1988.
G. Magnani, in «Mondoperaio», dicembre 1988.
M. Bacciagaluppi, in «Psicoterapia e scienze umane», n. 3, 1989.
B. Colella, in «Problemi della pedagogia», novembre-dicembre 1989.
A.G. Sabatini, in «Tempo presente», gennaio-marzo 1990.
C. Pozzoli, in «La Stampa», 28 febbraio 1990.
S. Acquaviva, in «Corriere della Sera», 17 marzo 1990.
A. Ossicini, in «L'Unità», 17 marzo 1990.
A.G. Sabatini, in «Il Giorno», 17 marzo 1990.
M. Bacciagaluppi, in «Psicoterapia e scienze umane», n. 3, 1990.
B. Luban-Plozza, in «Corriere del Ticino», 23 marzo 1990.
W. Mauro, in «Il Popolo», 1-2 aprile 1990.
M. Bacciagaluppi, in «Psicoterapia e scienze umane», n. 4, 1992.
A. Bevilacqua, in «Corriere della Sera», 10 maggio 1992.
C. Pozzoli, in «Corriere della Sera», 24 novembre 1992.
F. Montevecchi, in «Rocca», 1 agosto 1993.
E. Loewenthal, «Il Sole-24 Ore», 13 febbraio 1994.

Avere o essere?

La Via del fare è l'essere.
Lao-Tse

Converrebbe considerare, non tanto
ciò che devono *fare*, ma ciò che sono.
Meister Eckhart

Meno si *è*, e meno si esprime
la propria vita; più si *ha*, e più
è alienata la propria vita.
Karl Marx

La collana World Perspectives si propone di presentare al pubblico testi fondamentali in vari campi, opera di eminenti personalità del nostro tempo. Lo scopo è di mettere in luce i nuovi orientamenti della società moderna, di interpretare le forze creative che agiscono attualmente all'Est come all'Ovest, di delineare una nuova sensibilità che contribuisca a una più profonda comprensione delle relazioni tra uomo e universo, tra individuo e società, e dei valori comuni a tutte le culture. World Perspectives propone al pubblico idee universali, sottolineando il principio di unità del pensiero umano e della continuità nel mutamento.

Presupposto di World Perspectives è che l'uomo stia sviluppando una nuova coscienza, che, a dispetto dell'evidente schiavitù spirituale e morale dell'individuo, potrà infine condurre l'umanità oltre la paura, l'ignoranza, la solitudine da cui oggi è assediata. Ed è a questa nascente consapevolezza, a questo concetto di uomo nato da un universo concepito attraverso una nuova visione della realtà che questa collana è dedicata.

*Ruth Nanda Anshen**

* Il presente volume fa parte della collana World Perspectives, ideata e curata dalla Dr. Ruth Nanda Anshen.

Prefazione

Questo libro segue due direttrici tracciate in miei scritti precedenti. In primo luogo, amplia lo sviluppo delle mie ricerche nel campo della psicoanalisi radical-umanistica, in pari tempo concentrandosi sull'analisi dell'egoismo e dell'altruismo considerati come due orientamenti fondamentali del carattere. Quindi, nella Parte terza, riprende una problematica che ho già affrontato in *The Sane Society* e in *The Revolution of Hope*: la crisi della società contemporanea e le possibilità di una sua soluzione. Non mi è stato possibile evitare ripetizioni di idee già espresse, ma spero che il nuovo punto di vista a partire dal quale questo breve libro è stato scritto e lo sviluppo delle tematiche compenseranno qualsiasi lettore che abbia familiarità con le mie opere precedenti.

Va detto che il titolo di quest'opera è pressoché identico a quello di due altri libri, apparsi qualche tempo fa, e precisamente: Gabriel Marcel, *Être et avoir: Journal métaphysique* e Balthazar Staehelin, *Haben und Sein*. Sia il mio sia questi due libri sono stati scritti nello spirito dell'umanesimo, anche se affrontano la problematica sotto angolazioni assai diverse: Marcel fa suo un punto di vista teologico e filosofico; il libro di Staehelin costituisce una critica costruttiva del materialismo nella scienza moderna e un contributo alla *Wirklichkeitsanalyse*; il presente volume contiene un'analisi psicologica empirica e sociale delle due modalità di esistenza. Non posso che raccomandare le opere di Marcel e di Staehelin ai lettori che nutrono un certo interesse per l'argomento. (Preciso che non ho saputo della esistenza di una traduzione inglese data alle stampe del libro di Marcel fino a pochissimo tempo fa, e che l'ho letto in un'ottima traduzione inglese eseguita, a mio uso personale, da Beverley Hughes. Nella bibliografia è citata soltanto la versione pubblicata in volume.)

Allo scopo di favorire la leggibilità di questo libro, le note a pie' di pagina sono ridotte al minimo possibile, sia per numero sia per lunghezza. Le opere cui mi riferisco sono accompagnate nel testo dalla data tra parentesi della loro pubblicazione; per maggiori informazioni si consulti la bibliografia.

Un altro chiarimento che ritengo necessario è quello che concerne l'uso che qui generalmente si fa delle espressioni *man* (uomo) e *he* (egli). Ritengo di essere riuscito a evitare ogni forma di linguaggio «fallocratico», e ringrazio Marion Odomirok per avermi persuaso che un tale uso del linguaggio è assai più importante di quanto non ritenessi. Su un unico punto non siamo riusciti a trovare un accordo a proposito del sessismo nel linguaggio, ed è l'impiego da me fatto della parola *man* per designare la specie *Homo sapiens*. Il termine *man* in questo contesto, senza differenziazioni di sesso, ha una lunga tradizione nel pensiero umanistico, e io non credo che si possa fare a meno di una parola che inequivocabilmente denota il carattere della nostra specie. È una difficoltà, questa, che si può evitare in tedesco servendosi del sostantivo *Mensch* per designare l'essere umano senza distinzioni d'ordine sessuale. Anche in inglese, però, il sostantivo *man* è usato con la stessa funzione del tedesco *Mensch*, al di fuori di ogni differenziazione sessuale, per indicare appunto l'essere umano o la specie umana. Ho ritenuto consigliabile restituire alla parola *man* il suo significato non sessuale, piuttosto che sostituirlo con parole goffe o ambigue. A volte, ho usato *Man*, con l'iniziale maiuscola, allo scopo di sottolineare che si tratta di un termine privo di differenziazioni sessuali.*

Non mi resta, a questo punto, che esprimere i miei calorosi ringraziamenti alle varie persone che hanno dato un apporto contenutistico e stilistico a questo libro. In primo luo-

* Nella versione italiana, ci si è serviti allo stesso modo del termine «Uomo» con l'iniziale maiuscola per indicare l'essere umano dove lo fa l'autore. [*N.d.T.*]

go, Rainer Funk, che mi è stato di grande aiuto sotto parecchi punti di vista: nel corso di lunghe discussioni, mi ha aiutato a comprendere certe particolarità della teologia cristiana; è stato una ricchissima fonte di informazioni per quanto riguarda la letteratura teologica; ha letto a più riprese il manoscritto, e i suoi ottimi suggerimenti, insieme con le sue critiche, hanno contribuito in larga misura ad arricchire il testo e a eliminare alcuni errori. Assai grato sono anche a Marion Odomirok che ha sensibilmente migliorato il libro con la sua abile opera di cura editoriale; e a Joan Hughes, che coscienziosamente e pazientemente ha battuto e ribattuto a macchina le numerose versioni del manoscritto, non mancando di avanzare molti validissimi suggerimenti circa lo stile e il linguaggio usati. Infine, ringrazio Annis Fromm, che ha letto il manoscritto nelle sue varie redazioni, e ha saputo sempre formulare valide puntualizzazioni e consigli.

E.F.

New York, giugno 1976

La Grande Promessa, il suo fallimento e nuove alternative

La fine di un'illusione

La Grande Promessa di Progresso Illimitato - vale a dire la promessa del dominio sulla natura, di abbondanza materiale, della massima felicità per il massimo numero di persone e di illimitata libertà personale - ha sorretto le speranze e la fede delle generazioni che si sono succedute a partire dall'inizio dell'era industriale. Indubbiamente, la nostra civiltà ha avuto esordio quando la specie umana ha cominciato a esercitare attivamente il controllo sulla natura; ma tale controllo è rimasto limitato fino all'avvento definitivo dell'era industriale stessa. Grazie al progresso industriale, cioè al processo che ha portato alla sostituzione dell'energia animale e umana con l'energia dapprima meccanica e quindi nucleare e alla sostituzione della mente umana con il calcolatore elettronico, abbiamo potuto credere di essere sulla strada che porta a una produzione illimitata e quindi a illimitati consumi; che la tecnica ci avesse resi onnipotenti e la scienza onniscienti; che fossimo insomma sul punto di diventare dei, superuomini capaci di creare un mondo «secondo», servendoci del mondo naturale soltanto come di una serie di elementi di costruzione per edificarne uno nuovo.

Gli uomini e, sempre più spesso, anche le donne hanno avvertito una nuova sensazione di libertà; sono diventati padroni delle proprie esistenze: le catene feudali sono state spezzate, l'individuo si è trovato a poter fare ciò che voleva, affrancato da ogni pastoia. O, per lo meno, era quello che la gente credeva; e benché questa situazione fosse propria soltanto delle classi superiore e media, il loro esempio induceva altri a supporre che, alla fine, la nuova libertà sarebbe stata estesa a tutti i membri della società, a patto che l'industrializzazione continuasse con lo stesso ritmo. Ben presto, il socialismo e il comunismo hanno cessato di essere movimenti che si prefiggevano lo scopo di costruire una *nuova* società e un *nuovo* uomo, per far proprio l'ideale di una vita borghese per tutti, indicando nel *borghese universalizzato* gli uomini e le donne del futuro. Il raggiungimento del benessere e delle comodità per tutti avrebbe avuto come risultato, così si credeva, la felicità senza restrizioni per tutti. La trinità costituita da produzione illimitata, assoluta libertà e felicità senza restrizioni venne così a formare il nucleo di una nuova religione, quella del Progresso: una nuova Città Terrena del Progresso si sarebbe sostituita alla Città di Dio. Non può sorprendere che questa nuova religione abbia rifornito i suoi fedeli di tanta energia, vitalità e speranza.

L'imponenza della Grande Promessa, le stupende realizzazioni materiali e intellettuali dell'era industriale devono essere tenute ben presenti se si vuole capire l'entità del trauma che oggi è prodotto dalla constatazione del suo fallimento. È infatti innegabile che l'era industriale non sia riuscita a esaudire la Grande Promessa, e un numero sempre crescente di persone sta oggi rendendosi conto di quanto segue:

- La soddisfazione illimitata di tutti i desideri non comporta il *vivere bene*, né è la strada per raggiungere la felicità o anche soltanto il massimo di piacere.
- Il sogno di essere padroni assoluti delle nostre esistenze ha avuto fine quando abbiamo cominciato ad aprire gli occhi e a renderci conto che siamo tutti divenuti ingranaggi della macchina burocratica, e che i nostri pensieri, i nostri sentimenti e i nostri gusti sono manipolati dai governi, dall'industria e dai mezzi di comunicazione di massa controllati dagli uni e dall'altra.
- Il progresso economico è rimasto limitato ai paesi ricchi, e il divario tra nazioni ricche e nazioni povere si è più che mai ampliato.
- Lo stesso progresso tecnico ha avuto come conseguenza il manifestarsi di pericoli per l'ambiente e di rischi di conflitti nucleari, e sia gli uni sia gli altri, agendo isolatamente o insieme, possono mettere fine all'intera civiltà e forse anche a ogni forma di vita.

Quando, nel 1952, si recò a Oslo a ricevere il Premio Nobel per la pace, Albert Schweitzer esortò il mondo a «osare di guardare in faccia la realtà... L'uomo è divenuto un superuomo... Ma il superuomo col suo sovrumano potere non è pervenuto al livello di una sovrumana razionalità. Più il suo potere cresce, e più egli diventa anzi un pover'uomo... Le nostre coscienze non possono non essere scosse dalla constatazione che, più cresciamo e diventiamo superuomini, e più siamo disumani».

Perché è fallita la Grande Promessa?

Il fallimento della Grande Promessa, a parte le contraddizioni economiche di fondo dell'industrializzazione, è intimamente connesso al sistema industriale in ragione dei due principali presupposti psicologici della Grande Promessa stessa: 1. che lo scopo della vita sia la felicità, vale a dire il massimo piacere, inteso quale soddisfazione di ogni desiderio o bisogno soggettivo che una persona possa avere (*edonismo radicale*); 2. che l'egotismo, l'egoismo e l'avidità, che il sistema non può fare a meno di generare per poter funzionare, conducono all'armonia e alla pace.

È ben noto che, durante tutto il corso della storia, i ricchi hanno praticato l'edonismo radicale. Coloro che disponevano di mezzi illimitati, come l'élite di Roma, delle città italiane durante il Rinascimento, dell'Inghilterra e della Francia durante il XVIII e XIX secolo, tentavano di dare un senso alla propria esistenza cercandolo nel piacere senza restrizioni di sorta. Ma se il massimo di piacere, inteso come edonismo radicale, è stata la prassi di certi gruppi in certi periodi, questa non è mai stata la *teoria* del vivere bene quale trova espressione nell'insegnamento dei Maestri di vita della Cina, dell'India, del Vicino Oriente e dell'Europa, con un'unica eccezione anteriore al XVII secolo.

L'eccezione è costituita dal filosofo greco Aristippo, un seguace di Socrate vissuto nella prima metà del IV sec. a.C., il quale affermava che godere di un massimo di piaceri fisici costituisce lo scopo della vita, e che la felicità è la somma complessiva dei piaceri che si sono goduti. Se il suo pensiero ci è in parte noto, lo dobbiamo a Diogene Laerzio: poca cosa, ma comunque sufficiente per persuaderci a vedere in Aristippo l'unico vero edonista del mondo antico, agli occhi del quale l'esistenza di un desiderio costituiva il fondamento del diritto a soddisfarlo e pertanto a raggiungere l'obiettivo della vita, vale a dire il Piacere.

Assai difficilmente si può considerare Epicuro un assertore del tipo di edonismo praticato da Aristippo. Infatti, se è vero che per Epicuro il piacere «puro» costituiva la meta suprema, è anche innegabile che il piacere in questione ai suoi occhi significava «assenza di dolore» (*aponia*) e immobilità dell'anima (*ataraxia*). Secondo Epicuro, il piacere inteso quale soddisfazione di un desiderio non può costituire lo scopo della vita, dal momento che un piacere siffatto è necessariamente seguito dal dispiacere, e pertanto distoglie l'umanità dalla sua meta effettiva, che è l'assenza di dolore. (Per inciso, la teoria di Epicuro ricorda, per molti aspetti, quella di Freud.) Comunque, sembrerebbe che Epicuro fosse il rappresentante di un certo tipo di soggettivismo in contrasto con la posizione di Aristotele, almeno per quanto le contraddittorie esposizioni del pensiero di Epicuro, di cui disponiamo, permettono un'interpretazione univoca.

Nessuno degli altri grandi Maestri ha insegnato che l'*esistenza effettiva di un desiderio costituisce una norma etica*. Il loro interesse andava al modo ottimale di «vivere bene» per l'umanità, e il nucleo essenziale del loro pensiero va ricercato nella distinzione tra quei bisogni (desideri) che sono avvertiti solo soggettivamente e la cui soddisfazione comporta un piacere momentaneo, e quei bisogni che sono radicati nella natura umana e la cui soddisfazione comporta uno sviluppo dell'Uomo e ha per effetto l'*eudaimonia*, vale a dire appunto il «vivere bene». In altre parole, i grandi Maestri avevano di mira la *distinzione tra bisogni avvertiti come puramente soggettivi e bisogni oggettivamente validi*, considerando i primi almeno in parte dannosi allo sviluppo umano e i secondi invece in accordo con le esigenze della natura umana.

La teoria secondo la quale scopo della vita sarebbe l'esaudimento di ogni desiderio umano fu apertamente proclamata, per la prima volta dopo Aristippo, da filosofi del XVII e XVIII secolo. Si trattava di una concezione che non poteva non manifestarsi una volta che il «profitto» avesse cessato di significare «profitto per l'anima» (come nella Bibbia e, più tardi, ancora in Spinoza), per riferirsi invece a quello materiale, finanziario, trasformazione che avvenne nel periodo in cui la classe media si sbarazzò non soltanto delle sue pastoie politiche, ma anche di tutti i legami di amore e di solidarietà, approdando alla convinzione che esistere *soltanto* per se stessi significasse essere maggiormente se stessi. Per Hobbes, la felicità è il continuo progresso da una brama (*cupiditas*) a un'altra; La Mettrie giunge a raccomandare l'uso di droghe perché danno per lo meno l'illusione della felicità; per il Marchese de Sade, l'obbedienza a impulsi crudeli è legittima per la semplice ragione che essi esistono e aspirano a essere realizzati. Si tratta di pensatori vissuti all'epoca della vittoria definitiva della classe borghese; e quelle che erano state le prassi non filosofiche degli aristocratici divennero la prassi e la teoria della borghesia.

Dopo il XVIII secolo, molte teorie etiche sono state elaborate, e tra esse non sono mancate le forme di edonismo più discrete, come l'utilitarismo, ma neppure i sistemi rigidamente antiedonistici come quelli di Kant, Marx, Thoreau e Schweitzer. L'epoca presente, almeno a partire dalla fine della prima guerra mondiale, è però tornata alla prassi e alla teoria dell'edonismo radicale. Il concetto di piacere senza restrizioni costituisce una singolare antitesi all'ideale del lavoro disciplinato, contraddizione che non è dissimile da quella tra l'accettazione di un'etica di lavoro ossessivo e l'ideale dell'ozio più totale per il resto della giornata e durante le vacanze. La catena di montaggio che si snoda senza fine e la routine burocratica da un lato, la televisione, l'automobile e il sesso dall'altro, rendono possibile questa contraddittoria combinazione di termini. Da solo, il lavoro a ritmo ossessivo ridurrebbe gli esseri umani alla follia esattamente come l'ozio completo; grazie alla combinazione dei due elementi, essi riescono a vivere. Inoltre, entrambe le due polarità corrispondono a una necessità economica: il capitalismo del XX secolo si basa sul massimo consumo dei beni e dei servizi prodotti, come pure sul lavoro di gruppo routinizzato.

Col ricorso a considerazioni teoriche, è possibile dimostrare che l'edonismo radicale non può condurre alla felicità, come pure perché non possa farlo, tenuto conto della natura umana. Ma, anche senza ricorrere all'analisi teorica, i dati di fatto che abbiamo sott'occhio comprovano con la massima evidenza che la nostra modalità di «perseguimento della felicità» non ha per effetto il vivere bene. La nostra è una società composta da individui notoriamente infelici: isolati, ansiosi, in preda a stati depressivi e a impulsi distruttivi, incapaci di indipendenza, in una parola esseri umani ben lieti di poter ammazzare il tempo che con tanto accanimento cercano di risparmiare.

Il nostro è il massimo esperimento sociale mai tentato allo scopo di risolvere il problema se il piacere (inteso quale stato affettivo passivo in contrasto con lo stato affettivo attivo al vivere bene e alla gioia) possa costituire una risposta soddisfacente all'interrogativo circa l'esistenza umana. Per la prima volta nella storia, la soddisfazione dell'impulso al piacere, lungi dal costituire soltanto un privilegio di una minoranza, è possibile per più di metà della popolazione dei paesi industrializzati. Orbene, l'esperimento ha già fornito una risposta negativa alla domanda.

Il secondo presupposto psicologico dell'era industriale, che cioè il perseguimento dell'egoismo individuale conduca all'armonia e alla pace, nonché all'aumento del benessere di tutti e di ciascuno, si rivela del pari erroneo sotto il profilo teoretico, e anche in questo caso la sua fallacia è comprovata dai dati frutto d'osservazione. Perché infatti questo principio, che soltanto uno dei grandi economisti classici, e precisamente David Ricardo, ha respinto, dovrebbe risultare valido? Essere egoista è qualcosa che si riferisce non soltanto al mio comportamento ma anche al mio carattere, il suo significato è: voglio tutto quanto per me stesso; a darmi piacere è il possedere, non il condividere; non posso fare a meno di mostrarmi avido, perché il mio scopo è di avere, e io *sono* tanto più quanto più *ho*; devo provare antagonismo nei confronti di tutti gli altri: i miei clienti che voglio truffare, i miei concorrenti che voglio distruggere, i miei prestatori d'opera che voglio sfruttare. Non posso mai essere soddisfatto, poiché i miei desideri non hanno mai fine; devo provare invidia per coloro che hanno più di me, e mi devo guardare da coloro che hanno meno. D'altro canto, tutti questi sentimenti devo reprimerli se voglio apparire (agli occhi degli altri come dei miei) quell'uomo sorridente, razionale, sincero, gentile, che ognuno finge di essere.

La brama di possesso non può non condurre a una guerra di classi senza fine. L'affermazione dei comunisti, che il loro sistema metterà fine alla lotta di classe in quanto abolirà le classi, è una pura illusione, dal momento che anche il loro sistema si basa sul principio del consumo illimitato quale scopo dell'esistenza. Finché ciascuno aspira ad avere di più, non potranno che formarsi classi, non potranno che esserci scontri di classe e, in termini globali, guerre internazionali. *Avidità e pace si escludono a vicenda.*

Edonismo radicale ed egotismo illimitato non avrebbero potuto imporsi quali principi guida del comportamento economico, senza un drastico mutamento verificatosi nel XVIII secolo. Nella società medioevale, come del resto in molte altre società altamente sviluppate o primitive, il comportamento economico era determinato da principi etici. Così, per esempio, per i teologi della Scolastica, categorie economiche come prezzo e proprietà privata erano inserite nel contesto della teologia morale. Certo, i teologi sapevano elaborare formule che permettevano di adattare il loro codice morale alle nuove esigenze economiche (basti citare le delucidazioni sul concetto di «giusto prezzo» fornite da Tomaso d'Aquino); ciò non toglie che il comportamento economico restasse un comportamento *umano*, e fosse pertanto valutabile con i metri di misura dell'etica umanistica. Il capitalismo del XVIII secolo subì un mutamento radicale anche se graduato in fasi che portarono alla separazione del comportamento economico dai valori etici e umani. In effetti, la macchina economica era intesa come un'entità autonoma, indipendente dai bisogni umani e dall'umana volontà: un sistema che funzionava da solo, in obbedienza alle sue proprie leggi. Le sofferenze dei lavoratori, nonché l'eliminazione di un numero sempre maggiore di piccole imprese a beneficio dello sviluppo di sempre più grandi aziende, erano viste quali necessità economiche, di cui ci si poteva dispiacere, ma che bisognava accettare in quanto costituivano il frutto di una legge di natura.

Lo sviluppo del sistema economico in questione non venne più condizionato dalla domanda: «*Che cosa è bene per l'uomo?*», bensì dalla domanda: «*Che cosa è bene per lo sviluppo del sistema?*». Vero è che si cercava di mascherare l'asprezza di questa dicotomia facendo proprio il presupposto che ciò che era bene per la crescita del sistema (o anche solo per un'unica, grande azienda) fosse un bene anche per la gente in generale. Interpretazione che aveva il sostegno di una tesi corollaria, secondo cui le qualità stesse che il sistema esigeva dagli esseri umani – egotismo, egoismo e avidità – erano innate nella natura umana; ne conseguiva che a favorirle era non soltanto il sistema, ma appunto la stessa natura umana. Le società in cui non esistessero egotismo, egoismo e avidità erano ritenute «primitive» e i loro membri «infantili». La gente si rifiutava di ammettere che i tratti in questione, lungi dall'essere impulsi naturali i quali avevano per effetto l'esistenza della società industriale, erano anzi i *prodotti* di circostanze sociali.

Di non minore importanza è un altro fattore: il rapporto tra esseri umani e natura divenne profondamente ostile. In quanto «scherzi di natura», che a causa delle condizioni stesse della nostra esistenza sono collocati dentro la natura che però trascendono grazie al dono della ragione, noi abbiamo tentato di risolvere il nostro problema esistenziale rinunciando alla visione messianica dell'armonia tra umanità e natura, soggiogando questa, trasformandola e adattandola ai nostri scopi, e a lungo andare l'assoggettamento è divenuto sempre più un equivalente della distruzione. Il nostro spirito di conquista e ostilità ci ha resi ciechi all'evidenza del fatto che le risorse naturali hanno precisi limiti e possono finire con l'esaurirsi, e che la natura si ribellerà alla rapacità umana.

La società industriale è caratterizzata dal disprezzo per la natura come pure per tutte le cose che non siano prodotte a macchina e per tutti i popoli che non siano costruttori di macchine, vale a dire i gruppi etnici non bianchi, con le eccezioni, di recente acquisizione, del Giappone e della Cina. La gente è oggi attratta da quanto è meccanico, dalla macchina possente, da ciò che è senza vita, e in misura sempre più vasta dalla distruzione.

La necessità economica di una trasformazione dell'uomo

Fin qui, si è cercato di mostrare che i tratti caratteristici frutto del nostro sistema socioeconomico, vale a dire del nostro modo di vivere, sono patogeni e finiscono per produrre una personalità malata e quindi una società malata. Non manca però anche un altro argomento, che ha a fondamento un punto di vista affatto diverso, a favore di profonde trasformazioni psicologiche nell'uomo quale alternativa alla catastrofe economica ed ecologica; e l'argomento in oggetto è illustrato in due rapporti la cui elaborazione è stata affidata, dal Club di Roma, rispettivamente a D.H. Meadows e altri, e a M.D. Mesarovic ed E. Pestel. Entrambi i rapporti trattano degli orientamenti tecnologici, economici e demografici su scala mondiale; Mesarovic e Pestel approdano alla conclusione che soltanto mutamenti drastici, di carattere economico e tecnologico e a livello globale, secondo le direttrici di un programma preciso, possono «scongiurare una catastrofe di grandi proporzioni e infine globale», e i dati che schierano a sostegno della loro tesi si basano sulla ricerca più vasta e sistematica che sia mai stata compiuta. (Va detto che il loro libro presenta notevoli vantaggi metodologici rispetto alla ricerca di Meadows, ma questa, compiuta in precedenza, sottolinea la necessità di mutamenti economici ancora più drastici quale alternativa alla catastrofe.) Mesarovic e Pestel concludono inoltre che trasformazioni economiche del genere sono possibili soltanto «*qualora si verifichino mutamenti di ordine fondamentale nei valori e nell'atteggiamento dell'uomo* [o, per ricorrere alla mia terminologia, nell'orientamento caratterologico umano], *come per esempio una nuova etica e un nuovo rapporto con la natura*» (il corsivo è mio). Sono affermazioni che confermano ciò che altri hanno detto prima e dopo la pubblicazione del rapporto di Mesarovic e Pestel, e cioè che una nuova società è possibile *soltanto se*, contemporaneamente al suo sviluppo, si verifica anche quello di un nuovo essere umano o, per usare termini meno altisonanti, se nella struttura caratteriale dell'uomo contemporaneo si determina una trasformazione di portata fondamentale.

Purtroppo, i due rapporti sono compilati secondo lo spirito della quantificazione, astrazione e spersonalizzazione, tanto caratteristici dell'epoca nostra, senza contare che trascurano completamente tutti i fattori politici e sociali, in assenza dei quali non è possibile elaborare alcun programma realistico. In compenso, forniscono dati preziosi, e per la prima volta vi si affronta la situazione economica della specie umana considerata come un tutto, con le sue possibilità e i suoi pericoli. La conclusione a cui i due studi approdano, vale a dire che sono necessari una nuova etica e un nuovo atteggiamento verso la natura, è tanto più degna di apprezzamento in quanto si tratta di un'esigenza del tutto contraria alle premesse filosofiche degli autori.

A un livello più alto si colloca E.F. Schumacher, che è un economista ma anche un umanista radicale. La sua richiesta di un profondo mutamento dell'essere umano si fonda su due argomenti, e cioè che il nostro attuale ordinamento sociale fa di noi altrettanti malati, e che ci stiamo dirigendo verso una catastrofe economica a meno di non operare una drastica trasformazione del nostro sistema sociale.

La necessità di un cambiamento dell'uomo non costituisce soltanto un'esigenza etica e religiosa, non è frutto unicamente di un'aspirazione psicologica derivante dalla natura patogena del nostro attuale carattere sociale, ma è anche la condizione per la mera sopravvivenza della specie umana. Il vivere bene non rappresenta ormai più da un pezzo la soddisfazione semplicemente di un'esigenza di carattere etico o religioso: per la prima volta nella storia, *la sopravvivenza fisica della specie umana dipende dalla radicale trasformazione del cuore umano*. D'altro canto, una trasformazione del cuore umano è possibile solo a patto che si verifichino mutamenti economici e sociali di drastica entità, tali da offrire al cuore umano l'occasione per mutare e il coraggio e l'ampiezza di prospettive necessari per farlo.

C'è un'alternativa alla catastrofe?

Tutti i dati di fatto fin qui citati sono stati resi di pubblico dominio e sono ben noti. Ma si verifica un fatto quasi incredibile, ed è che nessun serio sforzo viene intrapreso per scansare quello che sembra un decreto senza appello del destino. Mentre a livello personale nessuno, a meno che non sia un pazzo, può rimanere indifferente testimone di una minaccia all'esistenza di tutti noi, coloro che sono investiti della responsabilità della pubblica amministrazione in pratica non muovono un dito, e quanti hanno affidato il proprio destino alle loro mani continuano a loro volta a non far nulla.

Come si spiega che il più forte tra tutti gli istinti, quello della sopravvivenza, abbia cessato di fungere da incentivo? Una delle spiegazioni più ovvie è che i leader intraprendono molte iniziative che rendono loro possibile di fingere di operare efficacemente per evitare una catastrofe: conferenze senza fine, risoluzioni, trattative per il disarmo, sono tutte cose che concorrono a dare l'impressione che i problemi sono presi in considerazione e che si fa qualcosa per risolverli. Non accade nulla che abbia un'effettiva incidenza, ma ciò non toglie che i leader e coloro che ne sono guidati anestetizzino le proprie coscienze e la propria aspirazione alla sopravvivenza facendo credere di conoscere la strada e di procedere nella giusta direzione.

Un'altra spiegazione è che l'egoismo generato dal sistema induce i leader ad apprezzare di più il successo personale che non la responsabilità sociale. Ormai non ci meravigliamo più di vedere uomini politici e dirigenti economici formulare decisioni che a prima vista sono a loro esclusivo vantaggio, ma che risultano insieme dannose e pericolose per la comunità. In effetti, se è vero che l'egoismo è uno dei pilastri dell'etica pratica del giorno d'oggi, perché costoro dovrebbero comportarsi diversamente? Essi sembrano ignorare che l'avidità – al pari della sottomissione – rimbecillisce gli individui, rendendoli incapaci persino di perseguire i loro veri interessi, come per esempio la preservazione delle loro stesse esistenze e della vita di mogli e figli (cfr. J.R. Piaget, *The Moral Judgment of the Child*). D'altro canto, il vasto pubblico è anch'esso a tal punto egoisticamente occupato da interessi privati, da prestare scarsa attenzione a tutto ciò che trascende l'ambito strettamente personale.

Un'altra spiegazione del decadimento del nostro istinto di sopravvivenza può essere ricercata nel fatto che i mutamenti del modo di vivere che sarebbero necessari sono di tale entità, da indurre la gente a preferire la catastrofe futura ai sacrifici immediati. È un atteggiamento assai diffuso, di cui fornisce un eloquente esempio Arthur Koestler riferendo un'esperienza toccatagli durante la guerra civile spagnola. Si trovava nella comoda villa di un amico, quando giunse notizia dell'avanzata delle truppe di Franco. Impossibile dubitare che sarebbero giunte già durante la notte, e con tutta probabilità avrebbero fucilato Koestler, il quale avrebbe potuto mettersi in salvo fuggendo subito. Ma la notte era fredda e piovosa, la casa calda e accogliente; ragion per cui rimase, venne fatto prigioniero, e solo molte settimane dopo, grazie agli sforzi di amici giornalisti, fu quasi miracolosamente salvato. È questo appunto il tipo di comportamento che si verifica in individui che rischiano di morire anziché sottoporsi a un controllo medico suscettibile di concludersi con la formulazione della diagnosi di una malattia grave, richiedente un intervento chirurgico complesso.

A parte la spiegazione della fatale passività umana, in questioni che riguardano la vita e la morte ce n'è un'altra, ed essa costituisce il motivo per cui mi sono accinto a compilare questo libro. Intendo riferirmi all'opinione secondo la quale non avremmo alternativa ai modelli del capitalismo aziendale, del socialismo di marca socialdemocratica o sovietica oppure del «fascismo dal volto umano» di matrice tecnocratica. La vasta diffusione di questa tesi è in larga misura dovuta al fatto che ben pochi sforzi sono stati compiuti per sondare la possibilità di elaborare modelli sociali completamente nuovi e per metterli alla prova dell'esperienza. In realtà, finché i problemi della ricostruzione sociale non prenderanno, almeno in parte, il posto dell'interesse per la scienza e per la tecnica che occupano attualmente le migliori menti, la fantasia umana non sarà in grado di dar corpo a nuove e realistiche alternative.

Scopo principale di questo libro è l'analisi delle due basilari modalità d'esistenza: la *modalità dell'avere* e la *modalità dell'essere*. Nel primo capitolo si indicano brevemente le differenze tra esse; nel secondo, le si illustra dati alla mano, servendosi di esempi forniti dall'esperienza quotidiana e che il lettore può facilmente ricollegare alle sue esperienze personali; nel terzo, l'«avere» e l'«essere» sono specificati alla luce dell'Antico e del Nuovo Testamento e degli scritti di Meister Eckhart. I capitoli successivi affrontano la questione più difficile: l'analisi delle differenze tra le modalità esistenziali dell'avere e dell'essere e il tentativo di giungere a conclusioni teoriche sulla base di dati empirici. Fin qui, il libro si occupa dunque soprattutto degli aspetti individuali delle due fondamentali modalità di esistenza, mentre i capitoli conclusivi trattano dell'incidenza che le modalità in questione hanno sulla formazione di un Uomo Nuovo e di una Società Nuova, prendendo in considerazione le possibilità di alternative per attenuare il malessere individuale e mettere freno ai catastrofici sviluppi socioeconomici in corso nel mondo intero.

Parte prima

Come comprendere la differenza tra avere ed essere

I
Considerazioni iniziali

L'importanza della differenza tra avere ed essere

L'aut-aut tra avere ed essere non è un'alternativa che si imponga al comune buon senso. Sembrerebbe che l'*avere* costituisca una normale funzione della nostra esistenza, nel senso che, per vivere, dobbiamo avere oggetti. Inoltre, dobbiamo avere cose per poterne godere. In una cultura nella quale la meta suprema sia l'avere – e anzi l'avere sempre più – e in cui sia possibile parlare di qualcuno come una persona che «vale un milione di dollari», come può esserci un'alternativa tra avere ed essere? Si direbbe, al contrario, che l'essenza vera dell'essere sia l'avere; che, se uno *non ha* nulla, *non è* nulla.

Pure, i grandi Maestri di Vita hanno fatto proprio dell'aut-aut tra avere ed essere il nucleo centrale dei rispettivi sistemi. Il Buddha insegna che, per giungere allo stadio supremo dello sviluppo umano, non dobbiamo aspirare ai possessi. E Gesù: «Perché chi vorrà salvare la sua vita, la perderà; ma chi avrà perduto la propria vita per me, colui la salverà. Infatti, che giova all'uomo l'aver guadagnato il mondo intero, se poi ha perduto o rovinato se stesso?» (*Luca*, IX, 24-25). Meister Eckhart insegnava che non avere nulla e rendersi aperti e «vuoti», fare cioè in modo che il proprio io non ostacoli il cammino, costituisce la condizione per il raggiungimento di ricchezza e forza spirituali. Marx affermava che il lusso è un vizio esattamente come la povertà e che dovremmo proporci come meta quella di *essere* molto, non già di *avere* molto. (Mi riferisco qui al vero Marx, all'umanista radicale, non alla sua volgare contraffazione costituita dal «comunismo» sovietico.)

Per molti anni sono rimasto profondamente colpito da

questa differenziazione, e sono andato alla ricerca dei suoi fondamenti empirici attraverso lo studio concreto di individui e gruppi con il metodo psicoanalitico; e quel che ho visto mi ha indotto alla conclusione che la differenza in questione, unita a quella tra amore per la vita e amore per la morte, costituisce il problema assolutamente fondamentale dell'esistenza; ancora, che i dati antropologici e psicoanalitici sembrano dimostrare che *avere ed essere sono due modalità fondamentali dell'esperienza, il rispettivo vigore delle quali determina le differenze tra i caratteri degli individui e i vari tipi di carattere sociale*.

Esempi reperibili in espressioni poetiche

Per introdurre il lettore alla comprensione della differenza tra le modalità esistenziali dell'avere e dell'essere, mi sia lecito servirmi, a scopo illustrativo, di due composizioni poetiche di contenuto affine, citate dal defunto D.T. Suzuki in *Lectures on Zen Buddhism*. Una è uno *haiku* o *haikai* di un poeta giapponese, Bashō, vissuto tra il 1644 e il 1694; l'altra composizione è di un poeta inglese del XIX secolo, Tennyson. Ognuno dei due autori descrive un'esperienza affine: la sua reazione alla vista di un fiore in cui si imbatte durante una passeggiata. I versi di Tennyson suonano:

Flower in a crannied wall,
I pluck you out of the crannies,
I hold you here, root and all, in my hand,
Little flower - but if I could understand
What you are, root and all, and all in all
*I should know what God and man is.**

Tradotto in inglese, lo *haiku* di Bashō suona all'incirca così:

When I look carefully

* *Letteralmente*: «Fiore in un muro screpolato, / Ti strappo dalle fessure, / Ti tengo qui, radici e tutto, nella mano, / Piccolo fiore - ma se potessi capire / Che cosa sei, radici e tutto, e tutto in tutto, / Saprei che cosa è Dio e cosa è l'uomo». [*N.d.T.*]

I see the nazuna blooming
*By the hedge!**

La differenza è enorme. La reazione di Tennyson alla vista del fiore consiste nel desiderio di *averlo*, e infatti lo «strappa» e lo tiene in mano «radici e tutto». E, se è vero che Tennyson conclude i suoi versi con la riflessione intellettualistica sulla possibile funzione del fiore al servizio della sua comprensione della natura di Dio e dell'uomo, per quanto riguarda il fiore questo resta ucciso in conseguenza dell'interesse che per esso nutre il poeta. Come risulta dalla sua composizione, Tennyson può venire paragonato allo scienziato occidentale che cerca la verità col metodo consistente nel disgregare la vita.

Di tutt'altro genere è la reazione di Bashō al fiore. Egli non desidera coglierlo, anzi neppure lo tocca. Si limita a «guardarlo attentamente» per «vederlo». Ecco ora le spiegazioni fornite da Suzuki:

È probabile che Bashō stesse passeggiando lungo una strada di campagna quando scorse, accanto a una siepe, qualcosa di poco appariscente. Avvicinatosi, osservò attentamente quel che aveva scorto e constatò che si trattava di una pianticella selvatica, alquanto insignificante e di norma neppure notata dai passanti. Quello descritto nella composizione poetica è dunque un banale evento, e un sentimento poetico specifico trova espressione forse soltanto nelle ultime due sillabe, che in giapponese si dicono *kana*. Si tratta di una particella, che spesso si trova connessa a un sostantivo, aggettivo o avverbio, e che designa un certo sentimento di ammirazione, approvazione, dolore o gioia, e che a volte può essere appropriatamente tradotta in inglese** con un punto esclamati-

* *Letteralmente*: «Se guardo attentamente / Vedo il *nazuna* che fiorisce / Accanto alla siepe!». Si ricordi che lo *haiku* consta di soli tre versi di cinque, sette e cinque sillabe rispettivamente (modulo derivato da un antico passatempo poetico, le cosiddette *renga* o poesie a catena). La sua traduzione è pressoché impossibile, ma imitazioni se ne possono trovare nella poesia europea contemporanea, specie nella poesia «pura» francese e nell'italiana tra impressionistica ed ermetica, per esempio nell'essenzialità quasi epigrammatica di Ungaretti di *Allegria di naufraghi*, 1919. [*N.d.T.*]

** L'osservazione di Suzuki si applica in generale a tutte le lingue europee; è necessario tuttavia insistere sul fatto che le traduzioni degli *haiku* sono sempre *ad sensum*. [*N.d.T.*]

vo, che nello *haiku* in questione costituisce appunto il culmine dell'intero ultimo verso.

A quanto sembra, Tennyson ha bisogno di possedere il fiore per comprendere i suoi simili e la natura, ma il fatto di *averlo* comporta, come s'è detto, la distruzione del fiore stesso. Ciò cui Bashō aspira è *vedere* e non soltanto guardare il fiore: essere tutt'uno con esso, «identificarsi» col fiore e lasciarlo vivere. La differenza che corre tra Tennyson e Bashō trova piena espressione in questa composizione poetica di Goethe:

GEFUNDEN

Ich ging im Walde
So für mich hin,
Und nichts zu suchen,
Das war mein Sinn.

Im Schatten sah ich
Ein Blümchen stehn,
Wie Sterne leuchtend,
Wie Äuglein schön.

Ich wollt' es brechen,
Da sagt' es fein:
Soll ich zum Welken
Gebrochen sein?

Ich grub's mit allen
Den Würzlein aus,
Zum Garten trug ich's
Am hübschen Haus.

Und pflanzt' es wieder
Am stillen Ort;
Nun Zweigt es immer
*Und blüht so fort.**

* *Letteralmente*: «TROVATO. Per conto mio nel bosco / Da solo me ne andavo, / E di trovar qualcosa / Certo non m'aspettavo. // Ho scorto una corolla: / Nell'ombra il fiore stava, / Luceva come stella, / Come un occhio attirava. // Per coglierlo son stato, / Ma allora mi ha ammonito: / Quando mi avrai strappato / Vuoi vedermi avvizzito? // Con tutte lo ca-

Goethe, passeggiando senza una meta precisa, è attratto dal piccolo fiore splendente. Confessa di aver provato lo stesso impulso di Tennyson, quello di svellerlo. Ma, a differenza del poeta inglese, Goethe si rende conto che ciò significherebbe uccidere il fiore, e ai suoi occhi questo è talmente vivo, che sente il bisogno di rivolgergli la parola e ammonirlo; e risolve il problema in maniera diversa sia da Tennyson sia da Bashō: coglie il fiore «con tutte le sue radici» e lo trapianta in modo che la sua vita non vada distrutta. Goethe si colloca, per così dire, a metà strada tra Tennyson e Bashō: per lui, quando s'arriva al dunque, la forza della vita è più possente che la forza della semplice curiosità intellettuale. Inutile aggiungere che, in questa splendida composizione poetica, Goethe esprime il nucleo stesso della sua concezione di studio della natura.

Il rapporto che Tennyson istituisce con il fiore rientra nella modalità dell'avere ovvero del possesso, sia pure non materiale, trattandosi in questo caso del possesso della conoscenza. Il rapporto con il fiore di Bashō e Goethe è invece tale per cui entrambi lo vedono secondo la modalità dell'essere. Con «essere» intendo quell'atteggiamento esistenziale in cui non si *ha* nulla né si *aspira ad avere* alcunché, ma si è in una condizione di gioia, si usano le proprie facoltà in maniera creativa, si è *tutt'uno* con il mondo.

Goethe, il grande innamorato della vita, uno di coloro che con più vigore hanno lottato contro la disgregazione e la meccanizzazione dell'uomo, ha espresso la condizione dell'essere contrapposta a quella dell'avere in molte sue opere. Il *Faust* è una descrizione, in termini drammatici, del conflitto appunto tra essere e avere (quest'ultimo rappresentato da Mefistofele), e nella breve composizione seguente Goethe esprime con la massima semplicità la qualità dell'essere:

EIGENTUM

Ich weiß, daß mir nichts angehört
Als der Gedanke, der ungestört

vai, / Radici e radicina. / Nel giardin lo portai / Accanto alla casina. // E poi l'ho trasferito / In una quieta zolla; / Ed ora è rifiorito, / Foglie nuove rampolla». [*N.d.T.*]

Aus meiner Seele will fließen,
Und jeder günstige Augenblick,
Den mich ein liebendes Geschick
*Von Grund aus läßt genießen.**

La differenza tra essere e avere non è essenzialmente quella tra Oriente e Occidente, ma piuttosto tra una società imperniata sulle persone e una società imperniata sulle cose. L'atteggiamento dell'avere è caratteristico della società industriale occidentale, in cui la sete di denaro, fama e potere è divenuta la tematica dominante della vita. Società meno alienate, come per esempio quella medioevale, quelle degli Zuñis dell'America Centrale e le tribali africane non impregnate delle idee del moderno «progresso», hanno tutte i loro Bashō. Non è escluso che, tra qualche altra generazione industrializzata, anche i giapponesi abbiano i loro Tennyson. E non è che l'Uomo Occidentale non sia in grado di comprendere appieno i sistemi orientali, per esempio il Buddhismo Zen (contrariamente a quello che riteneva Jung): accade invece che l'uomo moderno non riesca ad afferrare lo spirito di una società che non si accentri sulla proprietà e la brama di possesso. In effetti, gli scritti di Meister Eckhart (di altrettanto ardua comprensione di Bashō o dello Zen) e gli scritti del Buddha non sono che due dialetti della stessa lingua.

Mutamenti idiomatici

Entro certi limiti, uno spostamento di accento tra avere ed essere è rilevabile nel crescente uso di sostantivi e nel decrescente impiego di verbi nelle lingue occidentali, verificatisi negli ultimi secoli.

Un sostantivo costituisce l'appropriata designazione di un oggetto. Posso dire che *ho* cose, per esempio che ho una tavola, una casa, un libro, un'automobile. L'appropriata de-

* *Letteralmente*: «POSSESSO. Io so che nulla mi appartiene al mondo / Fuorché il pensiero, flutto imperturbato / Che vuol sgorgare dall'anima mia, / E ogni istante giocondo / In cui benigno un fato / Di goder mi concede dal profondo». [*N.d.T.*]

notazione di un'attività, di un processo è invece costituita da un verbo, come per esempio io sono, io amo, io desidero, io odio, e via dicendo. Pure, sempre più di frequente accade che un'*attività* venga espressa in termini di *avere*; in altre parole, che un sostantivo sia usato al posto di un verbo. Ma esprimere un'attività mediante l'*avere* connesso a un sostantivo risponde a un uso erroneo del linguaggio, dal momento che processi e attività non possono essere posseduti: si può soltanto farne l'esperienza.

Osservazioni più antiche: Du Marais e Marx

Le dannose conseguenze di una simile confusione erano già state avvertite nel XVIII secolo. Du Marais ha formulato con estrema precisione il problema nella sua opera, data alle stampe postuma, nel 1769, *Les veritables principes de la grammaire*. Scrive Du Marais: «In questo esempio, *io ho un orologio*, l'*io ho* deve essere inteso nell'accezione propria del termine; ma nell'espressione *io ho un'idea*, l'*io ho* viene usato soltanto per imitazione. Si tratta di un'espressione presa a prestito. *Io ho un'idea* significa *io penso, io concepisco in questo o in quest'altro modo. Io ho un'aspirazione* significa *io desidero*; *io ho la volontà di* significa *io voglio*, e così via». (La traduzione è mia; devo a Noam Chomsky la citazione di Du Marais.)

Un secolo dopo che il francese aveva notato il fenomeno della sostituzione di verbi con sostantivi, lo stesso problema fu affrontato da Marx ed Engels, e in maniera ben più radicale, in *Die Heilige Familie*. Le critiche da essi mosse alla «critica critica» di Edgar Bauer comprendono un piccolo ma importantissimo saggio sull'amore, in cui ci si riferisce a quest'affermazione di Bauer: «L'amore è una dea crudele la quale, al pari di tutte le divinità, aspira a possedere l'uomo tutto quanto e non è soddisfatta finché questi non le abbia sacrificato non soltanto la propria anima, ma anche il proprio essere fisico. Il suo culto è fatto di sofferenza, e la sua culminazione è sacrificio di sé, è suicidio».

Replicano Marx ed Engels: Bauer «trasforma l'amore in una "dea" e in una "dea crudele", trasformando così l'*uomo innamorato* ovvero l'*amore dell'uomo* nell'*uomo d'amore*; Bauer in tal modo separa l'amore come una entità distinta dall'uomo e la rende indipendente». Nel passo in questione, Marx ed Engels richiamano l'attenzione sull'aspetto di maggiore importanza dell'uso del sostantivo al posto del verbo. Il sostantivo «amore», il quale non è che una astrazione indicante l'attività di amare, viene a essere separato dall'uomo; l'uomo innamorato diviene l'uomo d'amore; l'amore diviene una dea, un idolo nel quale l'uomo proietta il proprio essere innamorato. E in questo processo di alienazione egli cessa di sperimentare l'amore, ma è in rapporto soltanto con la propria capacità di amare attraverso la sottomissione alla dea Amore. L'uomo ha cessato di essere un individuo attivo, senziente, per divenire l'alienato adoratore di un idolo.

Uso odierno

Durante i due secoli che ci separano da Du Marais, questa tendenza alla sostituzione di verbi mediante sostantivi ha raggiunto proporzioni che il grammatico francese avrebbe difficilmente potuto immaginare. Ecco qui un esempio tipico, anche se un tantino esagerato, di linguaggio odierno. Poniamo che un tale si rivolga a uno psicoanalista ed esordisca con la frase: «Dottore, io *ho* un problema; *ho* l'insonnia. Benché *abbia* una bella casa, bravi figli, un matrimonio felice, *ho* molte preoccupazioni». Qualche decennio fa, anziché dire «ho un problema», il paziente con ogni probabilità avrebbe detto: «*Sono* agitato»; anziché dire «*ho* l'insonnia» avrebbe detto «*non posso* dormire» e invece di «*ho* un matrimonio felice», avrebbe usato l'espressione «*sono* felicemente sposato».

Questa maniera di esprimersi, di recente introduzione, rivela l'alto grado di alienazione cui oggi siamo arrivati. Dicendo «*ho* un problema» invece di «*sono* agitato», si viene a togliere di mezzo l'esperienza soggettiva; l'io dell'esperienza è sostituito dall'impersonalità del possesso. Così facendo, trasformo i miei sentimenti in qualcosa che posseggo: il problema. Ma «problema» è un'espressione astratta che designa qualsiasi tipo di difficoltà. Non posso *avere* un problema, non essendo questo una cosa che si possa possedere; essa però può avere me. In altre parole, io ho trasformato *me stesso* in «un problema», e adesso sono posseduto dalla mia creazione. È un modo di parlare che tradisce un'alienazione nascosta, inconscia.

Naturalmente, si potrà ribattere che l'insonnia è un sintomo fisico al pari di un'infiammazione alla gola o di un mal di denti, e che pertanto è altrettanto legittimo dire che si *ha* l'insonnia quanto dire che si ha la gola infiammata. C'è però una differenza: una infiammazione alla gola o un mal di denti sono sensazioni fisiche che possono essere più o meno intense, ma che hanno scarse connotazioni psichiche. Si può *avere* la gola infiammata perché si ha una gola, o un mal di denti perché si hanno i denti. L'insonnia, al contrario, non è una sensazione fisica ma una condizione mentale, quella della incapacità di dormire. Se parlo di «*avere* l'insonnia» invece di dire «non posso dormire», tradisco il mio desiderio di rimuovere l'esperienza di ansia, inquietudine, tensione, che mi impedisce di dormire, e di affrontare la manifestazione mentale *come se si trattasse* di un sintomo somatico.

Facciamo un altro esempio. Affermare: «Ho molto amore per te» è privo di significato. L'amore non è una cosa che si può avere, bensì un *processo*, un'attività interiore di cui si è il soggetto. Posso amare, posso *essere* innamorato, ma in amore non *ho* un bel nulla. In effetti, meno ho e più sono in grado di amare.

Origine dei termini

«Avere» è un'espressione ingannevolmente semplice. Ogni essere umano *ha* qualcosa: un corpo,[1] indumenti, un ricovero, fino all'uomo o alla donna d'oggi che hanno un'auto, un televisore, una lavatrice, e via dicendo. Vivere senza avere alcunché è virtualmente impossibile. Perché mai, dunque, l'avere può costituire un problema? D'altro canto, la vicen-

[1] Va qui ricordato, per lo meno di sfuggita, che esiste ancne un rapporto dell'essere con il proprio corpo, per cui questo viene sperimentato come vivente; tale rapporto può trovare espressione nell'affermazione: «Io sono il mio corpo», anziché nella proposizione «Io ho il mio corpo»; tutte le pratiche di coscienza sensoriale mirano a questa esperienza dell'essere col corpo.

da linguistica dell'«avere» sta a indicare che la parola costituisce davvero un problema. Per coloro i quali ritengono che l'avere sia una categoria assolutamente naturale dell'esistenza umana, potrà risultare sorprendente apprendere che molte lingue non hanno un termine equivalente ad «avere». Così, per esempio, in ebraico «io ho» deve essere espresso mediante la forma indiretta *jesh li* («è a me», è mio). In effetti, le lingue in cui il possesso viene espresso in questa forma anziché con l'«io ho», sono la maggioranza. Vale la pena di notare che, nello sviluppo di molte lingue, è accaduto che l'espressione «è a me» sia stata in un secondo tempo accompagnata e sostituita dall'espressione «io ho»; ma, come ha fatto rilevare Emile Benveniste, non accade mai che l'evoluzione si verifichi in senso contrario,[1] fatto questo che induce a ritenere che la parola designante l'*avere* si sviluppi in rapporto allo sviluppo della proprietà privata, mentre è assente in società in cui la proprietà è prevalentemente funzionale, in cui è cioè un possesso d'uso. Ritengo che ulteriori ricerche sociolinguistiche sarebbero opportune per comprovare se ed entro quali limiti questa ipotesi è valida.

Se *avere* sembra un concetto relativamente semplice, *essere* è assai più complesso e difficile. Lo si usa secondo parecchie diverse accezioni: 1. come copula, per esempio per indicare «sono alto», «sono bianco», «sono povero», cioè come denotazione grammaticale di identità (molte lingue non dispongono dell'equivalente di «essere» in quest'accezione del termine; lo spagnolo distingue tra qualità permanenti, *ser*, che appartengono all'essenza del soggetto, e qualità contingenti, *estar*, che non attengono all'essenza); 2. quale forma passiva, per così dire «sofferente», di un verbo – per esempio «sono battuto» sta a indicare che sono l'oggetto di un'attività altrui, non il soggetto della mia propria attività, come invece in «io batto»; 3. nel significato di esistere, e in tal caso, come ha dimostrato Benveniste, l'«essere» dell'esistenza costituisce un termine diverso dall'«essere» quale copula che stabilisce l'identità: «Le due parole sono coesistite e possono tuttora coesistere, pur essendo completamente diverse».

La ricerca di Benveniste illumina di nuova luce il signifi-

[1] Questa e la citazione seguente sono tratte da Benveniste stesso

cato di «essere» come verbo autonomo anziché come copula. «Essere» nelle lingue indoeuropee deriva dal radicale *es* che significa «avere esistenza, essere reperibile in realtà». Esistenza e realtà sono definibili come «ciò che è autentico, consistente, vero» (in sanscrito, *sant*, «esistente», «davvero buono», «vero»; superlativo *sattama*, «il migliore»). Il radicale di «essere» è pertanto qualcosa di più che non una semplice affermazione di identità di soggetto e attributo, qualcosa di più che non la designazione *descrittiva* di un fenomeno: denota la realtà dell'esistenza di colui o di ciò che *è*; afferma l'autenticità e la verità sue (di lui, di lei o della cosa). E affermare che qualcuno o qualcosa *è*, rimanda all'essenza della persona o della cosa, non alla loro apparenza.

Questa indagine preliminare sul significato di avere ed essere porta a queste conclusioni:

1. Dicendo essere o avere, non mi riferisco a certe qualità a sé stanti di un soggetto, quali quelle che sono espresse in proposizioni come: «ho un'automobile» oppure «sono bianco» o «sono felice». Mi riferisco, al contrario, a due fondamentali modalità di esistenza, a due diverse maniere di atteggiarsi nei propri confronti e in quelli del mondo, a due diversi tipi di struttura caratteriale, la rispettiva preminenza dei quali determina la totalità dei pensieri, sentimenti e azioni di una persona.
2. Nella modalità esistenziale dell'avere, il mio rapporto con il mondo è di possesso e proprietà, tale per cui aspiro a impadronirmi di ciascuno e di ogni cosa, me compreso.
3. Nella modalità esistenziale dell'essere vanno distinte due forme di essere. L'una si contrappone all'*avere*, secondo gli esempi forniti da Du Marais, e significa vitalità e autentico rapporto con il mondo. L'altra forma di essere si contrappone all'*apparenza*, e si riferisce alla vera natura, all'effettiva realtà di una persona o cosa, in quanto contrapposta a illusorie apparenze, come appunto è comprovato dall'etimologia di essere (Benveniste).

Concetti filosofici di essere

La problematica del concetto di essere è resa ancora più complessa dal fatto che l'essere ha costituito l'argomento di migliaia e migliaia di testi filosofici, e «che cosa significa essere?» è stata una delle domande cruciali della filosofia occidentale. In questa sede, il concetto di essere sarà esaminato dal punto di vista antropologico e psicologico, ma com'è ovvio la problematica filosofica non può non essere correlata ai problemi antropologici. Poiché d'altra parte anche solo un breve accenno allo sviluppo del concetto di essere nella storia della filosofia dai presocratici ai moderni trascenderebbe i limiti prefissati di questo libro, mi limiterò a soffermarmi brevemente su un unico aspetto fondamentale: il concetto di *processo, attività e movimento quale costituente dell'essere*. Come ha sottolineato Georg Simmel, l'idea che l'essere implica mutamento, vale a dire che essere è *divenire*, ha avuto i suoi massimi e più decisi assertori agli esordi e al culmine della filosofia occidentale: in Eraclito e in Hegel.

Le tesi secondo cui l'essere è una sostanza permanente, atemporale e immutabile e diametralmente opposta al divenire, come è espressa in Parmenide, in Platone e nei «realisti» della Scolastica, ha senso soltanto nel quadro della nozione idealistica che un pensiero (idea) costituisca la realtà ultima. Se l'*idea* di amore (nell'accezione platonica) è più reale che non l'esperienza dell'amare, è legittimo affermare che l'amore come idea è permanente e immutabile. Ma, quando partiamo dalla realtà degli esseri umani che esistono, amano, soffrono, dobbiamo constatare che non si dà essere il quale non sia in perenne divenire. Le strutture viventi possono essere soltanto se divengono; possono esistere soltanto se mutano. Trasformazione e crescita sono qualità inerenti al processo vitale.

La radicale concezione della vita in Eraclito e in Hegel, come un processo e non una sostanza, trova, nel mondo orientale, un parallelo nella filosofia del Buddha. Nel pensiero buddhista non c'è posto per il concetto di qualsivoglia sostanza permanente, duratura, si tratti di cose o del sé. Nulla è reale all'infuori del divenire.[1] Il pensiero scientifico

[1] Z. Fišer, uno dei più importanti anche se poco noti filosofi cecoslovacchi, ha istituito un nesso tra il concetto buddhista di processo e l'autentica filosofia marxiana. Purtroppo, l'opera è stata pubblicata soltanto in cecoslovacco, e di conseguenza è risultata inaccessibile a gran parte dei lettori occidentali. A me è nota da una traduzione inglese eseguita a mio uso.

contemporaneo ha promosso la rinascita dei concetti filosofici di «pensiero come processo», scoprendoli e applicandoli alle scienze naturali.

Avere e consumare

Prima di passare all'esame di alcuni semplici esempi delle modalità esistenziali dell'avere e dell'essere, è opportuno ricordare un'altra manifestazione dell'avere, quella dell'*incorporazione*. Incorporare una cosa, per esempio mangiando o bevendo, costituisce una forma arcaica di possesso della cosa stessa. In una certa fase del suo sviluppo, il bambino mostra la tendenza a mettersi in bocca le cose che desidera; si tratta della forma infantile di presa di possesso, che si manifesta allorché lo sviluppo fisico del bambino non è ancora sufficiente a permettergli altre forme di controllo di quei possessi. Lo stesso rapporto tra incorporazione e possesso è reperibile in molte forme di cannibalismo. Per esempio, divorando un altro essere umano ne acquisisco i poteri (per tale motivo, il cannibalismo può essere l'equivalente magico dell'acquisizione di schiavi); mangiando il cuore di un uomo valoroso, ne acquisisco il coraggio; mangiando un animale totemico, faccio mia la sostanza divina simboleggiata dall'animale totemico stesso.

Com'è ovvio, nella stragrande maggioranza gli oggetti non possono venire fisicamente incorporati (e, quando potessero esserlo, andrebbero nuovamente perduti in seguito al processo di eliminazione). Ci sono però anche incorporazioni *simboliche* e *magiche*. Se credo di aver incorporato l'immagine di un dio, di un padre o di un animale, essa non può né essermi portata via né eliminata; inghiotto simbolicamente l'oggetto e credo nella sua presenza simbolica dentro di me. È così, per fare un esempio, che Freud spiegava il Super-io: quale introiettata somma totale delle proibizioni e dei comandamenti del padre. Un'autorità, un'istituzione, un'idea, un'immagine possono essere introiettate allo stesso modo: io le *ho*, per sempre protette e difese, per così dire, nelle mie viscere. («Introiezione» e «identificazione» sono spesso usati come sinonimi, ma è difficile stabilire se costituiscono davvero lo stesso processo. Comunque sia, non si dovrebbe usare a casaccio il termine «identificazione», laddove sarebbe più opportuno parlare di imitazione o subordinazione.)

Si danno molte altre forme di incorporazione che non sono collegate a bisogni fisiologici e pertanto non sono limitate. L'atteggiamento implicito nel consumismo è quello dell'inghiottimento del mondo intero. Il consumatore è un eterno lattante che strilla per avere il poppatoio: una condizione che assume ovvia evidenza in fenomeni patologici come l'alcolismo e l'assuefazione alle droghe. A quanto sembra, isoliamo entrambe queste forme di tossicomania perché i loro effetti interferiscono con i doveri sociali della persona che ne è affetta. Il tabagismo non è allo stesso modo oggetto di censura perché, pur essendo anch'esso una tossicomania, non ostacola le funzioni sociali del fumatore, ma ha effetti, eventualmente, «soltanto» sulla durata della sua esistenza.

Più avanti ci occuperemo ancora delle molte forme di consumismo quotidiano; qui, mi limito a rilevare che, per quanto riguarda il tempo libero, automobili, televisione, viaggi e sesso costituiscono i principali oggetti dell'odierno consumismo; ne parliamo come di attività del tempo libero, ma faremmo meglio a definirle *passività* del tempo libero.

Per riassumere: consumare è una forma dell'avere, forse quella più importante per l'odierna società industriale opulenta. Il consumo ha caratteristiche ambivalenti: placa l'ansia, perché ciò che uno ha non può essergli ripreso; ma impone anche che il consumatore consumi sempre di più, dal momento che il consumo precedente ben presto perde il proprio carattere gratificante. I consumatori moderni possono etichettare se stessi con questa formula: *io sono = ciò che ho e ciò che consumo*.

II

Avere ed essere nell'esperienza quotidiana

Dal momento che la società nella quale viviamo è dedita all'acquisizione di proprietà e al guadagno, raramente ci capita di trovarvi manifestazioni della modalità esistenziale dell'essere, e la maggior parte di noi considera la modalità dell'avere come la più naturale, anzi l'unico stile di vita accettabile; tutto questo ha per conseguenza che per la gente riesce particolarmente difficile comprendere la caratteristica della modalità dell'essere, e persino capire che l'avere non è che uno dei possibili indirizzi. Ciò non toglie che entrambe le concezioni abbiano radici nell'esperienza umana. Né l'una né l'altra dovrebbero – e del resto è impossibile – essere esaminate in maniera astratta, puramente intellettualistica; entrambe trovano un riflesso nella nostra vita quotidiana e devono essere affrontate in concreto. Ecco qui alcuni semplici esempi di come l'essere e l'avere si manifestano nella vita quotidiana: potranno aiutare il lettore a comprendere meglio queste due modalità esistenziali.

Apprendere

Studenti che facciano propria la modalità esistenziale dell'avere assisteranno a una lezione udendo le parole dell'insegnante, afferrandone la struttura logica e il significato e facendo del loro meglio per trascrivere ognuna delle parole stesse nel loro quaderno d'appunti, in modo da poter poi mandare a memoria le annotazioni e quindi superare la prova di un esame. Ma il contenuto non diviene parte del loro personale sistema di pensiero, arricchendolo e dilatandolo;

al contrario, essi trasformano le parole che odono in agglomerati di idee cristallizzate o in complesse teorie che comunque immagazzinano passivamente. Gli studenti e quanto viene loro insegnato rimangono estranei, a parte il fatto che ognuno degli studenti è divenuto il proprietario di un insieme di affermazioni fatte da qualcun altro (il quale a sua volta o le ha coniate di suo o le ha riprese da un'altra fonte).

Gli studenti che fanno propria la modalità dell'avere si prefiggono un'unica meta: mantenere ciò che «hanno appreso», registrandolo esattamente nella propria memoria oppure conservandone accuratamente le annotazioni. Non devono né produrre né creare qualcosa di nuovo. In effetti, gli individui del tipo «avere» mostrano la tendenza a sentirsi turbati da nuovi pensieri o idee su questo o quell'argomento, e ciò perché il nuovo mette in questione l'insieme cristallizzato di informazioni che già possiedono. In effetti, per una persona agli occhi della quale l'avere costituisce la forma principale di relazione con il mondo, idee che non possano venire facilmente incamerate (o registrate per iscritto) sono preoccupanti, al pari di qualsiasi altra cosa che cresca e si trasformi, e che pertanto sia incontrollabile.

Il processo di apprendimento è di tutt'altro tipo per quegli studenti che fanno propria la modalità di rapporto con il mondo incentrata sull'essere. Tanto per cominciare, costoro non andranno alle lezioni, neppure alla prima di un corso, a guisa di *tabulae rasae*; hanno riflettuto già in precedenza sulle problematiche che le lezioni affronteranno, e custodiscono nella mente un certo numero di domande e problemi personali. Si sono occupati della materia, e questa li interessa Anziché essere passivi recipienti di parole e idee, ascoltano, *odono* e, cosa della massima importanza, *ricevono* e *rispondono* in maniera attiva, produttiva. Ciò che ascoltano stimola gli autonomi processi di elaborazione mentale, provocando in loro il sorgere di nuove domande, di nuove idee, di nuove prospettive. Il loro ascoltare è un processo vitale. Prestano orecchio con interesse, odono davvero quel che l'insegnante dice, spontaneamente si rivitalizzano in risposta a ciò che ascoltano. Non acquisiscono semplicemente conoscenze, un bagaglio da portarsi a casa e mandare a mente. Ognuno di loro è stato coinvolto ed è mutato: ognuno dopo la lezione è diverso da come era prima. Naturalmente, questa modalità di apprendimento può imporsi solo qualora l'insegnante offra argomenti stimolanti: vuote chiacchiere non possono trovare, come risposta, la modalità dell'essere, ragion per cui gli studenti che la facciano propria preferiscono non ascoltare affatto, per concentrarsi sui loro personali processi mentali.

Qui va fatto almeno un accenno al significato di «interesse», che nell'uso corrente si è ridotto a un'espressione esangue, consunta. Il significato essenziale di essa è reperibile nella radice da cui deriva: il latino *inter-esse*, vale a dire «essere tra» o «dentro». Quest'interesse attivo ha trovato espressione, nel Middle English, vale a dire l'inglese parlato tra il 1200 e il 1500 circa, nel verbo *to list* (aggettivo *listy*; avverbio *listily*).* Nell'inglese moderno, *to list* è usato soltanto in senso spaziale: *A ship lists* (una nave sbanda); il significato originario in senso psichico lo si ritrova unicamente nell'espressione, di connotazione negativa, *listless* (disattento, distratto; svogliato, indifferente). *To list* un tempo significava «aspirare attivamente a», «essere sinceramente interessato a». L'etimo è lo stesso di quello di *lust* (lussuria, concupiscenza, brama, avidità), con la differenza che *to list* non sta a indicare una brama da cui uno è trasportato, bensì il libero e attivo interesse per qualcosa, ovvero l'aspirazione a raggiungerla; e come tale costituisce una delle espressioni chiave dell'autore anonimo della metà del XIV secolo cui si deve *The Cloud of Unknowing*** (recentemente ristampato

* *To list* significa ascoltare, prestare attenzione, accezione usata soltanto in senso poetico e ritenuta oggi arcaica, ma anche (del pari ritenuta espressione arcaica) aver voglia, desiderare; il termine *to list* nel senso di sbandare deriva ovviamente dal significato originario: la nave «ascolta» il vento, e insieme lo «desidera» con tanta forza, da obbedirgli incontrollatamente; si noti infine che *list* come sostantivo significa confine, frontiera, e al plurale recinto, palizzata (*to enter the lists* = entrare in lizza); anche qui si avverte il ricordo del significato originario. [*N.d.T.*]

** *The Cloud of Unknowing* è un trattato di mistica medioevale, il cui autore è rimasto sempre sconosciuto, benché risulti con sufficiente certezza che gli si deve anche la traduzione inglese dello Pseudo-Dionigi. La «nube dell'ignoranza» è costituita sia dalle tenebre che avvolgono l'uomo incapace di appuntare il proprio sguardo a Dio, sia dall'incomprensione di Dio stesso per le cose umane. Il trattato è rivolto a un giovane di ventiquattro anni e si propone di indicargli la via per uscire dalle tenebre, nei limiti concessi all'uomo. Ne sono state riproposte alcune versioni inglesi moderne abbastanza recentemente. [*N.d.T.*]

a cura di Evelyn Underhill). Che il linguaggio abbia conservato il termine soltanto nella sua accezione negativa è una tipica conseguenza del mutamento di spirito avvenuto nella società tra il XIII e il XX secolo.

Ricordare

Si può ricordare sia secondo la modalità dell'avere, sia secondo quella dell'essere; ma tra le due forme di memoria c'è una differenza, legata soprattutto al tipo di connessione che si opera. Nella modalità mnemonica dell'avere, la connessione è in tutto e per tutto *meccanica*, come si verifica quando la connessione tra una parola e la successiva è stabilita e confermata dalla frequenza con cui viene istituita. In altre parole, le connessioni possono essere puramente *logiche*, come la connessione tra opposti oppure tra concetti convergenti, o ancora col tempo, lo spazio, la dimensione, il colore, o nella cornice di un determinato sistema mentale.

Nel caso della modalità dell'essere, invece, ricordare significa richiamare *attivamente* alla mente parole, idee, cose viste, dipinti, suoni musicali; in altre parole, consiste nel connettere il singolo dato da rammentare ai molti altri dati con i quali è correlato. Le connessioni, in questa seconda modalità, non sono né meccaniche né puramente logiche, bensì viventi. Un concetto è connesso a un altro da un atto produttivo di pensiero (o emozionale) che entra in azione quando si va alla ricerca della parola giusta. Ne fornisco un esempio elementare: se associo la parola «aspirina» all'espressione «mal di capo», istituisco un'associazione logica, convenzionale; se invece associo all'espressione «mal di capo» la parola «tensione» o «rabbia», istituisco una connessione tra il dato di fatto e le sue possibili conseguenze, un approfondimento al quale sono approdato studiando il fenomeno. Questo secondo tipo di memoria rappresenta di per sé un'attività mentale produttiva. Gli esempi più sorprendenti di questa forma di memoria vivente sono le «libere associazioni» introdotte da Freud.

Chi non abbia la prevalente inclinazione all'immagazzinamento di dati constaterà che la sua memoria, per funzionare a dovere, ha bisogno di un *interesse* effettivo e immediato. Così, per esempio, si sa di individui che hanno rammentato parole di una lingua straniera da tempo dimenticata, quando farlo è diventato di vitale importanza per loro. Personalmente, pur non essendo dotato di una memoria particolarmente buona, mi capita di ricordare il sogno di una persona da me analizzata due settimane o cinque anni prima, non appena mi ritrovo faccia a faccia con la persona stessa e mi concentro sul complesso della sua personalità. Ma cinque minuti prima, quando non ero ancora «a caldo», sarei stato del tutto incapace di rammentare il sogno in questione.

Ricordare secondo la modalità dell'essere implica riportare in vita qualcosa che si è visto o udito prima. È un processo mnemonico produttivo di cui possiamo fare esperienza cercando di visualizzare il volto di una persona o una scena da noi vista una volta. Né nell'uno né nell'altro caso saremo in grado di richiamarcela istantaneamente alla memoria: dobbiamo ricreare la situazione, riportarla in vita nella nostra mente. È un modo di ricordare non sempre facile: per rammentare appieno il volto o la scena è necessario che li si sia osservati con sufficiente concentrazione; e quando questo processo riesce appieno, la persona di cui ci si ricorda il volto è così viva, la scena ricordata così pregnante, come se l'uno e l'altra fossero fisicamente, concretamente presenti.

Il modo con cui chi faccia propria la modalità dell'avere ricorda un volto o una scena è esattamente rivelato da come la gran parte di noi guarda una fotografia. Questa funge, per lo più, soltanto da promemoria per l'identificazione di una persona o di una scena, e di solito provoca una reazione che si esprime nelle parole: «Già, è proprio lui», oppure: «Sì, ci sono stato». La fotografia, per la maggior parte della gente, diviene un ricordo *alienato*.

Il ricordo affidato alla carta è un'altra forma di attività mnemonica alienata. Mettendo per iscritto quel che desidero ricordare, sono certo di *avere* quell'informazione, e pertanto non mi provo a imprimermela nel cervello. Sono certo del mio possesso – a parte il fatto che, se mi capita di perdere le mie annotazioni, perdo anche il ricordo dell'informazione. La mia capacità di ricordare mi ha abbandonato, perché la mia banca dei dati è divenuta una parte di me esterna a me, ha assunto la forma delle mie annotazioni.

Data la moltitudine di dati che i componenti l'attuale società devono ricordare, è inevitabile un certo quantitativo di annotazioni e che una parte delle informazioni venga depositata nei libri. È facile però constatare, soprattutto con se stessi, che mettere per iscritto le cose ha l'effetto di diminuire le proprie capacità mnemoniche; alcuni esempi tipici potranno tuttavia essere di maggior aiuto.

Uno riguarda un evento che si verifica quotidianamente nei negozi. Oggi accade ben di rado che un commesso compia una semplice addizione di due o tre numeri a memoria: farà immediatamente ricorso a una macchina. Un altro esempio può essere preso dall'aula scolastica: è facile per gli insegnanti constatare come gli allievi che annotano attentamente ogni frase della lezione con tutta probabilità ricorderanno e comprenderanno meno degli allievi che hanno fatto assegnamento sulla propria capacità di comprendere, e di conseguenza rammentano per lo meno i dati essenziali. Ancora: i musicisti sanno bene che coloro che con più facilità riescono a leggere uno spartito hanno più difficoltà a ricordare la musica senza lo spartito stesso.[1] Toscanini, la cui memoria era notoriamente straordinaria, costituisce un valido esempio di musicista che faceva propria la modalità dell'essere. Infine, in Messico mi è capitato di notare che persone illetterate o che scrivono poco hanno una memoria assai migliore degli abitanti, abbondantemente alfabetizzati, dei paesi industrializzati. Oltretutto, questo lascia supporre che il saper leggere e scrivere non sia affatto quella benedizione che si pretende, soprattutto qualora la gente se ne serva soltanto per leggere scritti che ne impoveriscono la capacità di sperimentare e immaginare.

Conversazione

La differenza tra le modalità dell'avere e dell'essere può essere facilmente illustrata da due esempi di conversazione. Prendiamo uno scambio di idee tipico tra due uomini, A che *ha* l'opinione x, e B che *ha* l'opinione y. Ciascuno dei due si identifica con la propria opinione. Ciò che per en-

[1] L'informazione mi è stata fornita dal dottor Moshe Budmor.

trambi conta è trovare argomenti migliori, vale a dire più ragionevoli, per difendere la propria opinione. Né l'uno né l'altro è disposto a mutare parere, e non s'aspetta neppure che cambi l'opinione del suo avversario. Sia l'uno sia l'altro provano paura all'idea di mutare la propria, appunto perché si tratta di uno dei loro possessi, ragion per cui la sua perdita equivarrebbe a un impoverimento.

La situazione si presenta alquanto diversa nel caso di una conversazione che non sia intesa come un dibattito. Ciascuno di noi, credo, avrà fatto l'esperienza dell'incontro con una persona importante o famosa o anche dotata di effettive qualità, oppure dalla quale si mira a ottenere qualcosa: un buon lavoro, esserne amati, suscitarne l'ammirazione, e simili. In circostanze del genere, molti hanno la tendenza a sentirsi per lo meno un pochino ansiosi, e spesso si «preparano» per l'importante incontro. Cercano di farsi venire alla mente argomenti capaci di interessare l'altro; riflettono su come iniziare la conversazione, alcuni giungono addirittura al punto di programmarla tutta quanta, almeno per quanto riguarda il ruolo che vi avranno. Possono anche farsi forza pensando a ciò che *hanno*: i loro precedenti successi, il loro fascino personale (oppure la loro personalità intimidatoria, qualora questo ruolo sia più efficace), la loro posizione sociale, le loro relazioni, l'aspetto, l'abito. In una parola, dentro di sé pesano il proprio valore e, forti di questa valutazione, nella conversazione che segue mettono in mostra le proprie merci. L'individuo che conosca bene il metodo riuscirà a far colpo su molti suoi simili, benché l'impressione che dà loro sia soltanto in parte dovuta all'esibizione dell'individuo stesso, e invece in larga misura alla povertà di giudizio di gran parte delle persone. D'altro canto, quando accada che chi lo tenta non sia altrettanto abile, la sua esibizione risulterà rigida, artificiosa, noiosa, e non tale da suscitare grande interesse.

All'estremità opposta si collocano coloro che affrontano una situazione senza prepararvisi minimamente, e senza farsi animo in nessun modo. Al contrario, costoro rispondono spontaneamente e produttivamente; si dimenticano di se stessi, delle nozioni, della posizione che hanno. Il loro io non è d'intralcio, ed è proprio per tale motivo che possono rispondere appieno all'altra persona e alle idee di questa.

Danno vita a nuove idee, proprio perché non si aggrappano a nulla. Mentre coloro che fanno propria la modalità dell'avere si fondano appunto su ciò che *hanno*, le persone che fanno propria la modalità dell'essere si basano appunto sul fatto di essere, sul fatto che sono vive e che qualcosa di nuovo avrà vita, a patto che abbiano il coraggio di lasciarsi andare e rispondere. Nella conversazione, costoro esprimono in pieno la propria vitalità, perché non si autosoffocano con ansie e preoccupazioni per ciò che hanno; e la loro vivacità è contagiosa, al punto che sovente aiuta l'altro a uscire dal proprio egocentrismo. In tal modo, la conversazione cessa di essere uno scambio di beni (informazioni, nozioni, condizione sociale) e diviene un dialogo in cui più non importa chi abbia ragione e chi torto. I duellanti cominciano a danzare assieme, e si dividono non già con una sensazione di trionfo o di sconfitta - l'una e l'altra completamente sterili - ma in uno stato di gioia. Si noti, per inciso, che il fattore essenziale nella terapia psicoanalitica è costituito appunto da questa qualità vitalizzante del terapeuta. L'interpretazione psicoanalitica, per quanto estesa e approfondita, non avrà effetto alcuno se l'atmosfera in cui ha luogo il trattamento è greve, morta, noiosa.

Lettura

Quel che vale per una conversazione è valido allo stesso modo per la lettura, che è - o dovrebbe essere - un dialogo tra l'autore e il lettore. Naturalmente, nel caso della lettura (come del resto durante una conversazione personale) è importante chi sia l'autore che sto leggendo o chi sia colui o colei con cui parlo. La lettura di un romanzo da quattro soldi, privo di qualità artistiche, è una sorta di sogno a occhi aperti: non permette risposte produttive; il testo viene ingurgitato come uno spettacolo televisivo o come le patatine fritte che si masticano seduti davanti al televisore. Ma un romanzo, diciamo di Balzac, può essere letto con profonda partecipazione, in maniera produttiva, in altre parole secondo la modalità dell'essere, benché con ogni probabilità per lo più venga letto anche secondo la modalità consumistica, la modalità dell'avere. La loro curiosità è stata stimolata, e i lettori vogliono sapere «come andrà a finire», se cioè il loro eroe sopravviverà o morirà, se la protagonista cede alla seduzione o resiste; desiderano conoscere le risposte. Il romanzo ha la funzione di una sorta di preludio destinato a eccitarli; la lieta o la triste fine costituisce il culmine della loro esperienza: una volta che sanno com'è andata a finire, *hanno* l'intera storia, quasi altrettanto reale che se l'avessero pescata nei propri ricordi. Non hanno però dilatato la propria conoscenza; non hanno compreso affatto il personaggio del romanzo, e pertanto non hanno approfondito la loro penetrazione nella natura umana, né sono giunti a conoscersi meglio.

Le modalità di lettura sono le stesse qualora il libro tratti di filosofia o di storia. La maniera in cui una persona legge un volume del genere è formata - o meglio deformata - dall'istruzione. La scuola mira ad attribuire a ogni allievo un certo quantitativo di «proprietà culturale», e alla fine dei corsi fornisce agli allievi un certificato in cui si comprova che essi ne hanno per lo meno il quantitativo minimo. Agli allievi si insegna a leggere un libro in modo tale da poter ripetere le idee fondamentali dell'autore; è così che gli allievi «conoscono» Platone, Aristotele, Descartes, Spinoza, Leibniz, Kant, Heidegger, Sartre. La differenza tra i vari livelli di istruzione, dalle medie all'università, consiste soprattutto nel quantitativo di proprietà culturale che è stato acquisito, il quale corrisponde grosso modo all'entità delle proprietà materiali di cui ci si aspetta che gli allievi dispongano in una fase successiva della loro esistenza. I cosiddetti «ottimi» allievi sono quelli che sanno ripetere, con maggior accuratezza, ciò che ciascuno dei vari filosofi ha detto. Costoro sono paragonabili a una guida di museo bene informata; quel che apprendono non va al di là dei limiti di questo tipo di conoscenza possessiva. Non imparano a interrogare i filosofi, a dialogare con loro; non imparano a cogliere le contraddizioni dei filosofi stessi, né a rendersi conto che scansano certi problemi o evitano di fornire una risposta; non imparano a distinguere tra quanto era nuovo e quanto gli autori non potevano fare a meno di pensare perché rispondeva al «comune buon senso» dell'epoca loro; non imparano ad ascoltare in modo da poter distinguere quando ciò che gli autori dicono proviene soltanto dal loro cervello, e non è dettato dal cervello e dal cuore insieme; non imparano a scoprire se gli autori sono autentici o fasulli; e si potrebbe continuare a lungo.

I lettori che fanno propria la modalità dell'essere giungono spesso alla conclusione che anche un libro fatto oggetto di molte lodi può essere del tutto privo di valore o averne assai poco; capita anche che riescano a capire appieno un libro, a volte più di quanto non sia riuscito a fare l'autore stesso, agli occhi del quale tutto quanto ha scritto può essere apparso importante.

L'esercizio dell'autorità

Un altro esempio della differenza tra le modalità dell'avere e dell'essere è fornito dall'esercizio dell'autorità. L'elemento cruciale è costituito dal divario tra *avere* autorità ed *essere* un'autorità. Quasi tutti noi esercitiamo, almeno per un certo periodo della nostra vita, un'autorità. Devono farlo coloro che allevano bambini, e che lo vogliano o meno, per proteggere i propri figli da pericoli e fornire loro almeno un minimo di consigli su come comportarsi in varie situazioni. In una società patriarcale, anche le donne sono oggetto di autorità per la maggior parte degli uomini. Gran parte dei membri di una società burocratica, gerarchicamente organizzata qual è appunto la nostra, esercita autorità, con l'eccezione di coloro che appartengono all'infimo livello sociale, e che sono soltanto oggetto di autorità.

Questa visione dell'autorità secondo le due modalità è possibile a patto che si riconosca che essa è un termine ampio, dotato di due significati affatto diversi: può essere sia «razionale» sia «irrazionale». L'autorità razionale si fonda sulla competenza, e aiuta a crescere coloro che a essa si appoggiano. L'autorità irrazionale si basa sul potere e serve a sfruttare la persona che a essa è asservita. (Ho trattato il divario in questione nel mio *Escape from Freedom*.)

Nelle società più primitive, vale a dire quelle dei cacciatori e raccoglitori, l'autorità viene esercitata dalla persona generalmente riconosciuta come competente: su quali doti si basi la competenza, dipende in larga misura dalle circostanze specifiche, ma generalmente nel novero devono rientrare esperienza, saggezza, generosità, abilità, «presenza» e coraggio. Presso molte di queste tribù, non esiste autorità permanente: un'autorità emerge in caso di necessità, oppure si hanno diverse autorità per differenti occasioni, come guerra, pratiche religiose, appianamento di contese. Quando accade che le qualità su cui si fonda l'autorità scompaiono o impallidiscono, l'autorità stessa ha fine. Una forma assai simile di autorità è rilevabile in molte società di primati, nell'ambito delle quali la competenza molto spesso non è stabilita dalla forza fisica, ma da qualità come l'esperienza e la «saggezza». Mediante un ingegnosissimo esperimento con scimmie, J.M.R. Delgado (1967) ha comprovato che, qualora l'animale dominante perda anche solo per un momento le qualità che ne costituiscono la competenza, la sua autorità cessa.

L'autorità secondo la modalità dell'essere non è fondata soltanto sulla competenza dell'individuo per quanto riguarda l'assolvimento di certe funzioni sociali, ma anche, e nella stessa misura, sulla vera essenza di una personalità pervenuta a un alto grado di crescita e integrazione. Persone del genere irradiano autorità e non sono costrette a impartire ordini, a minacciare, a corrompere; si tratta di individui altamente sviluppati i quali dimostrano, con ciò che sono – e non principalmente con ciò che fanno o dicono –, quello che gli uomini possono essere. I grandi Maestri di Vita erano appunto autorità del genere e, sia pure a un minor grado di perfezione, individui simili sono reperibili a tutti i livelli di istruzione e nelle più disparate culture. Per inciso, il problema dell'istruzione si impernia appunto su questo: se i genitori fossero essi stessi più sviluppati e capaci di autonomia, la contrapposizione tra educazione autoritaria ed educazione secondo il modello del *laissez-faire* non avrebbe ragione di esistere. Il bambino, che ha bisogno di quest'autorità secondo la modalità dell'essere, reagisce a essa con grande entusiasmo, mentre si ribella alle pressioni o all'indifferenza di individui che, con il loro stesso comportamento, dimostrano di non aver compiuto a loro volta lo sforzo che pretendono dal figlio che cresce.

In seguito alla formazione di società basate su un ordine gerarchico e assai più ampie e complesse di quelle dei cacciatori e raccoglitori, l'autorità basata sulla competenza cede il passo all'autorità basata sul rango sociale. Con questo, non si vuole dire che l'autorità esistente sia per forza di cose incompetente, ma soltanto che la competenza non costituisce un elemento essenziale dell'autorità. Che si abbia a che fare con l'autorità monarchica - nel qual caso, a decidere delle qualità della competenza è la lotteria dei geni - o con un criminale privo di scrupoli che riesca a diventare un'autorità mediante assassinii e tradimenti, oppure, come tanto di frequente accade nel moderno sistema democratico, con autorità elette sulla scorta della loro maggiore o minore fotogenia o della quantità di denaro che possono investire nella propria campagna elettorale, sono tutti casi in cui può mancare quasi assolutamente il rapporto tra competenza e autorità.

Ma gravi problemi sussistono anche nei casi di autorità istituita sulla base di una certa competenza: un leader può essere competente in un campo, incompetente in un altro (per esempio, un uomo di stato può rivelarsi competente in guerra e incompetente in una situazione di pace); oppure, un capo, onesto e coraggioso all'inizio della propria carriera, può perdere tali qualità perché cede alla seduzione del potere; ancora, l'età o disturbi fisici possono comportare un certo deterioramento. Infine, non va dimenticato che è molto più facile giudicare il comportamento di un'autorità per i membri di una piccola tribù, che non per i milioni di individui del nostro sistema, i quali conoscono il proprio candidato soltanto attraverso l'immagine artificiale creata da specialisti in pubbliche relazioni.

Quali che siano le ragioni della perdita delle qualità su cui si basa la competenza, è certo che in gran parte delle società vaste e gerarchicamente organizzate si verifica il processo di alienazione dell'autorità, nel senso che la competenza iniziale, effettiva o presunta, viene trasferita all'uniforme o al titolo dell'autorità. Se questa veste la divisa appropriata o si fregia del titolo adeguato, tale segno esteriore di competenza prende il posto della competenza effettiva e delle relative qualità. Il re - per usare questo titolo come simbolo di siffatto tipo di autorità - può essere idiota, perfido, malvagio, vale a dire del tutto incompetente a *essere* un'autorità, pure *ha* autorità. Finché è investito del titolo, si suppone che abbia le qualità della competenza; anche se l'imperatore è nudo, tutti credono che indossi splendidi abiti.

Il fatto che la gente scambi uniformi e titoli per le effettive qualità della competenza non è qualcosa che accade di per sé. Coloro che possiedono questi simboli di autorità e coloro che ne beneficiano devono attutire il modo di pensare realistico, vale a dire critico, dei loro subordinati, e far sì che credano alla finzione. Chiunque si soffermi a riflettere su quanto s'è detto, si renderà conto delle macchinazioni della propaganda, dei metodi cui si fa ricorso per togliere di mezzo il giudizio critico, di come la mente, mediante il ricorso a cliché, venga addormentata e sottomessa, di come la gente sia resa ottusa perché diventi dipendente e perda la capacità di prestar fede ai propri occhi e alla propria capacità di giudizio. Si è così resi ciechi alla realtà dalla finzione in cui si crede.

Avere conoscenza e conoscere

La differenza tra la modalità dell'avere e la modalità dell'essere nella sfera della conoscenza trova espressione in due formule, rispettivamente «ho conoscenza» e «conosco». *Avere* conoscenza significa assumere e mantenere il possesso di conoscenze disponibili (informazioni); conoscere è invece qualcosa di funzionale e parte integrante del processo di elaborazione mentale produttiva.

Per comprendere meglio la qualità del conoscere secondo la modalità esistenziale dell'essere possiamo soffermarci su alcuni pensatori come il Buddha, i profeti ebraici, Gesù, Meister Eckhart, Sigmund Freud, Karl Marx. Ai loro occhi, la conoscenza ha inizio con la consapevolezza del carattere ingannevole delle percezioni forniteci dal nostro buon senso comune, in altre parole, dalla constatazione che la nostra immagine della realtà fisica non corrisponde a ciò che è «davvero reale», senza contare che (ed è quel che più importa) molti di noi sono come sospesi tra veglia e sonno, inconsapevoli che gran parte di ciò che ritengono vero e di per sé evidente non è che illusione frutto dell'influenza suggestiva dell'universo sociale in cui si vive. La conoscenza, pertanto, ha inizio con la demolizione delle illusioni, con la *de*-lusione (*Ent-täuschung* in tedesco). Conoscere significa penetrare sotto la superficie, allo scopo di giungere alle radici, e pertanto alle cause; conoscere significa «vedere» la realtà senza paludamenti. Conoscere non significa essere in possesso della verità, bensì andare sotto lo strato esterno e tentare, criticamente e attivamente, di avvicinarsi sempre più alla verità.

Questo modo di penetrazione creativa trova espressione nell'ebraico *jadoa*, che significa conoscere e amare nel senso della penetrazione sessuale maschile. Il Buddha, il Risvegliato, invita la gente a riscuotersi dal sonno e a liberarsi dall'illusione che aspirare alle cose porti alla felicità. I profeti ebraici esortano il popolo a svegliarsi e a rendersi conto che i suoi idoli sono null'altro che opera delle sue mani, null'altro che illusione. Gesù afferma: «La verità vi farà liberi», e Meister Eckhart esprime a più riprese questo concetto di conoscenza. Per esempio, parlando di Dio afferma: «La conoscenza non è un pensiero particolare; essa piuttosto asporta tutti i paludamenti, ed è disinteressata e corre nuda incontro a Dio, fino a toccarlo e ad abbracciarlo» (Blakney, pag. 243). («Nudità» e «nudo» sono espressioni che ricorrono sovente in Meister Eckhart, come pure nel suo contemporaneo, l'anonimo e già ricordato autore di *The Cloud of Unknowing*.) Stando a Marx, bisogna distruggere le illusioni per creare le condizioni che rendano superflue le illusioni. Il concetto di autoconoscenza di Freud si fonda sull'idea di distruggere le illusioni («razionalizzazioni») per assumere consapevolezza della realtà inconscia. (Ultimo dei pensatori dell'Illuminismo, Freud può essere ben definito un rivoluzionario secondo i canoni della filosofia illuministica del XVIII secolo, non già secondo quelli del XX.)

Tutti i pensatori che abbiamo citato si preoccupavano dell'umana salvezza, e tutti avevano un atteggiamento di critica nei confronti di modelli di pensiero socialmente accettati. Per essi, lo scopo della conoscenza non è la certezza dell'«assoluta verità», qualcosa di cui ci si possa sentire sicuri, bensì il *processo autoaffermativo della ragione umana*. L'ignoranza, per colui che *conosce*, vale quanto la conoscenza, dal momento che entrambe fanno parte del processo del conoscere, benché l'ignoranza di questo tipo sia diversa dall'ignoranza di colui che non pensa. La conoscenza ottimale secondo la modalità dell'essere consiste nel *conoscere più profondamente*, mentre secondo la modalità dell'avere consiste nell'*avere più conoscenza*.

Il nostro sistema didattico di norma mira a educare la gente ad *avere* conoscenza a guisa di un possesso, nell'insieme proporzionato alla quantità di proprietà o prestigio sociale che gli individui è probabile abbiano nella vita successiva. Il minimo che ricevono corrisponde alla quantità di cui avranno bisogno per compiere adeguatamente il loro lavoro; inoltre, a ciascuno di essi viene concesso un «pacco conoscenza di lusso», destinato a intensificare il sentimento del loro valore, le dimensioni del quale sono sempre corrispondenti al probabile prestigio sociale dell'individuo. Le scuole sono le fabbriche in cui vengono prodotti questi pacchi-conoscenza per tutti, nonostante che esse proclamino, di norma, che il loro scopo è di mettere gli allievi in contatto con le massime conquiste della vita umana. Molti istituti universitari sono particolarmente abili nel favorire queste illusioni. Dal pensiero e dall'arte indiana all'esistenzialismo e al surrealismo, essi offrono un gran miscuglio nozionistico, dal quale gli studenti pescano un po' qui e un po' là e, in nome della spontaneità e della libertà, non vengono spronati a concentrarsi su un unico soggetto, neppure a completare la lettura di un intero libro. (La radicale critica del sistema scolastico avanzata da Ivan Illich mette a fuoco molte delle sue carenze.)

Fede

Sotto il profilo religioso, politico o personale, il concetto di fede può assumere due significati completamente diversi, secondo come è usato, se nel senso dell'avere o in quello dell'essere. Nel quadro della prima modalità, la fede è il possesso di una risposta per la quale manca ogni prova razionale; essa consiste di formulazioni elaborate da altri, che si accettano perché ci si sottomette a questi altri, di solito una burocrazia. La risposta dà la sensazione di certezza a causa del potere, effettivo o soltanto immaginario, della burocrazia. Essa rappresenta il biglietto d'ingresso per unirsi a un vasto gruppo, e solleva chi ne è in possesso dal gravoso compito di pensare da solo e di prendere decisioni. Si diventa cioè dei *beati possidentes*, i felici detentori della vera fede. Secondo la modalità dell'avere, questa conferisce certezza; proclama di fornire una conoscenza definitiva, incrollabile, credibile per il fatto che il potere di coloro che promulgano e difendono la fede sembra anch'esso incrollabile. E in effetti, chi non opterebbe per la certezza, se tutto ciò che si richiede consiste nel rinunciare alla propria indipendenza?

Dio, in origine un simbolo dei massimi valori di cui possiamo avere esperienza in noi, diviene, secondo la modalità dell'avere, un idolo. Per la concezione profetica, un idolo è una *cosa* che noi stessi costruiamo e nella quale proiettiamo i nostri poteri, in tal modo impoverendoci. Così facendo, ci assoggettiamo alla nostra creazione e con quest'atto di sottomissione ci mettiamo in contatto con noi stessi in forma alienata. Se da un lato posso *avere* l'idolo perché questo è una cosa, contemporaneamente, a causa della mia sottomissione a esso, l'idolo ha me. E, una volta che dio sia divenuto un idolo, le sue presunte qualità hanno altrettanto poco a che fare con la mia esperienza personale, di quanto ne abbiano dottrine politiche alienate. L'idolo può essere lodato quale Signore di misericordia, ma in suo nome può venire commessa qualsiasi crudeltà, esattamente come la fede alienata nella solidarietà umana può non essere accompagnata dal minimo dubbio circa la perpetrazione degli atti più inumani. La fede secondo la modalità dell'avere è una stampella per chi desidera la certezza, per chi aspira ad avere una risposta al problema dell'esistenza senza osare di cercarsela da solo.

Secondo la modalità dell'essere, la fede è una manifestazione affatto diversa. Si può vivere senza fede? Il lattante non deve forse avere fede nel seno materno? Non dobbiamo forse noi tutti avere fede in altri esseri, in coloro che amiamo e in noi stessi? Possiamo vivere senza riporre fede nella validità di norme che guidino la nostra vita? In realtà, senza fede diveniamo sterili, disperati, timorosi fino alla radice stessa del nostro essere.

La fede secondo la modalità dell'essere non consiste in primo luogo nel credere a certe idee (benché possa essere anche questo), ma è un orientamento intimo, un *atteggiamento*. Sarebbe meglio dire che una persona *è nella* fede, invece che *ha* fede. (La distinzione teologica tra la fede che *è* credenza [*Fides quae creditur*] e la fede *come* credenza [*Fides qua creditur*] esprime una distinzione del genere tra il contenuto della fede e l'atto di fede.) Si può essere in fede verso se stessi e verso altri, e un individuo religioso può esserlo verso Dio. Quello dell'Antico Testamento è, innanzitutto, una negazione degli idoli, di dei che si possono *avere*. Benché concepito secondo l'analogia con un sovrano orientale, Dio trascende fin dall'inizio se stesso: Dio non deve avere nome, nessuna immagine può esserne fatta.

Più tardi, nelle elaborazioni giudaica e cristiana, ci si imbatte nel tentativo di pervenire alla completa de-idolizzazione di Dio, o meglio di combattere il pericolo dell'idolizzazione partendo dalla premessa che non si possono definire neppure le qualità di Dio. Il massimo radicalismo in questo senso lo raggiunse il misticismo cristiano, da Pseudo-Dionigi Areopagita all'ignoto autore di *The Cloud of Unknowing* e a Meister Eckhart: il concetto di Dio tende a divenire quello dell'Unico, della «mente divina» (la Non-cosa), convergendo con concezioni dei *Veda* e del pensiero neoplatonico. Questa fede in Dio è garantita dall'esperienza interiore delle divine qualità nel proprio io; si tratta di un processo di autocreazione continuo, attivo, o, per dirla con Meister Eckhart, dell'eterna nascita del Cristo dentro se stessi.

La fede che ripongo in me stesso, in un altro, nella specie umana, nella nostra capacità di assurgere a piena umanità implica certezza, ma una certezza che si fonda sulla mia propria esperienza, non sulla mia sottomissione a una autorità che impone una certa credenza. È la certezza di una verità che non può essere provata mediante dati di fatto razionalmente cogenti, bensì di una verità della quale sono certo a causa della mia evidenza esperienziale, soggettiva. (Il termine ebraico per fede è *emunah*, «certezza»; e *amen* significa «certamente».)

Se sono certo dell'integrità di un uomo, non posso però fornirne la prova fino al suo ultimo giorno di vita; a rigor di termini, anche qualora la sua probità permanga inalterata fino all'ora della morte, neppure questo basterebbe a escludere il punto di vista positivistico secondo cui, se fosse vissuto più a lungo, avrebbe potuto commettere nefandezze. La mia certezza riposa sulla conoscenza che nel profondo di me ho dell'altro, e sulla mia propria esperienza di amore e probità. È un tipo di conoscenza possibile solo quando riesco a sbarazzarmi del mio io e a vedere l'altro nella sua interezza, riconoscendo la struttura di forze all'opera in lui, vedendolo nella sua individualità e in pari tempo nella sua universale umanità. Solo allora so ciò che l'altro può fare, quello che non può fare e quello che non farà. Naturalmente, con questo non voglio dire che io posso predirne tutto il futuro comportamento, ma che posso farlo per quanto attiene soltanto alle direttrici generali di condotta, radicate in tratti caratteriali fondamentali, come probità, senso di responsabilità e via dicendo. (Si veda a questo proposito il capitolo sulla «Fede come tratto caratteriale» in *Man for Himself*.)

Questa fede si basa su fatti; ragion per cui è razionale. I fatti tuttavia non sono riconoscibili né «comprovabili» col ricorso al metodo della psicologia convenzionale, positivistica; io, persona vivente, sono l'unico strumento capace di «registrarli».

Amore

Anche l'amore ha due significati, a seconda che venga inteso nell'accezione dell'avere o nell'accezione dell'essere.

Si può *avere* amore? Se così fosse, l'amore dovrebbe necessariamente essere una cosa, una sostanza che si può avere, custodire, possedere. La verità è che non esiste affatto l'«amore» come cosa: si tratta di un'astrazione, forse una dea o un essere di un altro mondo, benché nessuno abbia mai visto la divinità in questione. In realtà, esiste soltanto l'*atto di amare*; e amare è un'attività produttiva, che implica l'occuparsi dell'altro, conoscere, rispondere, accettare, godere, si tratti di una persona, di un albero, di un dipinto, di un'idea. Significa portare alla vita, significa aumentare la vitalità dell'altro, persona o oggetto che sia. È dunque un processo di autorinnovamento, di autoincremento.

Qualora l'amore sia vissuto secondo la modalità dell'avere, esso implica limitazione, prigionia ovvero controllo dell'oggetto che si «ama». Si riduce a uno strangolamento, a una soffocazione, a uno schiacciamento, a un'uccisione, ma non è un atto vitale. Ciò che la gente definisce amore è per lo più un abuso del termine, volto a nascondere la realtà della sua incapacità di amare. Quanti sono i genitori che amano davvero i propri figli è un problema tuttora apertissimo. Lloyd de Mause ha fatto rilevare che, durante i due trascorsi millenni della storia occidentale, tante e così sconvolgenti sono le testimonianze di crudeltà nei confronti di bambini, dalla tortura fisica a quella psichica, di incuria, di mera possessività e di sadismo, da indurre a credere che i genitori amorevoli siano l'eccezione anziché la regola.

Lo stesso può dirsi dei matrimoni. Sia che l'unione si basi sull'amore o, come nei matrimoni tradizionali del passato, sulla convenienza sociale e la costumanza, i componenti la coppia che davvero si amano sembrano costituire anch'essi un'eccezione. La convenienza sociale, la costumanza, i reciproci interessi economici, le comuni attenzioni per i figli, la mutua dipendenza ovvero il reciproco odio o paura vengono consciamente sperimentati quale «amore» – fino al momento in cui uno dei due partner o entrambi si rendono conto di non amarsi affatto, e che anzi mai si sono amati. Al giorno d'oggi è possibile rilevare, sotto questo riguardo, un certo progresso: la gente è divenuta più realistica e lucida, molti hanno cessato di credere che il sentirsi sessualmente attratti significhi amare o che un rapporto vicendevole, amichevole ancorché remoto possa essere una manifestazione d'amore. Questa nuova visione delle cose ha avuto per effetto una maggior sincerità, oltre che un più frequente mutamento di partner. Non ha necessariamente aumentato il numero di coloro che si amano davvero, ed è possibile che i nuovi partner si amino altrettanto poco dei precedenti.

Il passaggio dal «prendersi una cotta» all'illusione di «avere» l'amore è spesso osservabile in concreto nella storia di coppie che si sono appunto «presa una cotta». Nel mio *The Art of Loving* ho fatto rilevare come la parola «prendersi» costituisca una contraddizione. Dal momento che amare è un'attività produttiva, si può soltanto essere in amore o entrare in stato amoroso; ma non si può «prendersi» un amore, espressione che denota un atteggiamento passivo.

Durante il corteggiamento, nessuno dei due partner è ancora sicuro dell'altro: ciascuno dei due cerca di conquistare l'altro. Entrambi sono pieni di vitalità, attraenti, interessanti, persino belli, poiché la vitalità sempre rende bello un volto. Nessuno dei due *ha* l'altro; ne consegue che l'energia di ciascuno dei due è rivolta all'*essere*, vale a dire a cedere all'altro e a stimolarlo. In seguito al matrimonio, la situazione assai spesso cambia completamente. Il contratto matrimoniale conferisce a ciascun partner l'esclusivo possesso del corpo, dei sentimenti e dell'affetto dell'altro. Non occorre più conquistare nessuno, perché l'amore è diventato qualcosa che si *ha*, una proprietà. I due cessano di compiere lo sforzo di essere amabili e di produrre amore, e quindi divengono noiosi, e pertanto la loro bellezza scompare. Sono delusi e perplessi. Non sono forse più le stesse persone? Che abbiano commesso un errore iniziale? Di solito, ciascuno dei due cerca nell'altro la causa del mutamento e si sente defraudato. Ciò di cui non si rendono conto è che non sono più le stesse persone che erano quando si amavano a vicenda, e che l'errore per cui si può *avere* l'amore li ha condotti a cessare di amare. Adesso, invece di amarsi a vicenda, spostano l'interesse su ciò che hanno in comune: denaro, rango sociale, una casa, dei figli. E così accade che, in certi casi, il matrimonio, iniziato sulla base dell'amore, si trasformi in un amichevole possesso, una società in cui i due egotismi confluiscono in uno solo: quello della «famiglia».

Qualora una coppia non possa superare il desiderio di rinnovare il precedente sentimento d'amore, l'uno o l'altro dei suoi componenti può nutrire l'illusione che un nuovo partner (o nuovi partner) possa soddisfare questa aspirazione. Si persuadono che tutto ciò che vogliono avere è amore. Ma, per loro, questo non è un'espressione del loro essere, bensì soltanto una dea alla quale intendono sottomettersi. E necessariamente il loro amore si rivela un fallimento perché, come dice una vecchia canzone francese, «l'amore è figlio della libertà», e l'adoratore della dea dell'amore finisce per diventare passivo al punto da risultare noioso e da perdere le attrattive che ancora gli o le rimangono.

Quanto s'è detto non equivale all'affermazione che il matrimonio non possa essere la migliore soluzione per due individui che si amano. La difficoltà non risiede nel matrimonio, bensì nella struttura esistenziale possessiva dei due partner e, in ultima analisi, della loro società. I paladini di forme moderne di vita in comune, come il matrimonio di gruppo, lo scambio dei partner, il sesso di gruppo, e via dicendo, tentano, a quanto mi è dato vedere, semplicemente di evitare il problema delle difficoltà che incontrano in amore, sfuggendo alla noia col ricorso a sempre nuovi stimoli e col desiderio di *avere* un maggior numero di «amanti», anziché essere in grado di amarne uno solo. (Si veda quanto ho detto a proposito della differenza tra stimoli «attivanti» e «passivanti» nel capitolo X di *The Anathomy of Human Destructiveness*.)

III

Avere ed essere nell'Antico e nel Nuovo Testamento e nelle opere di Meister Eckhart

L'Antico Testamento

Uno dei temi centrali dell'Antico Testamento suona: abbandona ciò che hai; liberati da tutte le pastoie; *sii*!

La storia delle tribù ebraiche ha inizio con l'ordine impartito al loro primo patriarca, Abramo, di rinunciare al proprio paese e al proprio clan: «Vattene dal tuo paese e dal tuo parentado e dalla casa di tuo padre, nel paese che io ti mostrerò» (*Genesi*, XII, 1). Sicché, Abramo deve abbandonare ciò che ha - terra e famiglia - e andare verso l'ignoto. Pure, i suoi discendenti si stanziano su una nuova terra, e si sviluppa una nuova struttura tribale, processo che ha per effetto legami ancora più saldi. Proprio perché gli ebrei in Egitto divengono ricchi e potenti, essi si riducono a schiavi; perdono la visione dell'unico Dio, il Dio dei loro antenati nomadi, e adorano idoli, gli dei dei ricchi che successivamente ne divengono i padroni.

Il secondo eroe della Bibbia è Mosè, incaricato da Dio di liberare il suo popolo, di portarlo fuori dal paese che è divenuto la sua patria (benché, in fin dei conti, sia null'altro che una patria di schiavi) e di recarsi nel deserto «per offrire sacrifici». Con riluttanza e con molta diffidenza, gli ebrei seguono il loro condottiero Mosè, e con lui si recano nel deserto.

In tale processo di liberazione, questo costituisce il simbolo chiave. Il deserto non è una patria: non ha città, non ha ricchezze, è il luogo in cui vivono i nomadi che possiedono ciò di cui hanno bisogno, e ciò di cui hanno bisogno sono non già possedimenti, bensì le cose necessarie all'esistenza.

Dal punto di vista storico, è certo che il resoconto dell'*Esodo* è intessuto di tradizioni nomadiche, e non è escluso che queste spieghino il rifiuto di ogni forma di proprietà non funzionale e la scelta della vita nel deserto come preparazione a una vita di libertà. Ma queste componenti storiche non fanno che sottolineare il significato del deserto come simbolo di vita priva di legami, non basata sulla proprietà. Alcuni dei fondamentali simboli delle festività ebraiche traggono origine proprio dal rapporto con il deserto: il pane azimo è proprio di coloro che hanno fretta di andarsene, il pane dei pellegrini; il *suka* («tabernacolo») è la casa del nomade: l'equivalente della tenda, facile da erigere e altrettanto facile da smontare. Secondo la definizione del *Talmud*, esso è «la dimora transitoria» in cui vivere, contrapposta alla «dimora fissa» che si possiede.

Gli ebrei rimpiangono le pentole di carne dell'Egitto, rimpiangono la dimora stabile, il cibo povero ma garantito; e rimpiangono gli idoli visibili. Temono le incertezze della vita nel deserto, priva di proprietà. Dicono: «Oh, fossimo pur morti per mano dell'Eterno nel paese d'Egitto, quando sedevamo presso le pentole di carne e mangiavamo pane a sazietà! Poiché voi ci avete menati in questo deserto per far morire di fame tutta questa radunanza» (*Esodo*, XVI, 3). Come in tutta la cronistoria della liberazione, Dio replica alla fragilità morale del popolo, promettendo di nutrirlo: al mattino facendo piovere pane dal cielo, la sera facendo apparire le quaglie. E aggiunge due importanti comandamenti: ciascuno dovrà raccoglierne quanto basta per il suo nutrimento. E «i figlioli di Israele fecero così, e ne raccolsero gli uni più, gli altri meno. Lo misurarono con l'omer, e chi ne aveva raccolto molto non ne ebbe di soverchio; e chi ne aveva raccolto poco non ne ebbe penuria. Ognuno ne raccolse quanto gliene abbisognava per il suo nutrimento» (*Esodo*, XVI, 17-18).

Per la prima volta, trova qui formulazione un principio destinato a diventare celebre grazie a Marx: a ciascuno secondo i suoi bisogni. Il diritto al nutrimento viene affermato senza riserve. Dio, nel caso specifico, è la madre provvidenziale che nutre i propri figli, i quali non devono far nulla per affermare il proprio diritto a essere nutriti. La seconda prescrizione è contro l'accumulo, la rapacità, la possessività. Al popolo di Israele viene comandato di non conservare nulla per il giorno dopo. «Ma alcuni non obbedirono a Mosè e ne serbarono fino all'indomani; e quello inyermì e mandò fetore; e Mosè s'adirò contro costoro. Così lo raccoglievano tutte le mattine: ciascuno nella misura che bastava al suo nutrimento; e quando il sole si faceva caldo, quello si struggeva» (*Esodo*, XVI, 20-21).

In rapporto con la raccolta del cibo, viene introdotto il concetto dell'osservanza dello *Shabbat* (Sabato). Mosè ordina agli ebrei di raccogliere due volte il quantitativo solito di cibo il giorno precedente il Sabato: «Raccoglietene durante sei giorni; ma il settimo giorno è Sabato; in quel giorno non ve ne sarà» (*Esodo*, XVI, 26).

Quello dello *Shabbat* è il concetto più importante della Bibbia e del tardo giudaismo. Costituisce l'unico comandamento esclusivamente religioso contenuto nella tavola delle leggi: sulla sua osservanza insistono i profeti, per tutto il resto irrispettosi del rituale; e fu un comandamento rigidissimamente obbedito durante i duemila anni della Diaspora, per quanto arduo e difficile riuscisse a volte osservarlo. Impossibile dubitare che lo *Shabbat* fosse la sorgente di vita per gli ebrei i quali, dispersi, inermi, spesso disprezzati e perseguitati, rinnovavano il proprio orgoglio e la propria dignità allorché celebravano lo *Shabbat* a guisa di sovrani. Si tratta dunque di null'altro che di un giorno di riposo nell'accezione mondana del termine, nel senso cioè che, almeno per una giornata, si è liberati dal gravame del lavoro? Certo, è anche questo, ed è una funzione che conferisce allo *Shabbat* la dignità di una delle grandi innovazioni nel corso del divenire umano. Ma se tutto si riducesse a questo, lo *Shabbat* ben difficilmente avrebbe avuto quel ruolo centrale che ho appena descritto.

Per comprenderlo, è opportuno penetrare nel cuore dell'istituzione dello *Shabbat*. Non si tratta di riposo in sé e per sé, cioè di una giornata in cui non si devono compiere sforzi, né fisici né mentali, bensì di riposo nel senso del ristabilimento della completa armonia tra gli esseri umani e tra questi e la natura. Nulla deve essere distrutto, nulla costruito: lo *Shabbat* è un giorno di tregua nella lotta che l'umanità conduce col mondo. Non devono neppure aver luogo mutamenti sociali. Persino strappare un filo d'erba è considerato una trasgressione a quest'armonia, come lo è accendere un fiammifero. È per tale motivo che è proibito portare alcunché per la strada (anche se pesa non più di un fazzoletto), mentre è permesso trasportare un carico pesante nel proprio giardino. A essere fatto oggetto di interdizione non è dunque lo sforzo che si fa per spostare un carico, bensì il trasferimento di qualsivoglia oggetto da un appezzamento privato a un altro, perché un trasferimento del genere in origine equivaleva a un passaggio di proprietà. Durante il Sabato si vive come se non si *avesse* nulla, senza perseguire altra meta che non sia quella di *essere*, vale a dire di dare espressione ai propri essenziali poteri: pregando, studiando, mangiando, bevendo, cantando, facendo l'amore.

Il Sabato è un giorno di gioia perché in esso si è pienamente se stessi, ed è per questo motivo che il *Talmud* definisce lo *Shabbat* l'anticipazione dei Tempi Messianici, i quali a loro volta non sono che un Sabato senza fine: il giorno in cui proprietà e denaro, al pari di lutto e tristezza, sono tabù; il giorno in cui il tempo è sconfitto e regna il puro essere. Il suo predecessore storico, lo *shapatu* babilonese, era una giornata di tristezza e paura; la moderna domenica è una giornata di allegria, consumo, fuga da se stessi. E vien fatto di chiedersi se non sia venuto il tempo di reintrodurre il sabato come giornata universale di armonia e pace, giornata dell'uomo che anticipa il futuro umano.

La visione dei Tempi Messianici costituisce l'altro contributo specificamente ebraico alla cultura mondiale, ed è sostanzialmente identica a quella dello *Shabbat*: era la speranza fonte di vita per gli ebrei e a cui essi non hanno mai rinunciato nonostante le gravi delusioni legate alla comparsa dei falsi messia, da Bar Cochba nel II secolo ai nostri giorni. Al pari del Sabato, era la visione di un periodo storico in cui il possesso sarebbe divenuto privo di senso, paura e guerra sarebbero finite, e l'espressione degli essenziali poteri dell'uomo sarebbe divenuta la meta del vivere.[1]

La storia dell'*Esodo* s'avvia a una triste conclusione: gli ebrei non possono sopportare di vivere senza *avere*. Riesco-

[1] Ho analizzato il concetto di Tempi Messianici in *You Shall Be as Gods*; in quel mio vecchio libro si tratta anche dello *Shabbat*, e lo stesso si fa nel capitolo dedicato a «Il rituale dello *Shabbat*» in *The Forgotten Language*.

no a tollerare la mancanza di una dimora fissa e cibo che non sia quello che Dio manda loro ogni giorno, non però di un «capo» presente, visibile.

E così, quando Mosè scompare sul monte, gli ebrei, in preda alla disperazione, inducono Aronne a fabbricare loro una manifestazione visibile di qualcosa che possano adorare: il vitello d'oro. Si potrebbe argomentare che, nel caso specifico, pagano per l'errore commesso da Dio permettendo loro di portare con sé, uscendo dall'Egitto, oro e gioielli. Insieme con l'oro, essi hanno portato, dentro di sé, la sete di ricchezza; e quando è venuta l'ora della disperazione, la struttura possessiva della loro esistenza è tornata ad affermarsi. Aronne fabbrica così un vitello d'oro con il metallo che gli ebrei hanno con sé, e la gente dice: «O Israele, questo è il tuo dio che ti ha tratto dal paese di Egitto!» (*Esodo*, XXXII, 4).

Un'intera generazione era deceduta, e neppure a Mosè fu permesso di entrare nella terra promessa; ma la nuova generazione era altrettanto incapace dei suoi padri di vivere senza pastoie su una terra, senza esservi legata. Gli ebrei conquistano nuove terre, sterminano i nemici, si stanziano sul suolo di questi, ne adorano gli idoli. Trasformano la propria vita tribal-democratica in quella di un dispotismo orientale, piccolo, è vero, ma non per questo meno desideroso di imitare le grandi potenze dell'epoca. La rivoluzione è fallita. Il suo unico risultato, se mai uno ve n'è stato, è consistito nel rendere gli ebrei padroni da schiavi che erano. Oggigiorno, potrebbero non essere ricordati, se non da una dotta nota a pie' di pagina in una storia del Levante, se il nuovo messaggio non avesse trovato espressione nelle parole di pensatori e visionari non costretti, a differenza di Mosè, dal gravame della leadership e soprattutto dalla necessità di far ricorso a metodi di governo dittatoriali, come per esempio lo sterminio totale dei ribelli guidati da Corach.

I pensatori rivoluzionari in questione, vale a dire i profeti ebraici, hanno rinnovato la visione di libertà umana, consistente nel non essere impastoiati dalle cose, e la rivolta contro la sottomissione agli idoli, costruiti dal popolo con le proprie mani. Erano uomini che non scendevano a compromessi e predicavano che il popolo avrebbe dovuto essere nuovamente espulso dalla terra che occupava se si legava incestuosamente a essa, mostrandosi così incapace di vivervi da gente libera, vale a dire se non fosse stato in grado di amarla senza perdervisi. Agli occhi dei profeti, l'espulsione dal paese costituiva una tragedia, ma anche l'unica via verso la definitiva liberazione; e la nuova peregrinazione nel deserto sarebbe dovuta durare non una, ma molte generazioni. Pur predicando il nuovo deserto, i profeti alimentavano la fede degli ebrei, e alla fine dell'intera specie umana, mediante la visione messianica, cioè la promessa di pace e abbondanza senza che, per ottenerle, fosse necessario cacciare o sterminare i precedenti abitatori di un paese.

I veri successori dei profeti ebraici sono stati i grandi studiosi, i rabbini, e nessuno di essi con più evidenza del fondatore della Diaspora, Rabbi Jochanan ben Sakai. Quando i condottieri della guerra contro i romani, conclusasi nel 70 d.C., avevano deciso che era meglio per tutti morire anziché aspettare la sconfitta e la distruzione dello stato, Rabbi Sakai commise un «tradimento»: in segreto, lasciò Gerusalemme, si arrese al generale romano, chiese il permesso di fondare un'«università» giudaica. Fu questo l'inizio di una ricca tradizione ebraica e, in pari tempo, della perdita di tutto ciò che gli ebrei avevano *avuto*: il loro stato, il loro tempio, la loro burocrazia sacerdotale e militare, i loro animali sacrificali, i loro rituali. Tutto andò perduto, e gli ebrei si ritrovarono, nel complesso, con null'altro all'infuori dell'ideale dell'essere, consistente nel conoscere, apprendere, meditare e sperare nel Messia.

Il Nuovo Testamento

Il Nuovo Testamento continua la protesta dell'Antico contro la struttura esistenziale fondata sull'avere; la sua protesta è persino più radicale di quanto non fosse stata la precedente. L'Antico Testamento non era il prodotto di una classe sociale immiserita o calpestata, ma l'espressione letteraria di proprietari nomadi di greggi e di agricoltori indipendenti. Un millennio dopo, i farisei, vale a dire i dotti il cui prodotto letterario fu il *Talmud*, costituivano la classe media, comprendente elementi sia poverissimi sia agiatissimi. Gli uni e gli altri erano imbevuti dello spirito di giustizia sociale che comandava loro di aiutare il povero e di fornire assistenza a tutti i derelitti, come vedove e minoranze nazionali (*gerim*). Nel complesso, però, i farisei non condannavano la ricchezza come un male né in quanto incompatibile con il principio dell'essere. (Si veda in merito il libro di Louis Finkelstein, intitolato *The Pharisees*.)

I primi cristiani, al contrario, erano per lo più gente povera e oggetto di disprezzo sociale, elementi calpestati ed emarginati i quali, al pari di tanti profeti dell'Antico Testamento, lanciavano strali contro i ricchi e i potenti, contestando senza scendere a compromessi il denaro e il dominio secolare e sacerdotale, in cui vedevano mali assoluti. (Si veda il mio *The Dogma of Christ*.) In effetti, come ha fatto notare Max Weber, il Sermone della Montagna costituì il programma di una grande ribellione di schiavi. Lo stato d'animo dei primi cristiani era di profonda solidarietà umana, che a volte trovava espressione nell'idea di una spontanea comunanza dei beni materiali di ogni tipo. (A.F. Utz, nel suo saggio citato in bibliografia, tratta appunto della proprietà comune dei primi cristiani e dei precedenti esempi greci, che probabilmente erano noti a Luca.)

Lo spirito rivoluzionario dei primi cristiani si rivela con particolare chiarezza nelle parti più antiche dei Vangeli, quali erano note alle comunità cristiane che ancora non si erano separate dal giudaismo, e che possono essere ricostruite a partire dalla fonte comune di Matteo e Luca; sono indicate generalmente come «Q» (dal tedesco *Quelle*, «fonte») dagli specialisti di storia del Nuovo Testamento. (Il lavoro fondamentale in questo settore è quello di Siegfried Schulz, che istituisce una differenza tra una tradizione più antica e una più recente della fonte.[1])

È facile constatare che, in questi detti, il postulato fondamentale è che il popolo deve liberare se stesso da ogni cupidigia e brama di possesso, e sbarazzarsi senza residui della struttura dell'avere, e d'altro canto che ogni norma morale positiva ha radici nell'etica dell'essere, del condividere e della solidarietà. Questa posizione etica di fondo si applica sia ai rapporti tra i singoli, sia ai rapporti dell'individuo con le

[1] Devo a Rainer Funk un'ampia informazione in merito, oltre a una serie di fruttuosi suggerimenti.

cose. La rinuncia totale ai propri diritti (*Matteo*, V, 39-42; *Luca*, VI, 29 seg.), come la prescrizione di amare il proprio nemico (*Matteo*, V, 44-48; *Luca*, VI, 27 seg., 32-36) sottolineano, persino con maggior radicalità dell'«ama il prossimo tuo» dell'Antico Testamento, la preoccupazione profonda per gli altri esseri umani e la totale rinuncia a ogni egoismo. L'esortazione a non giudicare neppure gli altri (*Matteo*, VII, 1-5; *Luca*, VI, 37 seg., 41 seg.) costituisce un'ulteriore dilatazione del principio consistente nel dimenticare il proprio io, per dedicarsi totalmente alla comprensione e al benessere degli altri.

La totale rinuncia alla struttura dell'avere è richiesta anche per quanto attiene alle cose. La comunità primitiva insisteva sulla necessità di rinunciare alla proprietà, ammonendo contro i pericoli impliciti nell'accumulo di ricchezze: «Non vi fate tesori sulla terra, ove la tignola e la ruggine consumano e dove i ladri sconficcano e rubano; ma fatevi tesori in cielo, ove né tignola né ruggine consumano, e dove i ladri non sconficcano né rubano. Perché dov'è il tuo tesoro, quivi sarà anche il tuo cuore» (*Matteo*, VI, 19-21; la stessa esortazione si trova in *Luca*, XII, 33 seg.). Risponde allo stesso spirito l'affermazione di Gesù: «Beati voi che siete poveri, perché il Regno di Dio è vostro» (*Luca*, VI, 20; *Matteo*, V, 3). Ed effettivamente la cristianità primitiva era una comunità di poveri e sofferenti, mossa dall'apocalittica convinzione che fosse venuto il tempo della scomparsa definitiva dell'ordine esistente, in accordo con il piano di redenzione di Dio.

La concezione apocalittica del «giudizio finale» costituiva una versione dell'idea messianica, corrente negli ambienti giudaici dell'epoca. La redenzione e il giudizio finale sarebbero stati preceduti da un periodo di caos e distruzione, così terribile che non è insolito imbattersi in rabbini talmudici i quali pregano Dio di risparmiare loro di vivere nel Tempo premessianico. Ciò che di nuovo aveva in sé il cristianesimo consisteva nel fatto che Gesù e i suoi seguaci ritenevano che il Tempo dovesse avere inizio subito o nell'immediato futuro, e che anzi avesse già avuto inizio con la comparsa del Cristo.

Non si può fare a meno di istituire un rapporto tra la situazione dei primi cristiani e la condizione del mondo d'oggi. Non sono pochi coloro, più tra gli scienziati che tra i seguaci di una religione (con l'eccezione dei Testimoni di Geova), i quali ritengono che forse ci si stia avvicinando alla catastrofe mondiale conclusiva. Sotto il profilo razionale e scientifico, è una concezione attendibile. All'epoca dei primi cristiani, la situazione era ben diversa: essi vivevano in una piccola provincia dell'impero romano all'apice della sua potenza e gloria; non erano avvertibili sintomi allarmanti di catastrofe vicina. Pure, questo sparuto gruppetto di poveri giudei palestinesi faceva propria la convinzione che quel poderoso universo fosse prossimo al crollo. Indubbiamente, sotto un profilo freddamente realistico si sbagliavano; non essendosi verificato il Nuovo Avvento, la morte e la resurrezione del Cristo nei Vangeli sono interpretate come l'inizio del nuovo eone, e dopo Costantino venne compiuto il tentativo di attribuire alla chiesa papale il ruolo di Gesù come intermediario. Infine, in pratica la chiesa divenne il surrogato - *de factu* se non in teoria - del nuovo eone.

Bisognerebbe prendere la cristianità primitiva più sul serio di quanto non si faccia generalmente, e non si può allora non restare colpiti dal quasi incredibile radicalismo di questo sparuto gruppetto che pronunciava il verdetto sul mondo di allora, basandosi su nient'altro che la propria convinzione morale. Invece la maggioranza degli ebrei, non formata da individui appartenenti esclusivamente alla parte più povera e calpestata della popolazione, aveva scelto tutt'altra strada. Costoro si rifiutavano di credere che una nuova era avesse avuto inizio e continuavano ad aspettare il Messia, che sarebbe venuto quando l'umanità, e non soltanto gli ebrei, fosse giunta al punto in cui il regno della giustizia, della pace e dell'amore potesse costituirsi in un'accezione più storica che escatologica.

La «Q» più recente ha avuto origine in uno stadio di sviluppo successivo della cristianità primitiva. Anche in questo caso, è in atto lo stesso principio che è espresso, in forma estremamente succinta, nella storia della tentazione di Gesù a opera di Satana; in essa, la brama di possedere cose, l'aspirazione al potere e altre manifestazioni dell'atteggiamento dell'avere vengono esplicitamente condannate. La prima tentazione, l'invito cioè a trasformare le pietre in pane, che simboleggia l'aspirazione ai beni materiali, viene respinta da Gesù con le parole: «Non di pane soltanto vivrà l'uomo, ma d'ogni parola che proceda dalla bocca di Dio» (*Matteo*, IV, 4; *Luca*, IV, 4). Il diavolo allora tenta Gesù promettendogli il completo dominio della natura, cioè la sospensione della legge di gravità, e infine, grazie a un potere illimitato, il dominio su tutti i regni della terra, e ancora una volta Gesù rifiuta (*Matteo*, IV, 5-10; *Luca*, IV, 5-12). (Rainer Funk ha richiamato la mia attenzione sul fatto che la tentazione ha luogo nel deserto, in tal modo riprendendo il tema dell'*Esodo*.)

Gesù e il diavolo appaiono, nel caso specifico, come rappresentanti di due opposti principi: Satana, del consumo di beni materiali e del dominio esercitato sulla natura e sull'uomo, Gesù dell'essere e dell'idea che il non avere costituisce appunto la premessa dell'essere. Il mondo ha seguito i principi di Satana, dall'epoca dei Vangeli a oggi. Ma neppure la vittoria di questi principi è valsa a distruggere l'aspirazione alla piena attuazione dell'essere, quale è stata espressa dal Cristo e da molti altri grandi Maestri vissuti prima e dopo di lui.

Il rigorismo etico consistente nel rifiuto della dimensione dell'avere per abbracciare quella dell'essere è reperibile anche negli ordinamenti comunitari giudaici, per esempio in quello degli Esseni e nel gruppo da cui sono usciti i Rotoli del Mar Morto; e, durante tutta la storia del cristianesimo, esso continua a manifestarsi negli ordini religiosi basati sul voto della povertà e dell'assenza di beni.

Un'altra espressione delle concezioni radicali del cristianesimo primitivo è reperibile, in tutta una gamma di sfumature, negli scritti dei padri della chiesa, che in questo campo subivano anche l'influenza del pensiero filosofico greco per quanto attiene alla proprietà privata contrapposta alla comunanza dei beni. La limitazione dello spazio non mi consente di dilungarmi su questi insegnamenti, e tanto meno sulla letteratura teologica e sociologica sull'argomento.[1] Benché vi siano differenze di livello in fatto di radicalismo, né manchi una tendenza a un atteggiamento meno rigoristico, tanto più sensibile quanto più la chiesa è andata trasfor-

[1] Si vedano a questo proposito i contributi di A.F. Utz, O. Schilling, H. Schumacher e altri.

mandosi in una potente istituzione, è innegabile che i suoi primi pensatori erano accomunati da un'aspra condanna del lusso e dell'avarizia, nonché dal disprezzo per la ricchezza.

Scrive Giustino verso la metà del II sec. d.C.: «Noi che un tempo amavamo le ricchezze [i beni mobili] e il possesso [di terre] sopra ogni altra cosa, adesso mettiamo in comune ciò che già abbiamo, e lo condividiamo con i bisognosi». In una *Lettera a Diogneto* del pari risalente al II sec. d.C., ci si imbatte in un interessantissimo passo, che ricorda l'idea anticotestamentaria sulla mancanza di una patria: «Qualsiasi paese straniero è la patria dei cristiani, e ogni patria è loro estranea». Nel III secolo, Tertulliano considerava ogni sorta di commercio frutto di cupidigia, e ne negava l'indispensabilità per gente libera dall'avidità; sosteneva che il commercio comporta sempre il pericolo dell'idolatria, e definiva l'avarizia radice di tutti i mali.[1]

Per Basilio come per gli altri padri della chiesa, il compito dei beni materiali è di servire al popolo; e Basilio formula una domanda che ben lo caratterizza: «Colui che ruba un indumento a un altro è detto ladro; ma colui che non veste il povero, per quanto lo possa, merita forse egli altro nome?» (cit. da A.F. Utz). Basilio richiamava l'attenzione sull'originaria comunità dei beni e certi autori vedono in lui un portavoce di tendenze comuniste. Desidero concludere questa brevissima panoramica ricordando l'esortazione di Crisostomo, vissuto nel IV sec. d.C., a non produrre né consumare beni superflui. Dice Crisostomo: «Non affermare: "Uso ciò che è mio", perché usi ciò che ti è estraneo; l'uso indiscriminato, egoistico, fa di ciò che è tuo qualcosa di estraneo, ed è per questo che lo chiamo appunto bene estraneo, perché tu lo usi con cuore indurito e proclami che è giusto, che tu non fai che vivere di quel che è tuo».

Potrei andare avanti per pagine e pagine, riportando le opinioni dei padri della chiesa, secondo i quali la proprietà privata e l'uso egoistico di qualsivoglia possesso è immorale; ritengo però che anche i pochi accenni precedenti valgano a sottolineare la continuità del rifiuto dell'atteggiamento possessivo che, a partire dai tempi dell'Antico Testamento,

[1] Queste osservazioni sono riprese da Otto Schilling; si vedano anche le sue citazioni da K. Farner e T. Sommerlad.

continua, passando per il cristianesimo primitivo, ancora nei secoli successivi. Persino Tomaso d'Aquino, pur combattendo contro le sette apertamente comunistiche, giunge a concludere che l'istituzione della proprietà privata si giustifica solo in quanto meglio di ogni altra forma serve al proposito di garantire il benessere di tutti.

Il buddhismo classico sottolinea, con maggior vigore ancora dell'Antico e del Nuovo Testamento, l'importanza fondamentale della rinuncia all'aspirazione al possesso di ogni genere, inclusi il proprio io, il concetto di una sostanza non peritura, e persino l'aspirazione alla perfezione personale.[1]

Meister Eckhart (1260-1327 ca.)

Eckhart ha descritto e analizzato la differenza tra le modalità esistenziali dell'avere e dell'essere con una pregnanza e una chiarezza che non ha uguali in nessun altro pensatore. Figura di primaria importanza dell'ordine domenicano in Germania, Eckhart fu uno studioso di teologia e il massimo e il più profondo rappresentante del misticismo tedesco, che portò alle estreme conseguenze. Esercitò influenza soprattutto con i suoi sermoni in tedesco, i quali incisero non soltanto sui suoi contemporanei e discepoli, ma anche sui mistici tedeschi a lui successivi, e oggi su coloro che vanno alla ricerca di una guida a una concezione della vita atea, razionale, e tuttavia religiosa.

Le fonti da cui ho attinto le citazioni da Eckhart che seguiranno sono costituite dalla grande opera sul mistico tedesco di Joseph L. Quint intitolata *Meister Eckhart, Die Deutschen Werke* (che citerò d'ora in poi come «Quint, *D. W.*»), oltre che dal suo *Meister Eckhart, Deutsche Predigten und Traktate* (cit. come «Quint, *D.P.T.*»), nonché dalla traduzione inglese a cura di Raymond B. Blakney, intitolata *Meister Eckhart* (cit. qui di seguito come «Blakney»). Va notato che, mentre le opere di Quint riportano solo i passi che l'au-

[1] Per un esame approfondito del buddhismo, si consultino gli scritti di Nyanaponika Mahatera, in particolare: *The Heart of Buddhist Meditation* e *Pathways of Buddhist Thought: Essays from the Wheel.*

tore ritiene a tutt'oggi risultati autentici, il testo di Blakney (l'edizione originale in tedesco è stata edita da Pfeiffer) comprende anche scritti la cui autenticità non è stata ancora riconosciuta da Quint. Tuttavia, questi ha richiamato l'attenzione sul fatto che il suo riconoscimento di autenticità ha carattere provvisorio, e che è assai probabile che molte altre opere attribuite a Meister Eckhart si rivelino davvero sue. I numeri in corsivo, che accompagnano la citazione delle fonti, si riferiscono ai sermoni di Eckhart nell'ordine in cui appaiono nelle tre fonti stesse.

Il concetto di avere in Eckhart

La fonte classica delle concezioni di Eckhart sulle modalità dell'avere è costituita dal suo sermone sulla povertà, basato sul testo di *Matteo*, V, 13: «Beati i poveri in ispirito, perché di loro è il regno dei cieli». Nel suo sermone, Eckhart si chiede: che cos'è la povertà di spirito? E comincia con l'avvertenza che quella di cui sta parlando non è la povertà esteriore, una povertà che attiene alle cose, benché questa sia buona e lodevole; sua intenzione è di parlare della povertà interiore, quella indicata dal versetto del Vangelo, che egli così definisce: «È povero l'uomo che nulla *desidera*, nulla *sa* e nulla *ha*» (Blakney, *28*; Quint, *D.W. 52*; Quint, *D.P.T. 32*).

Chi è colui che *non desidera* nulla? Un uomo o una donna che abbia scelto la vita ascetica, potrebbe apparire la risposta più ovvia. Ma non è questo il significato che Eckhart attribuisce a tale condizione, e anzi rimprovera coloro agli occhi dei quali non volere alcunché costituisce un esercizio di penitenza e una pratica religiosa esteriore. A suo giudizio, chi fa propria questa concezione è gente che s'aggrappa al proprio io egoistico: «Costoro godono la fama di vita santa, grazie al loro aspetto esteriore, ma in realtà sono degli imbecilli, perché non afferrano il vero significato della verità divina» (mia traduzione del testo di Quint).

Eckhart infatti ha di mira quel tipo di «desiderio» che riveste un'importanza fondamentale anche nel pensiero buddhista, vale a dire l'avidità, la brama di cose e del proprio io. Il Buddha considera questo desiderio quale causa di sofferenza, non già di gioia per l'uomo. Eckhart continua dicendo che bisogna rinunciare alla volontà, ma con questo non intende dire che bisogna mostrarsi deboli; la volontà di cui parla è tutt'uno con la brama, è una volontà da cui si è pilotati e che, a ben vedere, non è affatto una volontà. Ed Eckhart giunge anzi al punto di proclamare che non si dovrebbe neppure desiderare di compiere la volontà di Dio, poiché anche questa è una forma di brama. *La persona che nulla vuole è la persona che non è bramosa di alcunché*, tale è l'essenza della concezione eckhartiana di «distacco».

Chi è la persona che nulla *sa*? Forse con questo Eckhart vuol riferirsi a un essere ignorante, sciocco, non acculturato, non amante dello studio? Non è questa l'interpretazione corretta, perché essa dimentica che Eckhart faceva ogni sforzo per educare gli ignoranti e che egli stesso era un uomo di grande erudizione e cultura che non tentava né di nascondere né di minimizzare.

L'idea eckhartiana della *non conoscenza* ha a che fare con la differenza tra *avere conoscenza* e l'*atto del conoscere*, che consiste nello spingersi alle radici e dunque nel penetrare le cause delle cose. Il mistico tedesco opera un'inequivocabile distinzione tra un pensiero particolare e il *processo* ideativo. Proclamando che è meglio conoscere Dio che amarlo, così scrive: «L'amore ha a che fare con il desiderio e il proposito, mentre la conoscenza non è un pensiero particolare, ma piuttosto toglie tutti i veli ed è disinteressata e corre nuda incontro a Dio, fino a toccarlo e ad abbracciarlo» (Blakney, frammento 27, non autenticato da Quint).

Ma, a un altro livello (e in tutte le sue opere si esprime a diversi livelli), Eckhart si spinge ben più in là. Così scrive:

> Ancora una volta, povero è colui che nulla sa. Abbiamo detto a volte che l'uomo dovrebbe vivere come se non vivesse, né per se stesso, né per la verità, né per Dio. Ma, giunti fin qui, ci conviene aggiungere qualcosa d'altro e che va più in là. L'uomo che voglia raggiungere questo tipo di povertà, dovrà vivere come uno il quale neppure sappia di vivere, né per se stesso, né per la verità, né per Dio. Di più: dovrà essere completamente libero e vuoto di ogni conoscenza, in modo che in lui non si dia nessuna conoscenza di dio; che quando l'esistenza di un uomo è manifestazione esteriore di Dio, in lui non c'è altra vita: la sua vita è lui stesso. Pertanto noi diciamo che un uomo deve essere vuoto della propria conoscenza, come lo era quando non esisteva, e che Dio faccia quel che vuole e

l'uomo sia privo di pastoie. (Blakney, *28*; Quint, *D. W. 52*; Quint, *D.P.T. 32*; in piccola parte, si tratta di una mia traduzione del testo tedesco di Quint.[1])

Per capire la posizione di Eckhart, bisogna afferrare il vero significato di queste parole. Quando il mistico tedesco afferma che un uomo dovrebbe essere «vuoto della propria conoscenza», non vuol dire che costui dovrebbe dimenticare ciò che sa, ma piuttosto che dovrebbe dimenticare di sapere. In altre parole, non dovremmo considerare la nostra conoscenza come un possesso, grazie al quale sentirci al sicuro e che ci conferisca la coscienza della nostra identità; non dovremmo essere «pieni» della nostra conoscenza, né aggrapparci a essa, né bramarla; la conoscenza non dovrebbe assumere la qualità di un dogma che ci rende schiavi. Tutto questo appartiene infatti alla modalità dell'avere. Secondo la modalità dell'essere la conoscenza non è null'altro che l'attività di penetrazione del pensiero, senza che ciò diventi mai un invito a restare immobili allo scopo di raggiungere così la certezza. Prosegue Eckhart:

Che cosa significa che un uomo non dovrebbe avere nulla?

Presta ora la massima attenzione a questo: ho detto sovente, e grandi autori concordano, che per essere un'appropriata dimora per Dio, adatta perché Dio in essa agisca, l'uomo dovrebbe anche essere libero di tutte le cose sue proprie e di tutte le azioni sue proprie, così interiormente come esteriormente. E qui diremo qualcosa d'altro. Se si verifica il caso di un uomo vuoto di cose, di creature, di se stesso e di dio, e se tuttavia Dio possa trovare in lui un luogo dove agire, allora noi diciamo: finché un tal luogo esiste, quest'uomo non è povero della più interiore povertà. Ché Dio non desidera che l'uomo abbia un luogo riservato a Dio per agirvi, dal momento che la vera povertà di spirito esige che l'uomo sia vuoto di Dio e di tutte le sue opere, sicché, se Dio desidera agire nell'anima, egli stesso sia il luogo in cui agisce e ciò che vorrebbe compiere... Noi diciamo pertanto che un uomo dovrebbe essere così povero da non essere e da non avere un luogo in cui Dio agisca. Riservare un luogo equivarrebbe a mantenere distinzioni. Per tale motivo, io prego Dio che mi liberi di dio. (Blakney, pagg. 230-231)

[1] Blakney usa la D maiuscola per indicare Dio quando Eckhart si riferisce alla divinità, e la d minuscola quando Eckhart si riferisce al dio biblico della creazione.

Eckhart non avrebbe potuto esprimere con maggior coerenza il suo concetto del non avere. In primo luogo, dovremmo essere liberi delle nostre proprie cose e azioni. Ciò non significa che non dovremmo possedere nulla né fare alcunché, ma semplicemente che non dovremmo essere legati, connessi, incatenati a ciò che possediamo e a ciò che abbiamo, neppure a dio.

Eckhart affronta i problemi inerenti all'avere ancora a un altro livello là dove tratta del rapporto tra possesso e libertà. La libertà umana è limitata in quanto siamo legati a proprietà, opere e, in ultima analisi, al nostro proprio io. Se siamo legati al nostro io (Quint traduce l'originario *Eigenschaft* del tedesco medioevale con le espressioni moderne *Ich-bindung* ovvero *Ichsucht*, vale a dire «vincolamento all'io» ovvero «egomania»), inciampiamo in noi stessi e siamo impediti dal dar frutto, non siamo in grado di realizzarci appieno (Quint, *D.P.T.*, Introduzione, pag. 29). A mio giudizio, ha perfettamente ragione D. Mieth quando sostiene che la libertà intesa quale condizione di effettiva creatività non è altro che la rinuncia al proprio io, così come l'amore nel senso paolino del termine è libero da ogni vincolamento all'io. Libertà nel senso di essere privi di pastoie, affrancati dal desiderio di aggrapparsi alle cose e al proprio io, è la condizione dell'amore e dell'essere produttivi. La nostra meta di uomini, stando a Eckhart, è di liberarci dalle pastoie del vincolamento all'io, dell'egocentrismo, vale a dire della *modalità esistenziale secondo l'avere*, per approdare alla pienezza dell'essere. Non ho mai trovato nessun altro autore le cui idee circa le caratteristiche della modalità dell'avere in Eckhart siano altrettanto simili al mio pensiero di quelle espresse da Mieth (1971), il quale parla della *Besitzstruktur des Menschen* («la struttura di proprietà dell'essere umano») nella stessa accezione, mi sembra, in cui io parlo della «modalità dell'avere» ovvero della «struttura esistenziale dell'avere». Mieth si riferisce al concetto di «espropriazione» marxiana là dove parla della demolizione della propria intima «struttura di proprietà», aggiungendo che è la forma di espropriazione più radicale.

Nella modalità di esistenza secondo l'avere, a contare non sono i vari *oggetti* dell'avere stesso, ma l'intero nostro atteggiamento. Tutto e ogni cosa può divenire oggetto di cupidigia: le cose di cui ci serviamo nella vita quotidiana, le proprietà, i rituali, le buone azioni, la conoscenza, i pensieri, che, non «cattivi» in se stessi, possono diventarlo, e ciò accade allorché a essi ci aggrappiamo, quando diventano catene che interferiscono con la nostra libertà, che impediscono la nostra autorealizzazione.

Il concetto di essere in Eckhart

Il mistico tedesco si serve del concetto dell'essere in due diverse ma correlate accezioni. In un senso più ristretto, psicologico, essere denota le motivazioni *reali* e spesso inconsce che muovono l'uomo, in contrasto con le azioni e le opinioni in quanto tali, e quindi separate dalla persona agente e pensante. Giustamente, Quint definisce Eckhart un geniale analista dell'anima (*genialer Seelenanalytiker*): «Eckhart non si stanca mai di mettere a nudo i più riposti nessi del comportamento umano, i più segreti sussulti di egoismo, intenzioni e opinioni, non si stanca mai di denunciare la brama di gratitudine e ricompense» (Quint, *D.P.T.*, Introduzione, pag. 29; mia traduzione). Questa penetrazione nei nascosti moventi rende Eckhart quanto mai affascinante per il lettore postfreudiano il quale abbia superato l'ingenuità delle concezioni comportamentistiche prefreudiane e tuttora correnti, stando alle quali comportamento e opinione sono due ultime istanze che non si prestano a essere ulteriormente frammentate, proprio come l'atomo quale lo si concepiva all'inizio del nostro secolo. Eckhart ha dato espressione a questa sua idea in numerosi passi; ecco per esempio una sua tipica affermazione: «Gli uomini non dovrebbero tanto prendere in considerazione ciò che devono *fare*, quanto ciò che *sono*... In tal modo procuri che l'accento sia da te posto sull'*esser* buono anziché sul numero o il genere delle cose da farsi. Rafforza piuttosto i fondamenti su cui la tua opera resta». Il nostro essere è la realtà, lo spirito che ci muove, il carattere che impelle il nostro comportamento, da un lato; al polo opposto, stanno gli atti o opinioni separati dal nostro nucleo dinamico e privi di realtà.

Il secondo significato è più ampio e fondamentale: essere vuol dire vita, attività, nascita, rinnovamento, effusione, espansione, produttività. In questo senso, essere è l'opposto di avere, di vincolamento all'io e all'egotismo. Essere, per Eckhart, significa essere attivi nella classica accezione di espressione produttiva dei propri poteri umani, non già nell'accezione moderna dell'essere indaffarato. L'attività ai suoi occhi significa «uscire da sé» (Quint, *D.P.T. 6*; mia traduzione), concetto che Eckhart esprime mediante una folla di immagini: definisce essere un processo di «bollitura», di «partorire» qualcosa che «fluisce e fluisce in sé e oltre se stesso» (E. Benz e altri, cit. in Quint, *D.P.T.*, pag. 35; mia traduzione). A volte fa ricorso alla metafora della corsa a indicare il carattere attivo: «Corri nella pace! L'uomo che è nello stato della corsa, della continua corsa nella pace, è un uomo beato. Di continuo costui corre e si muove e cerca pace nel correre» (Quint, *D.P.T. 8*; mia traduzione). Un'altra definizione dell'attività suona: l'uomo attivo, l'uomo vivo, è simile a un «recipiente che ingrandisce mentre lo si colma, sì che mai sarà pieno» (Blakney, pag. 233; non autenticato da Quint).

Spezzare la modalità dell'avere è la condizione di ogni genuina attività. Nel sistema etico di Eckhart, la suprema virtù consiste nello stato di interna attività produttiva, premessa alla quale è il superamento di ogni forma di vincolamento all'io e di bramosia.

Parte seconda

Analisi delle differenze fondamentali tra le due modalità esistenziali

IV

Che cos'è la modalità dell'avere?

La società avida, fondamento della modalità dell'avere

I giudizi che formuliamo sono in larga misura precostituiti, perché viviamo in una società che si fonda sulla proprietà privata, sul profitto e sul potere, considerati i pilastri della sua esistenza. Acquisire, possedere e realizzare un profitto costituiscono, nella società industriale, i sacri e inalienabili diritti dell'individuo:[1] quali siano le fonti della proprietà è cosa priva d'importanza, né il possesso impone obblighi di sorta a chi possiede beni. Il principio suona: «Dove e come la mia proprietà sia stata acquisita e quel che io ne faccio, non riguarda nessun altro all'infuori di me; finché io non violo la legge, il mio diritto è illimitato e assoluto».

Questo tipo di proprietà può essere definito *privato* (dal latino *privare*, portar via ad altri), perché la persona o le persone che ne sono i titolari ne sono anche gli unici padroni, investiti della piena facoltà di privare altri del suo uso e godimento. La proprietà privata è considerata alla stregua di una categoria naturale e universale, ma in effetti costituisce un'eccezione anziché la regola, se si considera l'insieme della storia umana, includendovi la preistoria (e soprattutto le culture extraeuropee, nelle quali l'economia non costituiva l'interesse principale dell'esistenza). A parte la proprietà privata, si hanno anche: la proprietà autoprodotta, che è

[1] L'opera di R.H. Tawney, *The Acquisitive Society*, apparsa nel 1920, è tuttora insuperata per la comprensione che offre del capitalismo moderno e per le proposte di mutamento a livello sociale e umano. Gli studi di Max Weber, Brentano, Schapiro, Pascal, Sombart e Kraus offrono spunti fondamentali per l'approfondimento dell'influenza che la società industriale esercita sugli esseri umani.

esclusivamente il risultato del proprio lavoro; la proprietà limitata, che trova restrizioni nell'obbligo di aiutare i propri simili; la proprietà personale o funzionale consistente di strumenti di lavoro o di oggetti di godimento; la proprietà comune, che un gruppo condivide appunto secondo lo spirito comunitario, come nei kibbutz israeliani.

Le norme secondo cui la società funziona plasmano anche il carattere dei suoi membri («carattere sociale»). In una società industriale, le norme in questione sono: l'aspirazione ad acquisire proprietà, a conservarla e ad aumentarla, vale a dire a realizzare un profitto, e coloro che hanno proprietà sono oggetto di ammirazione e invidia, quasi si trattasse di esseri superiori. Tuttavia, la stragrande maggioranza della popolazione non gode di proprietà nel senso effettivo, cioè di capitali e impianti, e non si può non porsi, sorpresi, la domanda: come accade che questa gente realizzi la propria aspirazione ad acquisire e conservare proprietà o conviva con essa? Oppure: come possono costoro sentirsi detentori di proprietà, quando non ne hanno neppure una degna di tal nome?

Naturalmente, la risposta ovvia è che anche coloro i quali hanno scarse proprietà possiedono tuttavia qualcosa che hanno caro non meno di quanto abbiano a cuore le loro proprietà i possessori di capitali. E, al pari dei titolari di grandi proprietà, i poveri sono ossessionati dall'idea di conservare ciò che hanno e di accrescerlo, sia pure in misura infinitesimale (per esempio, risparmiando qualche soldo).

Inoltre, la soddisfazione massima non consiste forse nel possedere oggetti materiali, bensì esseri viventi. Nella società patriarcale, anche il più miserabile membro delle classi più povere può avere proprietà, sotto forma dei rapporti che ha con sua moglie, i suoi figli, i suoi animali, nei confronti dei quali può sentirsi padrone assoluto. Almeno per l'uomo appartenente a una società patriarcale, avere molti figli è l'unico mezzo per possedere persone senza dover lavorare per accumulare proprietà e senza investimenti di capitali. Se si tiene conto del fatto che l'intero gravame della gestazione e del parto ricade sulla donna, ben difficilmente si potrà negare che la produzione di figli in una società patriarcale costituisca un esempio di aperto sfruttamento delle donne. Dal canto loro, tuttavia, le madri hanno forme particolari di proprietà, quella dei figli finché sono piccoli. È un circolo vizioso senza fine: il marito sfrutta la moglie, questa sfrutta i figli piccoli, e i maschi adolescenti ben presto s'aggiungono agli uomini adulti nello sfruttamento delle donne, e così via.

L'egemonia maschile nell'ordine patriarcale dura da circa sei o settemila anni, ed è ancora il modulo prevalente nei paesi più poveri come tra le classi meno abbienti della società. È però in lenta diminuzione nelle società opulente: l'emancipazione delle donne, dei bambini e degli adolescenti sembra crescere proporzionalmente al livello di vita di una società. Con il lento crollo del tipo tradizionale, patriarcale, di proprietà di persone, come potrà il cittadino medio delle società industriali sviluppate soddisfare la propria passione per l'acquisizione, il mantenimento e l'incremento della proprietà? La risposta consiste nel dilatare la sfera del possesso, includendovi amici, amanti, salute, viaggi, oggetti d'arte, Dio, il proprio io. Max Stirner fornisce un quadro esemplare dell'ossessione borghese per la proprietà. Le persone vengono trasformate in «cose». I loro vicendevoli rapporti acquistano carattere di proprietà. L'«individualismo», che in senso positivo significa liberazione dalle catene sociali, in senso negativo significa «possesso di sé», cioè il diritto e il dovere di investire le proprie energie nel successo personale.

Il nostro io costituisce l'oggetto più importante del nostro sentimento di proprietà, perché comprende molte cose: il nostro corpo, il nostro nome, il nostro rango sociale, i nostri possessi (comprese le nostre cognizioni), l'immagine che abbiamo di noi stessi e quella che desideriamo che altri abbiano di noi. Il nostro io è un miscuglio di qualità effettive, come cognizioni e abilità, e di certe qualità fittizie che costruiamo attorno a un nucleo di realtà. Ma il punto essenziale non va ricercato tanto nel contenuto dell'io, quanto nel fatto che l'io sia avvertito come qualcosa che ciascuno di noi possiede, e questa «cosa» costituisce la base del nostro sentimento di identità.

Tale definizione di proprietà non può non tener conto che un'importante forma di attaccamento alla proprietà stessa, fiorita nel XIX secolo, è andata scemando nei decenni successivi alla fine della prima guerra mondiale, e oggi ha scarso peso. In quel periodo, tutto ciò che uno possedeva veniva tenuto in alta considerazione, curato, usato fino ai limiti estremi della sua fruibilità. L'acquisto aveva carattere duraturo, e uno slogan adatto al XIX secolo potrebbe suonare: «Il vecchio è bello!». Oggi, l'accento cade sul consumo, non sulla conservazione, e l'acquisto viene fatto non per conservare, ma per gettare. L'oggetto che si compra può essere un'automobile, un abito, un gadget; in ogni caso, dopo averlo usato per un po' ci si stanca di esso e non si vede l'ora di buttare via il «vecchio» per acquistare il modello più recente. Acquisizione→possesso e uso transitori→eliminazione (o, se possibile, scambio vantaggioso del proprio con un modello migliore)→nuova acquisizione, tale è il circolo vizioso dell'acquisto consumistico, e lo slogan del giorno d'oggi potrebbe suonare: «Il nuovo è bello!».

L'esempio forse più pregnante dell'attuale fenomeno dell'acquisto consumistico è costituito dall'automobile di proprietà privata. La nostra ben merita il nome di «era dell'automobile», perché l'intera nostra economia è stata costruita attorno al perno della produzione automobilistica, e tutta la nostra esistenza è ampiamente condizionata dall'andamento, positivo o negativo, del mercato delle automobili.

Per coloro che ne possiedono una, questa acquista le caratteristiche di una necessità vitale; per coloro che ancora non l'hanno, soprattutto le popolazioni degli stati cosiddetti socialisti, l'auto costituisce un simbolo di felicità. A quanto sembra, però, l'affetto che si nutre per la propria automobile non è profondo e costante, bensì è un innamoramento di durata piuttosto breve, tant'è che i proprietari la cambiano di frequente; dopo un paio d'anni, a volte persino uno solo, il proprietario di automobile si stanca di quella «vecchia», e comincia a darsi d'attorno per combinare un «buon affare», procurandosi un nuovo veicolo. In questo caso come in quello dell'acquisto diretto, l'intera transazione sembrerebbe essere un gioco in cui ogni trucco è a volte considerato un espediente validissimo e il «buon affare» è fonte di piacere non meno, e forse anche più, del risultato definitivo: il modello nuovo «chiavi in mano».

Bisogna tener conto di parecchi fattori per venire a capo dell'enigma costituito dalla contraddizione, in apparenza flagrante, tra il rapporto dei proprietari con le loro automobili e l'interesse, di così breve durata, che per queste essi nutrono. Innanzitutto, nel rapporto del proprietario verso la sua automobile c'è un elemento di personalizzazione: l'auto non costituisce un oggetto concreto cui il proprietario sia affezionato, bensì un simbolo di rango sociale, una dilatazione di potere, insomma, un sostegno dell'io; comprando un'auto, il suo proprietario in effetti ha acquisito un nuovo frammento del proprio io. Un secondo fattore è costituito dal fatto che, tra l'acquisto di un'auto nuova ogni due anni anziché, diciamo, ogni sei, aumenta il brivido dell'acquisizione: l'atto con cui si fa propria la nuova automobile è una sorta di deflorazione: incrementa il proprio sentimento di dominio e più spesso ciò accade, più ci si sente euforici. Il terzo fattore consiste nel fatto che acquistare di frequente automobili equivale ad altrettante occasioni di «combinare un affare», cioè di realizzare un profitto mediante lo scambio, un tipo di soddisfazione che ha profonde radici negli uomini e nelle donne d'oggi. Il quarto fattore ha ancora maggior importanza, e consiste nel bisogno di provare nuovi stimoli, dal momento che quelli vecchi ben presto risultano vuoti e sfruttati. In un mio precedente studio sugli stimoli (*The Anatomy of Human Destructiveness*), ho istituito una differenza tra stimoli «attivanti» e «passivanti», proponendo la seguente definizione: «Quanto più uno stimolo è "passivante", tanto più spesso deve essere cambiato per quanto attiene all'intensità e/o al genere; quanto più "attivante" esso è, tanto più a lungo mantiene le proprie qualità stimolanti, e tanto meno è necessario cambiarne intensità e contenuto». Il quinto e più importante fattore va ricercato nel mutamento di carattere sociale intervenuto durante l'ultimo secolo, il passaggio cioè dal carattere «tesaurizzante» al carattere «mercantile». È un cambiamento che, se non toglie di mezzo l'orientamento secondo la modalità dell'avere, in compenso lo modifica considerevolmente. (Lo sviluppo dall'accumulo al carattere mercantile è trattato nel capitolo VII.)

Il sentimento di proprietà si manifesta anche in altri rapporti, per esempio nei confronti di medici, dentisti, avvocati, dirigenti, operai. La gente lo esprime parlando del «mio dottore», del «mio dentista», dei «miei operai» e così via. Ma, a parte il loro atteggiamento di proprietà verso altri esseri umani, gli individui considerano di loro proprietà un numero sterminato di oggetti e persino di sentimenti. Si prendano per esempio salute e malattia. Quelli che parlano della loro salute, lo fanno animati da sentimenti di proprietà, illustrando i *loro* disturbi, le *loro* operazioni, i *loro* trattamenti, le *loro* diete, le *loro* medicine. Evidentemente, ritengono che salute e malattia siano proprietà, e il rapporto di proprietà che istituiscono con la loro cattiva salute è analogo, diciamo, a quello di un proprietario di azioni le quali stiano perdendo una parte del valore originario perché il mercato è in ribasso.

Anche idee e credenze possono divenire proprietà, come del resto le abitudini. Così, per esempio, chi faccia la stessa colazione alla stessa ora di ogni mattina, può essere turbato anche da una minima alterazione di questa routine, e se ciò accade è perché la sua abitudine è divenuta una proprietà la cui perdita mette in pericolo il senso di sicurezza dell'individuo.

Questo quadro dell'universalità della modalità di esistenza secondo l'avere potrà sembrare eccessivamente negativo e unilaterale a molti lettori; e indubbiamente lo è. Mi sono proposto di descrivere il prevalente atteggiamento sociale soprattutto allo scopo di darne l'immagine più chiara possibile. C'è però un altro elemento che può conferire, a questo quadro, un maggior equilibrio, ed è costituito da un atteggiamento sempre più diffuso tra le giovani generazioni, ben diverso da quello della maggioranza. Tra i giovani sono reperibili moduli di consumo che, lungi dall'essere forme mascherate di acquisizione e possesso, esprimono la sincera gioia che deriva dal fare ciò che si desidera, senza aspettarsi, in cambio, nulla di «duraturo». I giovani in questione affrontano lunghi viaggi, sovente in condizioni disagevoli, per ascoltare la musica che amano, per vedere un luogo che desiderano, per incontrarsi con la gente che preferiscono. E qui sarebbe fuori luogo porsi il problema se le loro mete sono valide quanto essi credono; ma, anche se mancano di sufficiente serietà, preparazione o concentrazione, questi giovani hanno il coraggio di *essere*, e non sono interessati a ciò che possono ottenere in cambio o a ciò che possono detenere. Inoltre, sembrano assai più sinceri della vecchia generazione, anche se spesso ingenui sotto il profilo ideologico e politico; non sono continuamente intenti ad abbellire il proprio io per farne un «oggetto» desiderabile, da offrire sul mercato; non proteggono la propria immagine mentendo di continuo più o meno consciamente; non sprecano le proprie energie nel reprimere la verità, come fa invece la maggioranza. E sovente accade che sorprendano i più anziani con la propria onestà, perché i loro padri in segreto ammirano chi sia in grado di scorgere e di dire la verità. Tra essi si contano gruppi dagli orientamenti politici e religiosi più disparati, ma ve ne sono anche molti privi di una particolare ideologia o dottrina, i quali possono ben dire, di se stessi, che stanno semplicemente «cercando». Può darsi che non abbiano trovato se stessi né un obiettivo in grado di assicurare loro una guida nell'esistenza concreta, ma sta di fatto che cercano di essere se stessi anziché avere e consumare.

Questo aspetto positivo del quadro richiede però maggiori precisazioni. Molti di questi stessi giovani (e a partire dalla fine degli anni Sessanta il loro numero complessivo è nettamente diminuito) non hanno compiuto il passo dalla libertà *da* alla libertà *per*; semplicemente, si sono ribellati senza tentare di individuare una meta alla quale puntare, eccezion fatta per quella consistente nella libertà dalle restrizioni e dalla dipendenza. Come per i loro genitori borghesi, il loro slogan suonava: «Il nuovo è bello!», e hanno coltivato un disinteresse che è quasi una fobia per ogni sorta di tradizione, compresi i pensieri elaborati dalle massime menti. Preda di una sorta di ingenuo narcisismo, hanno creduto di poter scoprire da soli tutto ciò che vale la pena di scoprire; in sostanza, il loro ideale era di ridiventare bambini, e autori come Marcuse hanno fornito loro l'ideologia adatta, quella secondo cui il ritorno all'infanzia anziché lo sviluppo verso la maturità costituisce l'obiettivo ultimo del socialismo e della rivoluzione. Si sono sentiti felici finché sono stati abbastanza giovani perché questa euforia durasse; ma molti di loro, usciti da questo stadio, sono andati incontro a gravi delusioni, senza avere acquisito convinzioni ben fondate, senza avere dentro di sé un centro; e sovente finiscono per essere individui delusi, apatici, oppure infelici fanatici della distruzione.

Non tutti coloro che sono partiti da grandi speranze sono approdati alla delusione, ma purtroppo è impossibile stabilire quanti siano coloro che non ne sono caduti vittime. A quanto mi risulta, non sono disponibili dati statistici validi o stime accettabili, e anche qualora lo fossero, sarebbe quasi impossibile essere certi della definizione degli individui interessati. Al giorno d'oggi, milioni di persone in America e in Europa tentano di ritrovare il contatto con la tradizione e con maestri in grado di indicare loro la strada. Ma, per lo più, le dottrine e i maestri sono ingannevoli o contaminati dallo spirito del sensazionalismo pubblicitario, oppure le idee sono contaminate dagli interessi finanziari e di prestigio dei rispettivi *guru*. Alcuni individui possono tuttavia concretamente trarre beneficio da tali ricerche, nonostante la mistificazione; altri applicano il metodo senza essere mossi da seri intenti di mutamenti interiori. Ma soltanto con un'analisi quantitativa e qualitativa particolareggiata dei nuovi credenti si potrebbe stabilire quanti di essi appartengono a questo o a quel gruppo.

Personalmente, ritengo che i giovani (e anche alcuni anziani) seriamente tesi al proposito di passare dalla modalità dell'avere alla modalità dell'essere siano abbastanza numerosi e non costituiscano una sparuta pattuglia di elementi dispersi. Credo anzi che siano molti i gruppi e gli individui che si muovono nella direzione dell'essere, rappresentando una nuova tendenza che trascende l'orientamento all'avere della maggioranza, e che si tratti di un fenomeno di importanza storica. Non è la prima volta, nella storia, che una minoranza indica il corso che lo sviluppo dovrà seguire, e l'esistenza di una minoranza del genere alimenta la speranza di una trasformazione generale dell'atteggiamento, di un passaggio dall'avere all'essere: speranza che acquista contorni tanto più reali, dal momento che alcuni dei fattori che hanno reso possibile l'emergere di questi nuovi atteggiamenti sono mutamenti storici ben difficilmente reversibili, e cioè il crollo della supremazia patriarcale sulle donne e del dominio esercitato dai genitori sui figli. Mentre la grande rivoluzione politica del XX secolo, quella russa, si è conclusa con uno scacco (è ancora troppo presto per formulare un giudizio sui risultati della rivoluzione cinese), le rivoluzioni del nostro secolo destinate davvero alla vittoria, benché siano solo alle prime fasi, sembrano quelle delle donne e dei figli, oltre alla rivoluzione sessuale. I loro principi sono stati già accettati dalla coscienza di moltissimi individui, e ogni giorno le vecchie ideologie appaiono più risibili.

La natura dell'avere

La natura della modalità esistenziale dell'avere deriva dalla natura della proprietà privata. Secondo questa modalità esistenziale, null'altro conta se non la mia acquisizione di proprietà e il mio illimitato diritto di conservare quanto ho acquisito. La modalità dell'avere ne esclude altre; essa non richiede ulteriori sforzi da parte mia per conservare quanto già ho o farne uso produttivo. Il Buddha l'ha definita bramosia, le religioni giudaica e cristiana cupidigia; essa trasforma ogni individuo e ogni cosa in qualcosa di morto e assoggettato all'altrui potere.

La proposizione «ho qualcosa» esprime il rapporto tra il soggetto, io oppure egli o essa, noi, voi, essi o esse (lo indicheremo genericamente con I) e l'oggetto, che indicheremo con O. La proposizione implica l'immutabilità del soggetto e la permanenza dell'oggetto. Ma forse che il soggetto è immutabile? E lo è l'oggetto? Morirò, posso perdere la posizione sociale che costituisce la garanzia del mio possesso. Altrettanto transitorio è l'oggetto, che può essere distrutto o smarrito, perdere il proprio valore. Parlare di qualcosa come se la si possedesse in permanenza deriva dall'illusione di una sostanza permanente e indistruttibile. Sembra che io abbia qualcosa ma, in realtà, non ho nulla perché il mio avere, il mio possedere, il mio controllare un oggetto non è che un momento transitorio nel processo vitale.

In ultima analisi, la proposizione «I (soggetto) ho O (oggetto)» esprime una definizione dell'I tramite il mio possesso dell'O. Il soggetto non è il mio *io*, bensì l'*io sono ciò che ho*. La mia proprietà mi costituisce, e costituisce insieme la mia identità. L'idea sottesa all'affermazione «io sono io» è «io sono io perché io ho X», intendendo con X tutti gli oggetti naturali e le persone con le quali istituisco un rapporto tramite il mio potere di controllarli, di farli permanentemente miei.

Secondo la modalità dell'avere, non c'è rapporto vivente tra me e quello che io ho. Questo e l'io sono divenuti cose, e io ho le cose perché ho la forza di farle mie. C'è però anche una relazione inversa: le cose hanno me, perché il mio sentimento di identità, vale a dire l'equilibrio mentale, si fonda sul mio avere le cose (e quante più possibile). La modalità dell'esistenza secondo l'avere non è stabilita da un processo vivente, produttivo, tra soggetto e oggetto; essa rende *cose* sia il soggetto sia l'oggetto. Il rapporto è di morte, non di vita.

Avere, forza, ribellione

La tendenza a crescere secondo la loro propria natura è comune a tutti gli esseri viventi, ragion per cui opponiamo resistenza a ogni tentativo inteso a impedirci di crescere nei modi prescritti dalla nostra struttura. Per infrangere questa resistenza, conscia o meno che sia, è necessario il ricorso alla forza fisica o mentale. Gli oggetti inanimati oppongono resistenza ai tentativi di manipolarne in misura maggiore o minore la composizione fisica, grazie all'energia implicita nelle loro strutture atomiche e molecolari; essi però non si oppongono all'essere usati. L'uso di forze eteronome nei confronti di esseri umani (intendendo con questo termine le forze che tendono a farci deviare in direzione contraria alla nostra struttura propria e che sono di detrimento per la nostra crescita) provoca resistenza. Questa può assumere ogni forma, da quella aperta, efficace, diretta, attiva, a quella indiretta, inefficace e, molto spesso, inconscia.

A essere limitata è la libera, spontanea espressione della volontà dell'infante, del bambino, dell'adolescente e infine dell'adulto, la loro sete di conoscenza e di verità, il loro desiderio di affetto. La persona che sta crescendo è costretta a rinunciare a gran parte dei propri desideri e interessi autonomi e genuini, alla propria volontà, ad adottare una volontà, desideri e sentimenti che, lungi dall'essere autonomi, sono sovrapposti ai suoi dai moduli mentali ed emozionali della società. Questa, e la famiglia quale suo agente psicosociale, si trovano alle prese con un arduo problema: come infrangere la volontà di una persona senza che questa se ne renda conto? Tuttavia, mediante un complicato processo di indottrinamento, ricompense, punizioni e un'ideologia *ad hoc*, la società assolve al suo compito nel complesso con tanta efficacia che gran parte della gente ritiene di seguire la propria volontà, e non si rende minimamente conto che questa è invece condizionata e manipolata.

La massima difficoltà, per quanto attiene a questa repressione della volontà, si incontra al livello della sessualità, perché in questo campo si ha a che fare con una forte tendenza di ordine naturale, più difficilmente manipolabile di altri desideri. Per tale motivo, la società tenta di reprimere i desideri sessuali più fortemente di quanto non faccia con quasi ogni altro desiderio umano. Inutile qui ricordare le varie forme di degradazione del sesso, dai motivi morali (la sua supposta «cattiveria») ai motivi sanitari (la masturbazione fa male al fisico). La chiesa proibisce il controllo delle nascite, non già perché si preoccupa della sacralità della vita (concetto che la porterebbe a condannare la pena di morte e la guerra), ma allo scopo di denigrare il sesso a meno che non serva alla procreazione.

Lo sforzo inteso alla repressione sessuale sarebbe assai difficile da comprendere se avesse di mira il sesso come tale. In realtà, il motivo per cui il sesso viene svilito non è da ricercarsi in esso bensì nello sforzo di infrangere la volontà dell'uomo. Molte delle cosiddette società primitive ignorano i tabù sessuali; dal momento che esse ignorano sfruttamento e dominazione, non si trovano nella necessità di dover spezzare la volontà individuale, e possono permettersi di non stigmatizzare il sesso e di godere il piacere dei rapporti erotici senza sentimenti di colpa. L'aspetto più degno di nota di quei gruppi è che tale libertà sessuale non comporta un eccesso di libidine; dopo un periodo di rapporti sessuali relativamente provvisori, le coppie si costituiscono e non mostrano il desiderio di procedere allo scambio dei partner, pur essendo questi liberi di separarsi qualora l'amore sia finito. Per le società il cui perno non è costituito dalla proprietà, il godimento sessuale è un'espressione dell'essere, non già il risultato di possessività erotica. Dicendo questo, non sottintendo che dovremmo tornare a vivere alla maniera di queste società primitive, e neppure che potremmo farlo, anche se lo volessimo, per il semplice motivo che il processo di individualizzazione, di differenziazione personale e di distanziamento, frutto della civiltà, conferisce all'amore individuale una qualità diversa da quella propria delle società primitive.

Non possiamo regredire; possiamo soltanto andare avanti. Ciò che conta è che nuove forme di mancanza di proprietà spazzino via quella bramosia sessuale che è caratteristica di tutte le società imperniate sull'avere.

Il desiderio sessuale è una manifestazione di indipendenza che si esprime assai precocemente sotto forma di masturbazione. L'aperta condanna della masturbazione ha per effetto di spezzare la volontà del bambino e di indurlo a un sentimento di colpa, rendendolo così più sottomesso. In larga misura, l'impulso a infrangere i tabù sessuali è sostanzialmente un tentativo di ribellione intesa a riaffermare la propria libertà. Ma l'infrazione di tabù sessuali di per sé non conduce a una maggiore libertà; la ribellione viene per così dire annegata nella soddisfazione sessuale – e nel sentimento di colpa che ne deriva. Soltanto il raggiungimento di un'indipendenza interiore porta alla libertà e mette fine al bisogno di ribellioni senza costrutto; lo stesso vale per tutti gli altri comportamenti che tendono al proibito come tentativo di ristabilire la propria libertà. *In effetti, i tabù producono ossessioni e perversioni sessuali, ma le ossessioni e le perversioni sessuali non producono libertà.*

La ribellione del bambino si manifesta in molti altri modi: col rifiuto delle regole di educazione alla pulizia; col rifiuto a mangiare oppure ingurgitando un eccesso di cibo; con l'aggressione e il sadismo e con molte forme di atti autodistruttivi. Sovente, la ribellione si manifesta con una sorta di «sciopero passivo» generale, consistente in disinteresse per il mondo, in pigrizia, passività, per giungere fino alle manifestazioni, estremamente patologiche, di lenta autodistruzione generalizzata. Gli effetti di questa prova di forza tra bambini e genitori costituiscono l'argomento trattato da David E. Schechter sullo «sviluppo infantile». Tutti i dati di cui disponiamo stanno a indicare che *l'interferenza eteronoma con il processo di crescita del bambino e dell'adolescente costituisce la radice più profonda della psicopatologia e soprattutto della distruttività.*

Deve essere tuttavia chiaro che la libertà non consiste nel *laissez-faire* e nell'arbitrio. Gli esseri umani hanno una struttura propria al pari di ogni altra specie, e possono crescere soltanto in conformità a tale struttura. Libertà non significa affrancamento da tutti i principi guida, bensì possibilità di *crescere* secondo le leggi strutturali dell'esistenza umana, vale a dire secondo restrizioni autonome. Essa comporta l'obbedienza alle leggi che governano lo sviluppo umano ottimale; ogni autorità che favorisca tale scopo è un'«autorità razionale», a patto che la sua attività promotrice consista nel potenziare il dinamismo, il pensiero critico e la fede nella vita del bambino; è invece un'«autorità irrazionale» quando imponga al bambino norme eteronome che servono ai propositi dell'autorità, non però agli scopi della struttura specifica del bambino.

La modalità esistenziale dell'avere, l'atteggiamento imperniato sulla proprietà e il profitto, inevitabilmente produce il desiderio - anzi, il bisogno - di potere. Per esercitare il controllo su altri esseri umani, dobbiamo far ricorso al potere per vincerne la resistenza. Per mantenere il controllo sulla proprietà privata dobbiamo servirci del potere per proteggerci da coloro che vorrebbero privarcene, perché questi, al pari di noi, non hanno né possono mai avere abbastanza; il desiderio di avere proprietà private produce il desiderio di usare la violenza allo scopo di depredare altri in maniera coperta o esplicita. Nella modalità dell'avere, la propria felicità risiede nella superiorità sugli altri, nel proprio potere e, in ultima analisi, nella capacità di conquistare, depredare, uccidere. Secondo la modalità dell'essere, la felicità consiste invece nell'amare, nel condividere, nel dare.

Altri fattori che favoriscono la modalità dell'avere

Il linguaggio è un fattore importante nel rafforzamento della tendenza all'avere. Il nome di una persona - e tutti noi abbiamo nomi (se non anche numeri, qualora l'attuale tendenza alla spersonalizzazione dovesse continuare) - crea l'illusione che l'individuo che lo porta sia un essere immortale. La persona e il nome divengono equivalenti; il nome comprova che la persona è un'entità duratura, indistruttibile, anziché un divenire. Alcuni sostantivi hanno la stessa funzione; così, per esempio, amore, orgoglio, odio, gioia danno l'illusione di entità stabili, mentre i sostantivi stessi non hanno realtà alcuna e semplicemente impediscono di comprendere che si ha a che fare con processi all'opera in esseri umani. Ma anche i sostantivi che servono a designare *cose*, per esempio tavola o lampada, sono fuorvianti. Le parole indicano che stiamo parlando di entità fisse, benché le cose non siano altro che un processo energetico che produce certe sensazioni nella nostra struttura somatica. Ma tali sensazioni non sono *percezioni* di cose specifiche, come tavola o lampada: le percezioni stesse sono il risultato di un processo culturale di apprendimento, per effetto del quale certe sensazioni assumono la forma di specifici oggetti di percezione. Noi siamo ingenuamente indotti a credere che cose come tavole e lampade esistono in quanto tali, e perdiamo di vista che la società ci insegna a trasformare sensazioni in percezioni le quali ci permettono di manipolare il mondo circostante, dandoci il modo di sopravvivere in una determinata cultura. Una volta che abbiamo attribuito un nome a questi oggetti di percezione, il nome stesso sembra garanzia della definitiva e immutabile realtà del percepito.

Il bisogno di avere ha anche un altro fondamento, *il desiderio biologicamente dato di vivere*. Indipendentemente dal fatto che siamo felici o infelici, il nostro organismo ci spinge ad aspirare all'*immortalità*; ma poiché sappiamo per esperienza che moriremo, andiamo alla ricerca di situazioni capaci di farci credere che, nonostante l'evidenza empirica, siamo immortali. È un desiderio che ha assunto molte forme: la credenza dei faraoni che i loro corpi rinchiusi nelle piramidi fossero immortali; le innumerevoli fantasie religiose di una vita dopo la morte, nei felici territori di caccia delle società venatorie; il paradiso cristiano e islamico. Nella società d'oggi, a partire dal XVIII secolo, la «storia» e il «futuro» hanno preso il posto del Cielo cristiano: la fama, la celebrità, persino la cattiva nomea - insomma, tutto ciò che sembra assicurare almeno una nota a pie' di pagina nel registro della storia - costituiscono un frammento di immortalità. L'aspirazione alla fama non è semplice vanità mondana: contiene in sé una qualità religiosa, agli occhi di coloro che non credono più al tradizionale aldilà, e lo si nota particolarmente nel caso dei leader politici. La pubblicità prepara la strada all'immortalità, e gli addetti alle pubbliche relazioni divengono i nuovi sacerdoti.

Ma, forse più di ogni altra cosa, il possesso di proprietà costituisce la realizzazione del desiderio di immortalità, ed è per questo motivo che l'orientamento all'avere ha tanta pregnanza. Se il mio *sé* è costituito da ciò che io *ho*, sono immortale se le cose che ho sono indistruttibili. Dall'antico Egitto a oggi - vale a dire dall'immortalità fisica, ottenuta con la mummificazione del corpo, all'immortalità legale, assicurata dal testamento - la gente è sopravvissuta al di là della durata della propria esistenza fisica e mentale. Tramite il potere legale dell'ultima volontà, l'assegnazione delle nostre proprietà è prestabilita per le generazioni a venire; tramite le leggi che regolano l'eredità, io, in quanto sono proprietario di capitali, divengo immortale.

La modalità dell'avere e il carattere anale

Un utile approccio alla comprensione della modalità dell'avere consiste nel rifarsi a una delle più significative scoperte di Freud, e cioè che, dopo essere passati per la fase infantile di mera ricettività passiva, seguita da una fase di ricettività aggressiva e sfruttatrice, tutti i bambini, giunti a un certo grado di maturità, attraversano una fase che Freud definiva di erotismo anale. Il fondatore della psicoanalisi aveva scoperto che la fase in questione spesso permane dominante nel corso dello sviluppo di un individuo, e che quando questo accade conduce alla costituzione *del carattere anale*, quello cioè di una persona le cui energie vitali mirano principalmente all'avere, al risparmiare, al tesaurizzare denaro e oggetti materiali, nonché sentimenti, gesti, parole, energie. È il carattere degli avari ed è di solito connesso ad altri tratti come l'ordine meticoloso, la puntualità pignola, la testardaggine, ognuno di essi di livello superiore a quello medio. Un aspetto importante della concezione freudiana consiste nel legame simbolico tra denaro e feci - oro e sudiciume -, dei quali Freud fornisce numerosi esempi. La sua concezione del carattere anale come proprio di chi non abbia raggiunto la maturità costituisce in effetti un'aspra critica della società borghese del XIX secolo, nella quale le qualità del carattere anale rappresentavano la norma del comportamento morale ed erano considerate espressione della «natura umana». La celebre equazione di Freud, denaro = feci, è un'implicita, per quanto involontaria, critica al funzionamento della società borghese e della sua brama di possesso, e può essere paragonata alla disquisizione sul denaro che Marx compie nei *Manoscritti economico-filosofici*.

Poco importa, in questo contesto, che Freud credesse che una particolare fase di sviluppo della libido fosse primaria e che la formazione del carattere fosse secondaria (mentre, a mio giudizio, questa è il prodotto della costellazione interpersonale dell'esistenza di un individuo e, soprattutto, delle condizioni sociali che portano alla formazione di essa). Ciò che conta è che, nel pensiero di Freud, *l'orientamento predominante verso il possesso si manifesta nel periodo che precede il raggiungimento della piena maturità, ed è patologico qualora divenga permanente.* Per Freud, in altre parole, la persona che nutra esclusivo interesse per l'avere e il possesso è un individuo nevrotico, un malato di mente; ne conseguirebbe che la società, la maggior parte dei membri della quale presentano caratteri anali, è una società malata.

Ascetismo e uguaglianza

Buona parte delle diatribe morali e politiche si sono imperniate e si imperniano sulla domanda: avere o non avere? Al livello etico-religioso, essa è equivalsa alla scelta tra vita ascetica e vita non ascetica, comportando quest'ultima sia godimenti produttivi, sia piaceri illimitati. È un'alternativa che perde gran parte del proprio significato se l'accento cade non già sul singolo atto comportamentale, bensì sull'atteggiamento a esso sotteso. Il comportamento ascetico, con la sua costante preoccupazione per il rifiuto di godimenti, può essere infatti null'altro che la negazione di forti desideri di avere e consumare; nell'asceta, i desideri in questione possono essere repressi, ma il tentativo stesso di reprimere l'avere e il consumare può significare che l'individuo è allo stesso modo ossessionato dall'avere e dal consumare. Questo rifiuto mediante sovracompensazione è assai frequente, come è dimostrato dai dati psicoanalitici. Si manifesta in casi come quelli di vegetariani fanatici che così reprimono impulsi distruttivi, di fanatici nemici dell'aborto che reprimono i propri impulsi omicidi, di fanatici della «virtù» che reprimono i propri impulsi peccaminosi. A contare, nel caso specifico, non è una certa convinzione in sé e per sé, bensì il fanatismo che la sorregge. Al pari di tutti i fanatismi, questo legittima il sospetto che serva a coprire altri impulsi, di solito di segno opposto.

Nella sfera economica e politica, un'alternativa altrettanto erronea è quella tra illimitata disparità e assoluta parità di redditi. Se i possessi di ciascuno sono funzionali e personali, il fatto che questi o quegli abbia più di altri non costituisce un problema sociale perché, dal momento che il possesso non è essenziale, non si manifestano invidie. D'altro canto, coloro che pretendono un'uguaglianza tale per cui la parte che tocca a ciascuno deve essere esattamente uguale a quella spettante a ogni altro, rivelano che in loro l'orientamento all'avere non è diminuito affatto, ma semplicemente che è negato dalla loro preoccupazione per l'esatta uguaglianza. Dietro questa, traspare il movente effettivo, e cioè l'invidia. Coloro i quali pretendono che nessuno debba avere più di loro, in tal modo si proteggono dall'invidia che proverebbero se qualcuno avesse anche solo un filo in più di chicchessia. Ciò che conta è che sia il lusso sia la povertà dovrebbero essere sradicati; uguaglianza dovrebbe significare non già uguaglianza quantitativa di ogni frammento di beni materiali, bensì che i redditi non siano differenziati al punto da originare, in gruppi diversi, differenti esperienze di vita. Nei suoi *Manoscritti economico-filosofici*, Marx metteva in risalto questa realtà, parlando di «comunismo rozzo» il quale «nega la personalità dell'uomo in ogni campo»; un comunismo siffatto «costituisce null'altro che il culmine di tale invidia e livellamento in base a un minimo prestabilito».

Avere esistenziale

Per apprezzare compiutamente la modalità dell'avere di cui stiamo parlando, ci sembra necessario un altro chiarimento, riguardante la funzione dell'*avere esistenziale*; l'esistenza umana esige che si abbiano, si conservino, si usino e si curino certe cose allo scopo di sopravvivere. Questo vale per il nostro corpo, il cibo, la dimora, gli abiti, gli strumenti necessari a soddisfare i nostri bisogni. È una forma dell'avere che può essere definita esistenziale poiché è radicata nell'esistenza umana; e si tratta di un impulso razionalmente indirizzato allo scopo di restare in vita, in pieno contrasto con l'*avere caratterologico* di cui ci siamo fin qui occupati, con la sua appassionata aspirazione al detenere e al conservare, la quale non è innata, ma si è sviluppata come conseguenza dell'impatto di condizioni sociali sulla specie umana qual è biologicamente costituita.

L'avere esistenziale non è in conflitto con l'essere; lo è invece, e necessariamente, l'avere caratterologico. Persino il «giusto» e il «santo» in quanto sono umani devono «avere» nell'accezione esistenziale, mentre l'individuo medio aspira ad avere sia nell'accezione esistenziale sia nell'accezione caratterologica. (Si veda a tale proposito la mia precedente trattazione delle dicotomie esistenziali e caratterologiche in *Man for Himself*.)

V

Che cos'è la modalità dell'essere?

La maggior parte di noi è meglio informata sulla modalità dell'avere che non su quella dell'essere, e ciò perché la prima è l'esperienza di gran lunga più frequente nella nostra cultura. Ma c'è qualcosa di più incisivo ancora, che rende la definizione della modalità dell'essere assai più difficile di quella dell'avere, e che va ricercata nella natura stessa delle disparità tra l'una e l'altra.

L'avere si riferisce a *cose*, e le cose sono fisse e *descrivibili*. L'essere si riferisce all'*esperienza*, e l'esperienza umana è in via di principio indescrivibile. A essere pienamente descrivibile è la nostra *persona*, vale a dire la maschera che ciascuno di noi indossa, l'io che presentiamo, perché questa persona è di per sé una cosa. Al contrario, l'essere umano vivente non è una morta immagine, e non si presta a venire descritto come una cosa; anzi, l'essere umano vivente non può venire in alcun modo descritto. In effetti, molto può essere detto sul mio conto, sul mio carattere, sul mio atteggiamento complessivo verso la vita, e questa penetrazione e conoscenza può spingersi molto in là nella comprensione e descrizione della struttura psichica mia propria o di un altro. Ma il mio io totale, la mia intera individualità, la mia entità, la quale è unica come lo sono le mie impronte digitali, non può mai essere pienamente compresa, neppure per via empatica, perché non vi sono due esseri umani identici.[1] Soltanto nel

[1] Qui va individuato il limite anche della migliore delle psicologie, e su di esso mi sono soffermato in un saggio intitolato *On the Limitations and Dangers of Psychology*, 1959, in cui ho istituito un particolareggiato paragone tra «psicologia negativa» e «teologia negativa».

processo del mutuo, vivente rapporto, io e l'altro possiamo superare la barriera che ci separa, in quanto entrambi partecipiamo alla danza della vita. Tuttavia, mai potremo realizzare la completa identificazione l'uno con l'altro.

Non può essere descritto esaurientemente neppure un singolo atto del comportamento. Si possono scrivere pagine e pagine sul sorriso della Gioconda, ma il sorriso stesso quale è stato dipinto da Leonardo non potrà mai essere tradotto in parole, e ciò non perché il sorriso della Gioconda sia così «misterioso». In realtà, il sorriso di chiunque è misterioso (a meno che non si tratti del sorriso frutto di apprendimento, per così dire sintetico, che serve agli scambi commerciali). Nessuno è in grado di descrivere pienamente l'espressione di interesse, entusiasmo, amore per la vita, ovvero di odio o narcisismo che capita di cogliere negli occhi di un altro, nella varietà di espressioni facciali, di modi di camminare, di posizioni e intonazioni, che caratterizzano le persone.

Essere attivo

La modalità dell'essere ha, come prerequisiti, l'indipendenza, la libertà e la presenza della ragione critica. La sua caratteristica fondamentale consiste nell'essere attivo, che non va inteso nel senso di un'attività esterna, nell'essere indaffarati, ma di attività interna, di uso produttivo dei nostri poteri umani. Essere attivi significa dare espressione alle proprie facoltà e capacità, alla molteplicità di doti che ogni essere umano possiede, sia pure in vario grado. Significa rinnovarsi, crescere, espandersi, amare, trascendere il carcere del proprio io isolato, essere interessato, «prestare attenzione», dare. Nessuna di queste esperienze, però, può compiutamente essere espressa in parole, essendo queste recipienti colmi di un'esperienza che ne trabocca. Le parole designano un'esperienza, ma non sono l'esperienza. Nel momento in cui mi provo a esprimere esclusivamente in pensieri e parole ciò che ho esperimentato, l'esperienza stessa va in fumo: si prosciuga, è morta, è divenuta mera idea. Ne consegue che l'essere è indescrivibile in parole ed è comunicabile soltanto a patto che la mia esperienza venga condivisa. Nella struttura dell'avere, la morta parola regna sovrana; nella struttura dell'essere, il dominio spetta all'esperienza viva e inesprimibile. (Naturalmente, nella modalità dell'essere anche il pensiero è vivente e produttivo.) La modalità dell'essere può forse essere indicata nella maniera più efficace mediante un simbolo che mi è stato suggerito da Max Hunziger: un vetro azzurro appare tale quando la luce lo attraversa, perché esso assorbe tutti gli altri colori, impedendo loro di passargli attraverso. In altre parole, noi definiamo «azzurro» un vetro proprio perché non trattiene le vibrazioni cromatiche azzurre; la designazione che gli viene data non si riferisce a ciò che il vetro possiede, ma a ciò che emana.

Solo se noi limitiamo la modalità dell'avere, vale a dire del non essere (cioè quella che consiste nel cercare sicurezza e identità aggrappandoci a quanto abbiamo, per così dire standogli seduti sopra, avvinghiandoci al nostro io e ai nostri possessi), la modalità dell'essere può emergere. «Essere» significa rinunciare al proprio egocentrismo ed egoismo, ovvero, per usare le parole che spesso ricorrono nei mistici, nel rendersi «vuoti» e «poveri».

Per la maggior parte di noi, tuttavia, rinunciare all'atteggiamento dell'avere risulta troppo difficile, e ogni tentativo in questo senso ha per effetto di determinare l'insorgere di uno stato di intensa ansia, la sensazione di abbandonare ogni sicurezza, di essere scagliati nell'oceano senza saper nuotare. Chi si trovi in questa condizione ignora che, una volta gettata via la stampella della proprietà, può finalmente cominciare a servirsi delle sue proprie forze, a camminare con le sue gambe. A trattenerlo è l'illusione che non è in grado di camminare da solo, la paura di crollare qualora non sia più sostenuto dalle cose che possiede.

Attività e passività

L'essere, nell'accezione in cui l'abbiamo descritto, implica la capacità di essere attivo: la passività esclude l'essere. D'altro canto, i termini «attivo» e «passivo» sono tra le parole più facilmente fraintese, perché il loro significato è oggi del tutto diverso da quello che ha avuto dall'antichità classica al Medioevo e al periodo che si è iniziato col Rinascimento. Perché si possa comprendere il concetto di essere è necessario chiarire il concetto di attività e passività.

Nell'accezione moderna, l'attività è di solito concepita come un tipo di comportamento che implica un effetto visibile grazie a un impiego di energia. Così, per esempio, gli agricoltori che coltivano la propria terra sono definiti attivi, e lo sono gli operai alla catena di montaggio, i commessi che persuadono i clienti a comprare, gli speculatori che investono il proprio e l'altrui denaro, i medici che sottopongono a trattamento i propri pazienti, gli impiegati postali che vendono francobolli, i burocrati che archiviano carte. Che alcune di queste attività possano richiedere più interesse e concentrazione di altre, questo non ha importanza ai fini dell'«attività», che nel complesso consiste *in un comportamento socialmente riconosciuto e volto a uno scopo, che si manifesta in corrispettive trasformazioni socialmente utili*.

L'attività nell'accezione moderna del termine si riferisce unicamente al *comportamento*, non alla persona dietro il comportamento stesso. Non fa differenza che si sia attivi perché spinti da una forza esterna, a guisa di schiavi, o da una costrizione interna, come nel caso di una persona in preda all'ansia. Né importa se si nutre interesse per il proprio lavoro, come può accadere a un falegname, a uno scrittore, a uno scienziato o a un giardiniere, né che si istituisca un rapporto interiore con ciò che si fa e se ne ricavi soddisfazione, come non accade con l'operaio alla catena di montaggio o all'impiegato postale.

La moderna accezione di attività non fa distinzioni tra *attività* vera e propria e il semplice *essere indaffarati*. Pure, tra i due corre una differenza fondamentale, che corrisponde ai termini «alienato» e «non alienato» applicati alle attività. Nell'attività alienata, io non ho esperienza di me stesso come soggetto agente della mia attività; piuttosto, sperimento il *risultato* della mia attività, e questo è qualcosa di separato, di isolato da me, che mi sovrasta e contrasta. Nell'attività alienata, ad agire non sono in effetti io: io sono *agito* da forze interne o esterne. Vengo a essere separato dal risultato della mia attività. Il caso di attività alienata meglio osservabile in campo psicopatologico è dato dagli individui in preda a nevrosi ossessiva coatta. Obbligati da un impulso interiore a fare qualcosa contro la loro stessa volontà, come per esempio contare i passi, ripetere certe frasi, compiere certi rituali personali, costoro possono rivelarsi estremamente attivi nel perseguimento di tale obiettivo; ma, come è stato ampiamente provato dall'indagine psicoanalitica, sono mossi da una forza interiore di cui non sono coscienti. Un esempio altrettanto chiaro di attività alienata è dato dal comportamento postipnotico. Individui indotti, in stato di suggestione ipnotica, a fare questo o quello, al risveglio dalla condizione di *trance* continueranno a farlo senza rendersi conto che non compiono ciò che *vogliono*, ma che seguono gli ordini impartiti loro in precedenza dall'ipnotizzatore.

Nell'attività non alienata, io sperimento *me stesso* quale *soggetto* della mia attività. L'attività non alienata è un processo che consiste nel far nascere, nel produrre qualcosa e nel continuare ad avere rapporto con ciò che produco; questo implica anche che la mia attività è una manifestazione dei miei poteri, che io e la mia attività siamo tutt'uno. A quest'attività non alienata do il nome di *attività produttiva*.[1]

«Produttivo» nell'accezione qui usata non si riferisce alla capacità di creare qualcosa di nuovo o di originale, come sono in grado di fare un artista e uno scienziato, e neppure al prodotto della mia attività, bensì alla sua *qualità*. Un dipinto o un trattato scientifico possono essere del tutto improduttivi, vale a dire sterili; d'altro canto, il processo che ha luogo in persone le quali abbiano profonda coscienza di se stesse o le quali davvero «vedono» un albero, anziché semplicemente guardarlo, ovvero che leggono una poesia e sperimentano in se stesse il tumulto di emozioni che il poeta ha espresso in parole, ecco, questo è un processo che può essere altamente produttivo, benché nulla venga «prodotto». L'espressione «attività produttiva» denota lo stato di attività interiore, ma non è necessario che sia in rapporto con la creazione di un'opera d'arte o di scienza, o con alcunché di «utile». La produttività è un orientamento caratterologico di cui tutti gli esseri umani sono capaci, a meno che non siano emozionalmente storpi. Gli individui produttivi animano

[1] Per designarla, mi sono servito, in *Escape from Freedom*, del termine «attività spontanea», mentre in scritti successivi ho fatto ricorso all'espressione «attività produttiva».

tutto ciò che toccano; danno vita alle proprie facoltà, ma anche alle persone e alle cose che li circondano.

«Attività» e «passività» possono, l'una e l'altra, avere due significati totalmente differenti. L'attività alienata, intesa come mera indaffaratezza, in effetti è «passività» dal punto di vista della produttività; laddove la passività, intesa come non indaffaratezza, può essere un'attività non alienata. Se oggi è così difficile comprenderlo, è perché gran parte dell'attività è «passività» alienata, mentre raramente si ha esperienza di una passività produttiva.

Attività e passività secondo i maestri del pensiero

Nella tradizione filosofica della società preindustriale, «attività» e «passività» non erano usate nell'accezione oggi corrente; e del resto ben difficilmente avrebbero potuto esserlo, dal momento che l'alienazione del lavoro non aveva ancora raggiunto un livello paragonabile a quello odierno. Per tale ragione, filosofi come Aristotele non operano neppure una chiara distinzione tra «attività» e semplice «indaffaratezza». Ad Atene, il lavoro alienato era compiuto unicamente dagli schiavi, e quello che implicasse fatica fisica sembra fosse escluso dal concetto di *praxis*, termine che si riferiva soltanto a quasi ogni tipo di attività conveniente a un individuo libero, e Aristotele usa in sostanza il termine per indicare la libera attività di una persona. (Si veda Nicholas Lobkowicz, *Theory and Practice.*) Con queste premesse, per gli ateniesi liberi il problema di un lavoro soggettivamente insignificante, alienato, puramente ripetitivo, ben difficilmente poteva porsi; la loro libertà comportava appunto che, per il fatto di non essere schiavi, la loro attività fosse produttiva e significativa ai loro occhi.

Che Aristotele non facesse proprie le nostre attuali concezioni di attività e passività, risulta inequivocabilmente chiaro se prendiamo in considerazione il fatto che, ai suoi occhi, la forma suprema di *praxis*, vale a dire di attività, superiore persino a quella politica, è costituita dalla *vita contemplativa*, intesa alla ricerca della verità. Per lui era impensabile che la contemplazione potesse essere considerata una forma di inattività; Aristotele vedeva nella vita contemplativa l'*attività* della miglior parte di noi, la *nous*. Lo schiavo è in grado di provare i piaceri dei sensi, esattamente come l'uomo libero; ma la *eudaimonia*, cioè il «vivere bene», consiste non già di piaceri, bensì in *attività conformi alla virtù* (*Etica nicomachea*, 1177 a, 2 sgg.).

Al pari di quella di Aristotele, anche la posizione di Tomaso d'Aquino si contrappone al concetto moderno di attività: per l'Aquinate come per Aristotele, la vita dedita all'atarassia interiore e alla conoscenza spirituale, cioè appunto la *vita contemplativa*, rappresenta la forma suprema di attività umana. L'Aquinate ammette che l'esistenza quotidiana, la *vita activa*, dell'individuo medio non sia priva di valore, e che essa conduca alla *beatitudo*, cioè al vivere bene, a patto (e si tratta di una specificazione di importanza cruciale) che l'obiettivo al quale sono rivolte tutte le attività del singolo sia costituito dal vivere bene e che l'individuo stesso sia in grado di controllare le proprie passioni e il proprio corpo (Tomaso d'Aquino, *Summa*, 2-2: 182, 183; 1-2: 4, 6).

Mentre l'atteggiamento dell'Aquinate è parzialmente di compromesso, l'autore di *The Cloud of Unknowing*, contemporaneo di Meister Eckhart, rifiuta categoricamente ogni valore alla *vita activa*, laddove dal canto suo Eckhart si mostra molto favorevole a essa. La contraddizione non è però dell'entità che si potrebbe supporre, perché tutti concordano nel ritenere che la volontà sia «sana» solo a patto che abbia radici nelle basilari esigenze etiche e spirituali e ne sia l'espressione. Per tale motivo, agli occhi di tutti questi maestri l'attivismo, vale a dire l'attività scissa dai moventi spirituali dell'individuo, è da respingere.[1]

Come individuo e come pensatore, Spinoza incarnò lo spirito e i valori che erano vivi all'epoca di Eckhart, vale a dire circa quattro secoli prima; ma il filosofo olandese non mancò di rilevare i mutamenti che nel frattempo erano intervenuti nella società e nell'individuo medio. Lo si può considerare il fondatore della moderna psicologia scientifica, uno degli scopritori della dimensione dell'inconscio; e, grazie a questa profonda penetrazione, Spinoza seppe forni-

[1] Gli scritti di W. Lange, N. Lobkowicz e W. Mieth (1971) servono a illuminare ulteriormente la problematica della vita contemplativa e della vita attiva.

re un'analisi più sistematica e precisa della differenza tra attività e passività di quanto non avessero fatto tutti i suoi predecessori.

Nella sua *Etica*, Spinoza distingue tra attività e passività (tra agire e soffrire) intese come i due aspetti fondamentali dell'attività mentale umana. Il principale criterio dell'agire è che un'azione è conseguenza della natura umana: «Io dico che agiamo quando qualcosa viene fatta, dentro di noi o fuori di noi, e della quale noi siamo la causa efficiente, vale a dire allorché qualcosa consegue dalla nostra natura, dentro o fuori di noi, che possa essere chiaramente e distintamente compresa da quella sola natura. D'altro canto, io dico che noi soffriamo [cioè, nell'accezione spinoziana, siamo passivi] allorché qualcosa è fatta dentro di noi o allorché checchessia deriva dalla nostra natura, di cui noi siamo solo parzialmente la causa» (*Etica*, 3, def. 2).

Sono proposizioni che riescono ardue per il lettore moderno, abituato a ritenere che il termine «natura umana» non corrisponda a realtà empiriche dimostrabili. Ma, per Spinoza come per Aristotele, le cose non stanno così, e non stanno così neppure per alcuni neurofisiologi, biologi e psicologi nostri contemporanei. Spinoza ritiene che la natura umana sia altrettanto caratteristica degli esseri umani quanto la natura del cavallo lo è del cavallo; ritiene inoltre che bontà o cattiveria, successo o fallimento, benessere o sofferenza, attività o passività, dipendano dal grado in cui le persone riescono a realizzare lo sviluppo ottimale delle loro nature specifiche. Quanto più ci accostiamo al modello ideale di natura umana, tanto maggiori sono la nostra libertà e il nostro benessere.

Nel modello spinoziano degli esseri umani, l'attributo dell'attività è inseparabile da un altro, quello della ragione. Quando noi agiamo in accordo con le condizioni della nostra esistenza e abbiamo coscienza della loro realtà e necessità, sappiamo la verità circa noi stessi. «La nostra mente ora agisce e ora soffre: quando ha idee adeguate, essa necessariamente agisce; e quando ha idee inadeguate, essa necessariamente soffre» (*Etica*, 3, prop. 1).

Per Spinoza i desideri vanno divisi in attivi e passivi (*actiones* e *passiones*). I primi hanno radici nelle condizioni della nostra esistenza (quelle naturali e non le deformazioni patologiche), mentre i secondi non sono allo stesso modo radicati ma sono il prodotto di condizioni deformanti interne o esterne. I primi esistono in quanto noi siamo liberi; i secondi sono causati da forze interne o esterne. Tutti gli «affetti attivi» sono necessariamente buoni; le «passioni» possono essere buone o cattive. Stando a Spinoza, attività, ragione, libertà, benessere, gioia e autoperfezione sono inseparabilmente connessi, così come lo sono la passività, l'irrazionalità, il servaggio, la tristezza, l'impotenza e le aspirazioni contrarie alla natura umana (*Etica*, 4, app. 2, 3, 5; prop. 40, 42).

Le idee di Spinoza sulla passione e la passività risultano comprensibili appieno soltanto a patto di spingersi alle conseguenze estreme - e più moderne - del suo pensiero, e cioè che essere mosso da pulsioni irrazionali significa essere malato di mente. Quando realizziamo una crescita ottimale, siamo non soltanto (relativamente) liberi, forti, ragionevoli e lieti, ma anche mentalmente sani; quando non riusciamo a raggiungere quest'obiettivo, siamo non liberi, deboli, irragionevoli e in preda alla depressione. Che io sappia, Spinoza è stato il primo pensatore moderno a formulare il postulato che la salute e la malattia mentale sono il risultato rispettivamente di una maniera giusta o errata di vivere.

Agli occhi di Spinoza la sanità mentale è, in ultima analisi, una manifestazione del vivere bene; l'insania, un sintomo del fallimento del tentativo di vivere secondo i requisiti dell'umana natura. «Ma se la persona *cupida* pensa soltanto a denaro e possessi, l'ambiziosa soltanto alla fama, esse non vengono considerate insane, ma semplicemente fastidiose; e per lo più le si fa oggetto di disprezzo. In effetti, però, cupidigia, ambizione e simili sono forme di insania, benché di solito non si pensi a esse come a "malattie"» (*Etica*, 4, prop. 44). Con questa affermazione, così estranea al modo di pensare dei nostri giorni, Spinoza viene a definire patologiche le passioni che non corrispondono ai bisogni della natura umana, spingendosi anzi al punto di dichiararle una forma di follia.

I concetti spinoziani di attività e passività costituiscono una critica estremamente radicale della società industriale. In contrasto con l'opinione odierna, secondo cui individui mossi principalmente da avidità di denaro, possesso o fama, sono persone normali e bene adattate, il filosofo olandese li considera del tutto passivi e sostanzialmente malati. Le persone attive nell'accezione di Spinoza, di cui egli si considerava l'esempio vivente, sono divenute eccezioni, e in qualche modo le si sospetta di essere «nevrotiche», perché scarsamente adattate alla cosiddetta attività normale.

Nei suoi *Manoscritti economico-filosofici*, Marx dice che la «libera attività conscia» (vale a dire l'attività umana) costituisce «il carattere specifico dell'uomo». Ai suoi occhi, il lavoro rappresenta un'attività umana, e l'attività umana è vita, mentre il capitale per Marx è l'accumulato, il passato, e in ultima analisi il morto (*Grundrisse*). Non si può capire appieno la carica emozionale implicita, per Marx, nella lotta tra capitale e lavoro, se non si tiene presente che ai suoi occhi si trattava dello scontro tra vita e morte, tra presente e passato, tra esseri umani e cose, tra l'essere e l'avere. Per Marx, il problema era: chi dovrebbe avere il predominio? Dovrebbe essere la vita a regnare sulla morte o la morte ad avere la meglio sulla vita? Per lui il socialismo era la società in cui la vita l'avesse spuntata sulla morte.

L'intera critica di Marx al capitalismo e la sua concezione del socialismo si fondano sull'idea che l'attività spontanea dell'uomo è paralizzata nel sistema capitalistico e che l'obiettivo è di reinstaurare la piena umanità reinstaurando l'attività in ogni settore dell'esistenza.

Nonostante le formulazioni che risentono dell'influenza degli economisti classici, il cliché che fa di Marx un determinista, per cui gli esseri umani sarebbero oggetti passivi della storia privi di una propria attività, è esattamente l'opposto del suo pensiero, come chiunque abbia letto Marx, e non soltanto qualche frase isolata avulsa dal contesto della sua opera, non può non sapere. Le concezioni di Marx non potrebbero trovare espressione più chiara che in questa sua affermazione: «La storia non fa nulla; la storia non possiede enormi ricchezze, non combatte nessuna battaglia. È invece l'uomo, l'uomo reale, l'uomo vivente, ad agire, a possedere, a lottare. Non è affatto la "Storia" che si serve dell'uomo come di un mezzo per realizzare i propri fini, quasi si trattasse di un essere a sé, ma al contrario la Storia non è che l'attività dell'uomo che persegue i propri fini» (Marx e Engels, *Die Heilige Familie*).

Fra i nostri contemporanei, nessuno ha saputo cogliere il carattere passivo della moderna attività con altrettanto acume di Albert Schweitzer il quale, nella sua indagine sulla decadenza e la rinascita della civiltà, considera l'uomo moderno privo di libertà, incompleto, incapace di concentrazione, patologicamente dipendente e «assolutamente passivo».

Essere come realtà

Fin qui, ho descritto il significato di essere contrapponendolo ad avere. Ma un altro, non meno importante significato dell'essere si rivela da un suo confronto con l'*apparire*. Se io appaio gentile mentre la mia gentilezza non è che una maschera che copre la mia tendenza allo sfruttamento, oppure se appaio coraggioso mentre sono soltanto vanitoso o forse anche tendenzialmente suicida, o ancora se in apparenza amo il mio paese mentre in realtà perseguo i miei interessi egoistici, l'apparenza stessa, vale a dire il mio comportamento manifesto, è in piena contraddizione con la realtà delle forze da cui sono spinto. Il mio comportamento diverge dal mio carattere. La mia struttura caratteriale, il vero movente del mio comportamento, costituisce il mio essere reale; il mio comportamento può parzialmente riflettere il mio essere, ma di solito è una maschera che ho e che porto per raggiungere i miei scopi. Il comportamentismo si occupa di questa maschera, quasi si trattasse di un dato scientifico attendibile; la vera penetrazione dell'uomo si focalizza invece sulla realtà interiore, la quale di norma non è né cosciente né direttamente osservabile. Questa concezione dell'essere come «smascheramento», quale trova espressione in Eckhart, ha importanza centrale nel pensiero di Spinoza e di Marx e rappresenta la fondamentale scoperta di Freud.

La comprensione della discrepanza tra comportamento e carattere, tra la mia maschera e la realtà che essa nasconde, costituisce il principale contributo della psicoanalisi di Freud. Questi ha elaborato un metodo (libera associazione, analisi dei sogni, transfert e resistenza) volto a mettere a nudo i desideri istintuali (sostanzialmente sessuali) repressi durante la prima infanzia. Anche se successivi sviluppi della teoria e della terapia psicoanalitiche sono stati volti a dare maggiore importanza a eventi traumatici nell'ambito dei primi rapporti interpersonali anziché alla vita istintuale, il principio è rimasto immutato: a essere repressi sono desideri e paure traumatici precoci e, a mio giudizio, anche successivi; la via della guarigione da sintomi o da un malessere più diffuso consiste nel mettere a nudo questo materiale represso. In altre parole, a essere repressi sono gli elementi razionali, infantili e individuali dell'esperienza.

D'altro canto, i punti di vista dettati dal buonsenso di un cittadino normale, vale a dire socialmente bene adattato, sono stati e sono ritenuti razionali e non bisognosi di analisi profonda; ma non è affatto così. Le nostre motivazioni, idee e credenze consce sono un miscuglio di false informazioni, preconcetti, impulsi irrazionali, razionalizzazioni, pregiudizi, sul quale galleggiano brandelli di verità dando la sicurezza, per quanto illusoria, che l'intera mistura sia reale e vera. L'attività pensante tenta di organizzare questa cloaca di illusioni secondo le leggi della logica e della plausibilità, e si suppone che tale livello di consapevolezza rifletta la realtà; è questa la mappa di cui ci serviamo per dirigere la nostra vita. In effetti, a essere repressa non è tale falsa mappa, *bensì la conoscenza della realtà, la conoscenza di ciò che è vero*. Se dunque ci chiediamo: «Che cos'è l'inconscio?», la risposta dovrebbe suonare: a parte gli impulsi irrazionali, quasi tutta la conoscenza della realtà. L'inconscio è sostanzialmente determinato dalla società, la quale produce passioni irrazionali e fornisce ai suoi membri vari tipi di finzioni, obbligando così la verità a divenire prigioniera della presunta razionalità.

L'affermazione che la verità è repressa si basa, com'è ovvio, sulla premessa che noi conosciamo la verità e che reprimiamo questa conoscenza; in altre parole, che esiste una «conoscenza inconscia». Ora, la mia esperienza psicoanalitica – fatta su altri e su me stesso – mi dice che è proprio così. Noi percepiamo la realtà, e non possiamo fare a meno di percepirla. Esattamente come i nostri sensi sono organizzati per vedere, udire, odorare, toccare quando siamo posti a contatto con la realtà, così la nostra ragione è organizzata per riconoscere la realtà, vale a dire per vedere le cose come sono, per percepire la verità. Ovviamente, non mi riferisco a quella parte di realtà che, per essere percepita, richiede strumenti o metodi scientifici, bensì a ciò che è riconoscibile mediante una concentrazione della «vista», soprattutto la realtà in noi e in altri. Sappiamo quando abbiamo a che fare con un individuo pericoloso, e quando invece abbiamo a che fare con uno di cui possiamo fidarci appieno; sappiamo quando ci viene raccontata una bugia, quando siamo sfruttati o presi in giro, quando noi stessi spacciamo lucciole per lanterne. Conosciamo quasi tutto ciò che è importante sapere circa il comportamento umano, esattamente come i nostri antenati avevano una straordinaria conoscenza dei movimenti delle stelle; ma, mentre essi erano consci della loro conoscenza e se ne servivano, noi provvediamo immediatamente a reprimere la nostra conoscenza perché, se fosse conscia, ci renderebbe troppo difficile l'esistenza e, come ci convinciamo a credere, troppo «pericolosa».

È facile avere la riprova di quest'affermazione: la si ritrova nei molti sogni in cui approdiamo a una profonda penetrazione dell'essenza di altri e di noi stessi, che invece ci fa completamente difetto durante le ore di veglia. (Ho riportato esempi di «sogni penetranti» nel mio libro *The Forgotten Language*.) Se ne trova l'evidenza in quelle reazioni, così frequenti, per cui all'improvviso ci capita di vedere qualcuno sotto una luce completamente diversa, e poi abbiamo la sensazione di averlo sempre saputo. O ancora nel fenomeno della resistenza, che si verifica quando una spiacevole verità minaccia di venire alla superficie: in *lapsus linguae*, in espressioni goffe, in uno stato di *trance*, o ancora quando una persona dice qualcosa, come in un «a parte», che è esattamente l'opposto di ciò che ha sempre sostenuto di credere, e quindi almeno in apparenza sembra essersi dimenticato, un istante dopo, di questo «a parte». In effetti, buona parte della nostra energia è spesa nel tentativo di nascondere a noi stessi ciò che sappiamo, e sarebbe difficile sopravvalutare l'entità di questa conoscenza repressa. In una leggenda talmudica, questa concezione della repressione della verità viene espressa in forma poetica: la leggenda dice che, quando nasce un bambino, un angelo gli tocca la fronte, e il piccolo dimentica così la conoscenza della verità che aveva al momento della nascita; se non la dimenticasse, la sua esistenza successiva diverrebbe insopportabile.

Torniamo alla nostra tesi di fondo: l'essere si riferisce al reale, in contrasto con le immagini falsificate, illusorie. In questo senso, ogni tentativo di dilatare il settore dell'essere implica una maggior penetrazione della realtà del proprio io, degli altri, del mondo circostante. Le principali aspirazioni etiche del giudaismo e del cristianesimo, vale a dire il superamento dell'avidità e dell'odio, non possono essere attuate senza un altro fattore che ha importanza centrale nel buddhismo, ma svolge un ruolo non indifferente anche nel giudaismo e nel cristianesimo. La via verso l'essere consiste nel penetrare sotto la superficie e nell'affermare la realtà.

La volontà di dare, di condividere, di sacrificarsi

Nella società contemporanea, la modalità esistenziale dell'avere è supposta come radicata nella natura umana e quindi praticamente immutabile; la stessa idea trova espressione nel dogma per cui la gente è sostanzialmente pigra, passiva per natura, che non ha voglia di lavorare né di fare nient'altro, a meno di non essere spinta dall'incentivo di guadagni materiali ovvero dalla fame o dalla paura di punizioni. È un dogma che quasi nessuno osa mettere in discussione e che condiziona i nostri metodi di educazione e di lavoro; in effetti, esso è poco più che un'espressione del desiderio di affermare il valore dei nostri ordinamenti sociali, sostenendo che corrispondono ai bisogni della natura umana. Agli occhi dei membri di molte società sia passate sia presenti, il concetto di un egoismo e di una pigrizia umani innati sarebbe apparso altrettanto campato in aria quanto lo è, per noi, l'affermazione del contrario.

La verità è che sia la modalità esistenziale dell'avere sia quella dell'essere costituiscono potenzialità della natura umana, e che la nostra spinta biologica alla sopravvivenza tende a promuovere la modalità dell'avere, ma egoismo e pigrizia non sono le uniche propensioni dell'essere umano.

Questo è mosso da un desiderio innato e profondamente radicato di essere: noi vogliamo dare espressione alle nostre facoltà, essere attivi, avere rapporti con gli altri, evadere dal carcere dell'egoismo, e la verità di quest'affermazione è comprovata da tanti fatti, che si potrebbe riempirne un intero volume. D.O. Hebb ha puntualizzato il nocciolo della questione nella forma più generale possibile, affermando che *l'unico problema comportamentistico è di dar ragione dell'inattività, non già dell'attività*. Ecco alcuni elementi che valgono a fornire la riprova di questa tesi generale:[1]

1. I dati risultati dal comportamento animale. Esperimenti e osservazioni dirette comprovano che molte specie si dedicano con piacere a difficili compiti, anche in mancanza di ricompense materiali.
2. Esperimenti neurofisiologici comprovanti l'attività propria delle cellule nervose.
3. Comportamento infantile. Da studi recenti risultano la capacità e il bisogno di bambini piccoli di rispondere attivamente a stimoli complessi, risultanze in contrasto con l'ipotesi di Freud che il bambino sperimenta gli stimoli esterni come una minaccia e che mobilita la propria aggressività per rimuovere la minaccia stessa.
4. Comportamento apprenditivo. Molte ricerche comprovano che il bambino e l'adolescente sono pigri perché le cose da apprendere sono presentate loro in maniera schematica e morta, tale da non poter suscitare in loro un genuino interesse; qualora costrizioni e noia siano tolte di mezzo, e l'insegnamento sia impartito loro in maniera vivace, si verifica una notevole attività e l'iniziativa viene spronata.
5. Comportamento lavorativo. L'esperimento classico di E. Mayo ha dimostrato che persino il lavoro in sé e per sé noioso diviene interessante se chi lo compie sa di partecipare a un esperimento condotto da una persona vivace e dotata, capace di suscitare in lui curiosità e partecipazione. Lo stesso è risultato da osservazioni condotte in numerosi stabilimenti industriali in Europa e negli Stati Uniti. Lo stereotipo che il dirigente fa proprio nei riguardi degli operai è che questi non hanno un effettivo interesse a una partecipazione attiva; a giudizio dei dirigenti, tutto ciò cui gli operai aspirano sono salari più alti, ragion per cui l'incentivo a una maggior produttività non può essere costituito che da una suddivisione degli utili, non da un'effettiva partecipazione degli

[1] Ho esposto alcuni di questi dati di fatto in *The Anatomy of Human Destructiveness*.

operai al lavoro. Se i dirigenti hanno ragione per quanto attiene ai metodi di lavoro da essi proposti, d'altro canto l'esperienza ha comprovato - ed è valsa a convincere non pochi dirigenti - che, se gli operai possono essere davvero attivi, responsabili e bene informati nella loro mansione, quelli che prima mostravano disinteresse mutano atteggiamento in misura notevole, dando prova di un cospicuo grado di inventività, attività e immaginazione, oltre a mostrarsi soddisfatti.[1]

6. Gli abbondantissimi dati forniti dalla vita sociale e politica. L'opinione che la gente non intenda compiere sacrifici è notoriamente errata. Quando, poco dopo lo scoppio della seconda guerra mondiale, Churchill annunciò ai cittadini britannici che avrebbe richiesto loro sangue, sudore e lacrime, non per questo ne fiaccò il morale, ma al contrario li spronò facendo appello al desiderio, profondamente radicato nell'uomo, di compiere sacrifici, di offrire se stesso. La reazione dei britannici, e del resto anche quella dei tedeschi e dei russi, nei confronti dei bombardamenti indiscriminati su centri abitati comprova che la sofferenza comune, lungi dall'indebolirne lo spirito di resistenza, al contrario lo rafforza, dimostrando l'errore di coloro che credevano che i bombardamenti terroristici potessero spezzare il morale del nemico e contribuire a metter fine al conflitto.

D'altro canto, è un triste retaggio della nostra civiltà che guerra e sofferenze, anziché la situazione del tempo di pace, valgano a promuovere la capacità umana al sacrificio, e che anzi i periodi di pace a quanto sembra incoraggino soprattutto l'egoismo. Per fortuna non mancano neppure in questi ultimi situazioni in cui le aspirazioni umane alla generosità e alla solidarietà trovano espressione in comportamenti individuali. Esempi di manifestazioni essenzialmente non violente del genere sono dati dagli scioperi operai, soprattutto

[1] Nel suo libro, *The Games Men: The New Corporate Leaders*, che ho avuto il piacere di leggere in manoscritto, Michael Maccoby elenca alcuni recenti progetti di partecipazione democratica, con particolare riguardo per le ricerche da lui stesso compiute in relazione al cosiddetto Bolivar Project (Programma Bolivar). Maccoby lo illustra sulla scorta dei documenti relativi, ripromettendosi di farne, assieme a un altro programma, oggetto di un'opera più ampia alla quale ha già posto mano.

fino alla prima guerra mondiale; i lavoratori miravano, sì, a ottenere maggiori salari, ma in pari tempo affrontavano di buon grado gravi disagi per affermare la propria dignità e per la soddisfazione che veniva loro dall'esperienza della solidarietà. Lo sciopero era insomma un fenomeno insieme economico e «religioso»; se è vero che scioperi del genere hanno luogo anche oggi, gran parte di quelli attuali hanno moventi esclusivamente economici, benché si noti, in questi ultimi tempi, un aumento del numero di scioperi promossi dal desiderio di migliori condizioni sul posto di lavoro.

Il bisogno di dare e di condividere e la prontezza a compiere sacrifici a beneficio di altri sono tuttora evidenti tra i rappresentanti di certe professioni, per esempio infermieri, medici, frati e monache. Molti, se non la maggior parte di coloro che sono addetti alle attività relative, si limitano, è vero, a semplici dichiarazioni circa la loro disponibilità a prestare aiuto ai propri simili e a sacrificarsi per loro; ma il carattere di parecchi altri corrisponde ai valori di cui si fanno portatori. Gli stessi bisogni li troviamo ribaditi ed espressi per secoli in molte organizzazioni, religiose, socialiste o umanitarie; il desiderio di dare è evidente in coloro che si prestano volontariamente a donare sangue (e lo fanno gratuitamente), come pure nelle molte situazioni in cui qualcuno rischia la propria vita per salvare quella altrui. La manifestazione del desiderio di dare è evidente in coloro che amano sinceramente. Il «falso amore», vale a dire il mutuo egoismo, rende gli esseri umani ancora più egoisti, ed è un caso che si verifica abbastanza spesso; al contrario, l'amore vero incrementa la capacità di provare affetto e di dare agli altri. Chi ama davvero ama tutto il mondo, non soltanto un individuo particolare.[1]

D'altro canto, non sono pochi coloro, soprattutto tra i

[1] Una delle principali fonti per la comprensione del naturale impulso umano a dare e condividere è costituita dalla classica opera di P.A. Kropotkin, *Mutual Aid: A Factor of Evolution* del 1902. Due altre opere degne di nota sotto questo riguardo sono: Richard Titmuss, *The Gift Relationship: From Human Blood to Social Policy*, in cui l'autore richiama l'attenzione sulle manifestazioni del desiderio di dare degli esseri umani, sottolineando come il sistema economico li ostacoli nel libero esercizio di questo loro diritto, e Edmund S. Phelps (a cura di), *Altruism, Morality and Economic Theory*.

giovani, i quali non riescono a sopportare il lusso e l'egoismo di cui sono circondati in seno alle loro agiate famiglie. In piena contraddizione con le aspettative dei loro genitori, i quali ritengono che i figli abbiano «tutto quello che desiderano», essi si ribellano contro la vacuità e l'isolamento delle loro esistenze: la verità è che, in effetti, non hanno affatto tutto ciò che desiderano, e desiderano ciò che non hanno.

Esempi clamorosi di atteggiamenti del genere nella storia passata sono costituiti dai rampolli maschi e femmine di ricche famiglie dell'impero romano, i quali abbracciavano la religione della povertà e dell'amore; un altro esempio è dato dal Buddha che, come figlio di un sovrano, aveva a disposizione tutti i piaceri e i lussi che potesse desiderare, ma aveva scoperto che l'avere e il consumare sono fonte di infelicità e sofferenza. Un esempio più recente (della seconda metà del XIX secolo) ci viene dai figli d'ambo i sessi di membri della classe superiore russa, i *narodniki*; ormai incapaci di sopportare la vita d'ozio e ingiustizia della loro classe, questi giovani, abbandonate le famiglie, si unirono ai contadini poveri, con questi vivendo e contribuendo a gettare le fondamenta della lotta rivoluzionaria in Russia.

Un fenomeno del genere è constatabile tra i rampolli delle famiglie benestanti degli Stati Uniti e della Germania d'oggi, agli occhi dei quali la vita che conducono nell'ambiente delle loro ricche dimore appare noiosa e priva di significato; ma, più ancora, costoro trovano insopportabile l'insensibilità del mondo verso i poveri e il fatto che, in nome di egoismi individuali, si scivoli verso un conflitto atomico. Per tale motivo, voltano le spalle al loro ambiente e vanno alla ricerca di un nuovo stile di vita – e ne restano insoddisfatti perché hanno l'impressione che nessuno sforzo costruttivo abbia prospettive di sorta. Molti di loro erano in origine i rappresentanti più sensibili della giovane generazione, quelli mossi dagli ideali più profondi; ma ormai, poiché difettano loro la tradizione, la maturità, l'esperienza e la saggezza politica, tendono alla disperazione, alla sopravvalutazione narcisistica delle proprie capacità e potenzialità, e tentano di realizzare l'impossibile col ricorso alla forza. Eccoli allora costituire i cosiddetti gruppi rivoluzionari e presumono di riuscire a salvare il mondo dedicandosi ad azioni terroristiche e distruttive, senza rendersi conto che in effetti non fanno che contribuire alla tendenza generale verso la violenza e l'inumanità. Hanno perduto la loro capacità di amare, sostituendola con il desiderio di sacrificare le proprie vite. (Per inciso, va detto che il sacrificio di sé appare assai spesso la soluzione migliore per individui che, mossi dall'ardente desiderio di amare, hanno però perduto la capacità di farlo e, nel sacrificio delle proprie esistenze, vedono un'esperienza di amore portato al grado estremo.) Ma questi giovani che si autosacrificano sono ben diversi dai *martiri per amore*, i quali desiderano vivere perché amano la vita e accettano la morte soltanto quando sono obbligati a morire per non dover tradire se stessi. I giovani che al giorno d'oggi si sacrificano sono insieme gli accusati e gli accusatori, perché dimostrano come nel nostro sistema sociale alcuni dei giovani migliori finiscono per trovarsi in un tale stato di isolamento e di impotenza, che per uscire dalla disperazione non hanno altra via oltre a quella della distruttività e del fanatismo.

L'aspirazione a vivere in unione con altri ha radici nelle condizioni di esistenza specifiche e caratteristiche della specie umana, e costituisce uno dei più effettivi moventi del comportamento di tutti noi. Grazie alla combinazione di un minimo di predeterminazioni istintive e di un massimo sviluppo delle capacità razionali, abbiamo perduto la nostra originaria identità con la natura. Per non sentirci completamente isolati - cosa che ci condannerebbe alla follia - dobbiamo trovare una nuova unità, sia con i nostri simili sia con la natura. E questo bisogno umano di unità con gli altri si manifesta in molti modi: il legame simbiotico con la madre, con un idolo, con la propria tribù, nazione, classe, religione, confraternita, organizzazione professionale. Spesso, com'è ovvio, questi nessi si sovrappongono, e sovente accade che assumano forme estatiche, come per esempio tra i seguaci di certe sette religiose o nel caso di una folla di linciatori oppure degli accessi di isteria nazionalistica in occasione d'una guerra. Così, lo scoppio della prima guerra mondiale provocò una delle più violente di queste manifestazioni di «unione» estatica. All'improvviso, da un giorno all'altro, vi fu chi gettò a mare le proprie convinzioni pacifiste, antimilitariste e socialiste, nutrite per tutta una vita; si ebbero scienziati che rinunciarono a una lunga abitudine all'obiettività, all'atteggiamento critico, all'imparzialità, per fondersi all'enorme *NOI*.

Il desiderio di compiere l'esperienza dell'unione con altri si manifesta anche nelle più basse forme di comportamento, per esempio negli atti di sadismo e distruzione, non meno che nelle forme supreme, come la solidarietà fondata su un ideale o su una convinzione. E rappresenta anche il movente principale del bisogno di adattarsi: gli esseri umani hanno più paura di essere messi al bando che non, a volte, della morte stessa. Di fondamentale importanza per ogni società è il tipo di unione e di solidarietà che essa favorisce e il tipo di unione che *può* promuovere, date le particolarità della sua struttura socioeconomica.

Queste constatazioni sembrerebbero indicare che negli esseri umani sono all'opera entrambe le tendenze: quella ad avere, a possedere, che in ultima analisi deve la propria forza a un fattore biologico, il desiderio di sopravvivenza, e quella a essere, a condividere, a dare, a sacrificarsi, che deve la propria forza alle condizioni specifiche dell'esistenza umana e al bisogno insopprimibile di superare il proprio isolamento mediante l'unione con gli altri. Da queste due aspirazioni contraddittorie, all'opera in ogni essere umano, deriva che a decidere quale delle due avrà il predominio è la struttura sociale con i suoi valori e le sue norme. Le culture che promuovono la brama di possesso, e quindi la modalità esistenziale dell'avere, affondano le radici in una di queste potenzialità umane; le culture che promuovono invece l'essere e il condividere affondano le radici nell'altra. Siamo chiamati a decidere quale delle due vogliamo coltivare, pur rendendoci conto che la nostra decisione è in larga misura determinata dalla struttura socioeconomica di una data società, la quale ci spinge verso l'una o l'altra soluzione.

L'ipotesi più attendibile che posso formulare, sulla scorta delle mie osservazioni sul campo di comportamenti di gruppo, è che i due gruppi estremi, che manifestano rispettivamente tipi di comportamento e di esistenza profondamente radicati e pressoché immutabili, costituiscono una piccola minoranza, mentre nella stragrande maggioranza degli individui sono rilevabili entrambi gli orientamenti e quale dei due acquisti il predominio, o viceversa sia represso, è cosa che dipende da fattori ambientali.

Questa idea è in contraddizione con un dogma psicoanalitico ampiamente diffuso, secondo cui l'ambiente produrrebbe mutamenti essenziali nello sviluppo della personalità durante la prima e la seconda infanzia ma, dopo tale periodo, il carattere sarebbe cristallizzato e subirebbe ben poche alterazioni a opera di eventi esterni. Si tratta di un dogma che, se si è imposto, è stato grazie al fatto che le condizioni fondamentali dell'infanzia si prolungano nella vita successiva di gran parte di noi, e ciò perché in generale continuano a sussistere le stesse condizioni sociali. Si hanno però numerosi esempi di drastici mutamenti ambientali i quali conducono a fondamentali alterazioni del comportamento, e ciò avviene quando le forze negative cessano di essere alimentate, e vengono invece favorite e incoraggiate le forze positive.

Per riassumere, la frequenza e l'intensità del desiderio di condividere, di dare e di sacrificarsi non possono apparire sorprendenti se teniamo conto delle condizioni di vita della specie umana; sorprendente è piuttosto che questo bisogno non abbia potuto essere represso al punto da fare degli atti di egoismo la regola nelle società industriali (e in molte altre) e degli atti di solidarietà l'eccezione. Ma, paradossalmente, questo stesso fenomeno è frutto del bisogno di fusione. Una società i cui principi sono l'acquisizione, il profitto e la proprietà determina il sorgere di un carattere sociale imperniato sull'avere e, una volta fissato il modulo dominante, nessuno desidera essere un escluso o addirittura un emarginato; per evitare tale rischio, ciascuno si adatta alla maggioranza, la quale però ha in comune soltanto il mutuo antagonismo.

La conseguenza del dominante atteggiamento egoistico è che i leader della nostra società ritengono che la gente possa essere mossa soltanto dall'aspettativa di vantaggi materiali, vale a dire da ricompense, e che non reagisca ad appelli alla solidarietà e al sacrificio. Ne consegue che, eccezion fatta per i periodi di guerra, raramente capita che si rivolgano appelli del genere, e mancano quindi le occasioni di osservare i possibili risultati degli appelli stessi.

Solo una struttura socioeconomica radicalmente diversa e un'immagine completamente differente della natura umana potrebbero comprovare che la corruzione non è l'unico mezzo (o il migliore) per esercitare un'influenza sulla gente.

VI
Altri aspetti dell'avere e dell'essere

Sicurezza e insicurezza

Non andare avanti, restare dove siamo, non progredire, in altre parole accontentarci di ciò che abbiamo è assai tentante, perché conosciamo ciò che abbiamo; a questo possiamo aggrapparci, e ce ne viene un senso di sicurezza. Temiamo, e di conseguenza evitiamo, di affrontare l'ignoto, l'incerto; perché, se può non apparire rischioso una volta che l'abbiamo fatto, prima di affrontare l'impresa i nuovi aspetti che si profilano al di là del passo iniziale appaiono imprevedibili, pericolosi, e dunque fonte di paura. Soltanto il vecchio, il comprovato, è sicuro; o, per lo meno, così sembra. Ogni nuovo passo comporta il pericolo di un fallimento, ed è qui che va ricercato uno dei motivi per cui la gente ha tanta paura della libertà.[1]

Com'è ovvio, a ogni stadio della vita il «vecchio e consueto» è diverso. Infatti, *abbiamo* soltanto il nostro corpo e il seno materno (all'origine ancora indifferenziati). Quindi, cominciamo a orientarci verso il mondo, dando inizio al processo di scavarci una nicchia in esso; cominciamo a provare il desiderio di *avere* cose: abbiamo nostra madre, nostro padre, abbiamo fratelli, giocattoli; più tardi, *acquisiamo* conoscenza, una mansione, una posizione sociale, una moglie, figli, e poi ci troviamo ad *avere* già una sorta di vita futura, e ce la garantiamo acquistandoci un posto al cimitero, provvedendoci di un'assicurazione sulla vita e vergando le nostre «ultime volontà».

Tuttavia, nonostante la sicurezza dell'avere, la gente ammira coloro che hanno una visione del nuovo, che aprono

[1] È questo l'argomento principale del mio *Escape from Freedom*.

una strada insolita, che hanno il coraggio di andare avanti. Nella mitologia, questa modalità di esistenza è simbolicamente rappresentata dall'eroe. Gli eroi sono coloro che hanno il coraggio di abbandonare ciò che hanno - la loro terra, la loro famiglia, i loro beni - e di andarsene altrove, non senza paura, è vero, ma senza lasciarsene vincere. Nella tradizione buddhista, il Buddha è l'eroe che abbandona tutti i possessi, tutte le certezze implicite nella teologia induista - il rango sociale, la famiglia -, per dedicarsi a un'esistenza di distacco. Abramo e Mosè sono eroi allo stesso modo secondo la tradizione giudaica; l'eroe cristiano è Gesù, che nulla possiede e che, agli occhi del mondo, non è nulla, ma che tuttavia agisce mosso dalla pienezza dell'amore che nutre per tutti gli esseri umani. I greci avevano eroi secolari, la cui meta era la vittoria, la soddisfazione del loro orgoglio, la conquista; ma, al pari degli eroi spirituali, Ercole e Ulisse vanno avanti, senza lasciarsi sgomentare dai rischi e dai pericoli che li attendono. Gli eroi delle fiabe rispondono agli stessi criteri, quelli del distacco, dell'andare avanti affrontando l'incertezza.

Se ammiriamo questi eroi è perché abbiamo la precisa sensazione che il loro modo d'essere è quello che vorremmo far nostro, beninteso se potessimo. Ma poiché abbiamo paura, crediamo di non poterne seguire l'esempio, perché soltanto gli eroi possono affrontare queste imprese. Gli eroi divengono idoli: trasferiamo su di essi la nostra capacità di muoverci, dopodiché restiamo dove siamo - «perché noi non siamo eroi».

Sembrerebbe che quanto s'è detto implichi che se essere un eroe è cosa desiderabile, d'altro canto si tratta di una condizione assurda e contraria ai nostri interessi. Ma non è affatto così. Gli individui cauti, che fanno propria la modalità dell'avere, godono della sicurezza ma sono per forza di cose assai insicuri. Dipendono da ciò che hanno: denaro, prestigio, il loro io - in altre parole da qualcosa che è al di fuori di loro. Ma che ne è di loro se perdono ciò che hanno? Ed è un'eventualità niente affatto remota, perché qualsiasi cosa si abbia può essere perduta, e ciò vale soprattutto per le proprietà, oltre che per la posizione sociale e gli amici; senza contare che in ogni momento si può - e prima o poi si deve - perdere la propria vita.

Se quindi sono ciò che ho, e se ciò che ho è perduto, chi sono io? Null'altro che uno sconfitto, frustrato, patetico testimone di un modo di vivere errato. Dato che posso perdere ciò che ho, per forza di cose sono costantemente preda della preoccupazione di restar privo di quanto possiedo. Ho paura dei ladri, dei mutamenti economici, temo le rivoluzioni, le malattie, la morte, mi sgomentano l'amore, la libertà, la crescita, il mutamento e l'ignoto. Ne consegue che sono continuamente preoccupato, in preda a una cronica ipocondria, relativa non solo alla perdita della salute ma a ogni altra perdita di ciò che ho; sto pertanto sulla difensiva, mi mostro duro, sospettoso, sono solitario, mosso dal bisogno di avere di più per essere meglio protetto. Nel suo *Peer Gynt*, Ibsen ha fornito un'esemplare descrizione di questo tipo umano accentrato sull'io. Il protagonista è pieno solo di sé e, nel suo esasperato egoismo, ritiene di essere se stesso per il fatto di essere un «fascio di desideri». Alla fine della vita riconosce che, in seguito a un'esistenza basata esclusivamente sul possesso, non è affatto riuscito a essere se stesso, che è simile a una cipolla priva di un nucleo centrale, è un uomo incompleto, il quale non è mai stato se stesso.

L'ansia e l'insicurezza prodotte dal pericolo di perdere ciò che si ha sono assenti dalla modalità dell'essere. Se sono ciò che sono e non ciò che ho, nessuno può privarmi né della mia sicurezza né del mio senso di identità, e neppure minacciare di farlo. Il mio centro è dentro di me; la mia capacità di essere e di esprimere i miei poteri essenziali è parte integrante della mia struttura caratteriale e da me dipende. Questo vale per i processi normali dell'esistenza anche se, naturalmente, non per circostanze quali quelle legate a una malattia che renda invalidi, alla tortura, o ad altri casi di forti costrizioni esterne.

Mentre l'avere si fonda su qualcosa che l'uso diminuisce, l'essere viene incrementato dalla pratica. (Il «roveto ardente» che non viene consumato dalle fiamme è il simbolo biblico di questo apparente paradosso.) I poteri della ragione, dell'amore, della creazione artistica individuale, insomma tutti i poteri essenziali, crescono grazie al processo del loro esprimersi. Ciò che si spende non va perduto, ma al contrario va perduto ciò che si conserva. L'unica minaccia alla mia sicurezza nella condizione dell'essere risiede in me stesso:

nella mancanza di fede nella vita e nelle mie capacità creative; in tendenze regressive; nella pigrizia interiore e nell'aspirazione che siano altri a provvedere alla mia vita. Si tratta però di pericoli che non sono *inerenti* all'essere, mentre il pericolo di perdere è inerente all'avere.

Solidarietà e antagonismo

L'esperienza dell'amare, della simpatia, del godimento di qualcosa senza desiderarne il possesso è quella cui si riferiva Suzuki istituendo il paragone tra le composizioni poetiche giapponese e inglese, di cui al capitolo I. Va detto che non è facile, per l'occidentale moderno, sperimentare il godimento separato dall'avere benché non ci sia estraneo. L'esempio del fiore citato da Suzuki non sarebbe valido se, anziché il fiore, il viandante ammirasse una montagna, un prato o qualsiasi cosa che non possa fisicamente venire spostata. Certo, molti, anzi la maggioranza di noi, non vedrebbero realmente la montagna se non come un cliché: anziché contemplarla, vorrebbero saperne il nome e l'altezza, oppure provare il desiderio di scalarla, che costituisce un altro modo di prenderne possesso. Alcuni, tuttavia, sono davvero in grado di vedere la montagna e di goderne, e lo stesso può dirsi per quanto riguarda l'apprezzamento della musica. In altre parole, acquistare un disco della musica preferita può essere un atto di presa di possesso della composizione, e non è escluso che la maggior parte degli «amatori» d'arte in realtà la «consumi»; ma una minoranza probabilmente tuttora risponde alla musica e all'arte figurativa con sincera gioia e senza provare il minimo impulso all'«avere».

A volte capita di riuscire a leggere le reazioni altrui nell'espressione dei loro volti. Di recente mi è capitato di assistere a un telefilm degli straordinari acrobati e giocolieri del Circo Cinese, e nel corso della trasmissione la telecamera ripetutamente si è spostata sul pubblico, riprendendo le espressioni di singoli spettatori. Orbene, gran parte dei volti erano illuminati, ravvivati, apparivano belli in risposta allo spettacolo aggraziato e vivace; solo una minoranza appariva fredda, impassibile.

Un altro esempio di godimento non accompagnato dal

desiderio di possedere è dato, come si può facilmente constatare, dalla nostra reazione a bambini piccoli. Anche in questo caso, temo che il comportamento sia frutto, in larga misura, di autoinganno, nel senso che ci compiacciamo di vederci nel ruolo di gente che ama i bambini. Ma, anche se possono esservi motivi di sospetto, ritengo che una risposta genuina, viva ai bambini non sia affatto rara, e che almeno in parte ciò si verifichi perché, in contrasto con i sentimenti che nutre verso gli adolescenti e gli adulti, gran parte delle persone non teme i bambini e quindi si sente libera di rispondere con simpatia alla loro presenza, cosa impossibile qualora si sia ostacolati da paure.

Ma l'esempio più valido di godimento non accompagnato dalla bramosia di avere è reperibile nell'ambito dei rapporti interpersonali. Un uomo e una donna possono godere l'uno dell'altra per molti motivi; ciascuno dei due può apprezzare gli atteggiamenti, i gusti, il temperamento o l'intera personalità dell'altro; ma soltanto in coloro che devono a ogni costo avere ciò che apprezzano, questo mutuo piacere di solito sfocia nel desiderio di possesso erotico. Per coloro in cui predomina la modalità dell'essere, l'altra persona è godibile, persino sessualmente attraente, ma non è necessario che sia «spiccata», per usare l'espressione della poesia di Tennyson, per poter essere goduta davvero.

Le persone la cui vita è imperniata sull'avere desiderano appunto *avere* la persona che apprezzano o ammirano, e lo si constata facilmente nei rapporti tra genitori e figli, tra insegnanti e studenti, come pure tra amici. In questo caso, il partner non si accontenta semplicemente di godere l'altra persona, ma desidera averla tutta per sé. Ne consegue che ciascuno è geloso di coloro che del pari aspirano ad «avere» l'altro; ognuno dei partner cerca l'altro come un naufrago una tavola di salvezza: per sopravvivere. I rapporti basati in misura predominante sull'avere sono pesanti, ossessivi, gravidi di conflitti e gelosie.

In termini più generali, gli elementi fondamentali del rapporto tra individui che facciano propria la modalità esistenziale dell'avere sono la competizione, l'antagonismo e la paura. La componente antagonistica, nel rapporto incentrato sull'avere, deriva dalla sua stessa natura; se infatti l'avere è il fondamento del mio sentimento di identità perché «io sono ciò che ho», il desiderio di avere non può che condurre al desiderio di avere molto, di avere di più, di avere il massimo. In altre parole, l'avidità è la naturale conseguenza dell'orientamento all'avere. Può trattarsi della brama dell'avaro come pure di quella dello speculatore, ovvero del cacciatore di gonnelle o della «mangiatrice di uomini». Quale che sia l'elemento costitutivo della loro brama, certo è che gli avidi non hanno mai abbastanza, non riescono mai a sentirsi «soddisfatti». In contrasto con bisogni fisiologici come la fame, che hanno precisi limiti di soddisfazione legati alla fisiologia dell'organismo, l'ingordigia mentale - e ogni avidità è mentale, anche se la si soddisfa tramite il corpo - non ha un limite di sazietà, poiché il suo esaudimento non colma il vuoto interiore, la noia, il senso di solitudine, lo stato di depressione che invece dovrebbe vincere. Inoltre, dal momento che ciò che abbiamo ci può essere tolto in una forma o nell'altra, bisogna avere di più per rafforzare la propria esistenza di fronte a un pericolo del genere. Ma se ognuno aspira ad avere di più, ne consegue che ognuno non può che temere le intenzioni aggressive del vicino a portargli via ciò che possiede, e per prevenire attacchi del genere non resta che acquisire sempre maggiori poteri e far proprio un atteggiamento di aggressione preventiva. Ancora, dal momento che la produzione, per abbondante che sia, non può mai tenere il passo con desideri illimitati, non possono che esserci competitività e antagonismo tra i singoli impegnati in una lotta per assicurarsi il massimo. E la contesa continuerebbe anche qualora si potesse raggiungere uno stato di assoluta abbondanza, perché chi ha minore salute fisica e minori attrattive, doti e talenti, sarebbe preda di implacabili invidie per chi ha «di più».

Che la modalità dell'avere, e la cupidigia che ne è il risultato, necessariamente portino all'antagonismo e allo scontro, è valido per gli individui ma anche per le nazioni. Infatti, finché queste sono composte di gente la cui motivazione principale è l'avere e la cupidigia, non possono fare a meno di scendere in guerra; per forza di cose aspirano a ciò che altre nazioni hanno, e tentano di ottenere ciò che desiderano per mezzo della guerra, di pressioni economiche o di minacce; prassi di cui si servono innanzitutto nei confronti di nazioni più deboli e formando alleanze più forti della nazione che intendono attaccare. Anche qualora abbia solo qualche probabilità di vittoria, uno stato scenderà in guerra non già perché si trovi in una condizione di disagio economico, ma perché l'ispirazione ad avere di più e a conquistare è profondamente radicata nel carattere sociale.

Ovviamente, non mancano i periodi di pace; va tuttavia operata una distinzione tra pace duratura e pace intesa come fenomeno transitorio, quale periodo in cui si raccolgono le forze, si ricostruiscono la propria industria e il proprio esercito; in altre parole, la distinzione va fatta tra pace quale condizione permanente di armonia, e pace che in sostanza è soltanto una tregua. I secoli XIX e XX hanno conosciuto e conoscono periodi di tregua, ma sono caratterizzati da uno stato cronico di guerra tra i principali protagonisti della scena storica. La pace intesa come situazione di rapporti armoniosi e duraturi tra nazioni è possibile soltanto a patto che la struttura dell'avere sia sostituita dalla struttura dell'essere. L'idea che si possa costruire la pace mentre in pari tempo si incoraggia l'aspirazione al possesso e al profitto è un'illusione, e per di più pericolosa, perché impedisce alla gente di rendersi conto che è posta di fronte a una scelta senza equivoci, quella tra una trasformazione radicale del proprio carattere e la perpetuazione della guerra. Si tratta, a dire il vero, di un'alternativa antica; i capi politici hanno optato per la guerra e la gente li ha seguiti su questa strada. Oggi, e più ancora domani, in seguito all'incredibile aumento della distruttività delle nuove armi, l'alternativa non è più tra guerra e pace, bensì tra pace e suicidio collettivo.

Ciò che vale per le guerre tra nazioni, vale anche per la lotta di classe. Lo scontro interclassista, essenzialmente tra sfruttatori e sfruttati, è sempre esistito in società fondate sul principio della cupidigia. Non c'era lotta di classe quando non esistevano né il bisogno né la possibilità di sfruttare. Ma ogni società ha per forza di cose classi, comprese le più ricche, quelle in cui del resto la modalità dell'avere è predominante. Come s'è già detto, dati desideri illimitati, neppure la massima produzione può tenere il passo con l'aspirazione di ognuno ad avere più dei suoi vicini. Necessariamente, coloro che sono più forti, più sagaci o più favoriti da altre circostanze tenteranno di assicurarsi una posizione di favore per sé, avvantaggiandosi su coloro che sono meno potenti, vuoi con la forza e la violenza, vuoi con la persuasione. Le classi oppresse abbatteranno i loro dominatori, e così via; la lotta di classe può forse divenire meno violenta, non certo sparire finché la cupidigia domini il cuore umano. L'idea di una società senza classi in un presunto mondo socialista tuttavia pieno dello spirito di cupidigia è illusoria e pericolosa non meno dell'idea della pace permanente tra nazioni avide.

Secondo la modalità dell'essere, l'avere privato, cioè la proprietà personale, ha scarsa incidenza affettiva, e ciò perché non ho bisogno di possedere qualcosa per goderla e neppure per farne uso. Secondo la modalità dell'essere, più di una persona, e in effetti milioni di individui, possono partecipare al godimento dello stesso oggetto, dal momento che nessuno ha bisogno di averlo o desidera possederlo come condizione del suo godimento. In tal modo, non solo si evitano gli scontri, ma si viene a costituire una delle più intense forme di felicità umana: il godimento condiviso. Nulla unisce maggiormente gli individui (senza limitarne affatto la personalità) quanto il condividere l'ammirazione e l'amore per una persona, avere un'idea comune, godere assieme un brano musicale, un dipinto, un simbolo, partecipare a un rituale, persino condividere un dolore. L'esperienza della compartecipazione rende e mantiene vivo il rapporto tra due individui, e costituisce il fondamento di tutti i grandi movimenti religiosi, politici e ideologici. Naturalmente, ciò vale soltanto finché gli individui amano e ammirano sinceramente; ma quando i movimenti religiosi e politici si ossificano, quando accade che la burocrazia manipoli i cittadini mediante suggestioni e minacce, ecco che la compartecipazione diviene una delle cose anziché una delle esperienze.

La natura ha, per così dire, escogitato, con l'atto sessuale, il prototipo – o forse il simbolo – del godimento condiviso; ma, sul piano empirico, il rapporto erotico non è necessariamente un godimento condiviso: i partecipanti a esso sono assai spesso a tal punto narcisistici, preoccupati di sé e possessivi, che si può parlare soltanto di piacere simultaneo, non però condiviso.

Tuttavia la natura offre anche un simbolo meno ambiguo della distinzione tra avere ed essere. L'erezione del pene è del tutto funzionale; il maschio non *ha* un'erezione a guisa di una proprietà o di una qualità permanente (benché tutti sappiano quanti siano gli uomini che desiderano *averla*). Il pene *è* in stato di erezione finché l'uomo è in stato di eccitazione, cioè finché desideri la persona che l'ha eccitato. Se, per una ragione o per l'altra, qualcosa interferisce nel suo stato di eccitazione, l'uomo non *ha* un bel nulla. E, in contrasto in pratica con ogni altra forma di comportamento, l'erezione non può essere simulata. Georg Groddeck, uno dei massimi psicoanalisti - anche se relativamente poco noto -, amava affermare che un uomo, a conti fatti, è tale solo per pochi istanti, e che per gran parte del tempo è solo un ragazzino. Naturalmente, Groddeck con questo non voleva dire che un uomo diventa un ragazzino con tutto il suo essere, ma esclusivamente per quell'aspetto che, agli occhi di molti uomini, costituisce la prova che tali essi sono. (Si veda, a questo proposito, il documento da me redatto, nel 1943, su *Sex and Character*.)

Gioia e piacere

Meister Eckhart insegnava che l'essere vivi e attivi produce gioia. È probabile che il lettore moderno non faccia sufficiente attenzione all'espressione «gioia» e la legga come se Eckhart avesse scritto invece «piacere». Tuttavia la distinzione tra gioia e piacere è di importanza cruciale, soprattutto se si tiene conto della differenza tra le modalità dell'essere e dell'avere. D'altro canto, non è facile coglierla, dato che viviamo in un mondo di «piaceri senza gioia».

Che cos'è il piacere? Benché la parola sia usata in diverse accezioni, la concezione più diffusa sembra essere quella di soddisfazione di un desiderio che a tale scopo non richieda attività (nel senso di vitalità). Un simile piacere può avere grande intensità: è quello che deriva dal successo sociale, dal guadagno di denaro, dalla vincita di una lotteria; è il convenzionale piacere sessuale, una bella mangiata, la vittoria in una gara; ancora, lo stato di euforia prodotto dall'alcool, dall'estasi, dalle droghe, dalla soddisfazione del proprio sadismo o del gusto di uccidere o di fare a pezzi ciò che è vivo.

Naturalmente, per diventare ricchi o famosi gli individui devono darsi a una grande attività nel senso di indaffaratezza, non però in quello della «nascita interiore». Una volta raggiunto il proprio obiettivo, possono essere «elettrizzati», «profondamente soddisfatti», provare la sensazione di aver raggiunto un «culmine». Ma quale culmine? Di euforia, di appagamento, di esaltazione orgiastica; non è però escluso che vi siano pervenuti spinti da passioni che, per quanto umane, sono tuttavia patologiche in quanto non comportano una soluzione davvero adeguata al problema della condizione umana. Siffatte passioni non portano a una maggiore crescita e a una maggiore forza ma, al contrario, a mutilazioni. I piaceri degli edonisti a oltranza, la soddisfazione di sempre nuove cupidigie, i piaceri della società attuale danno origine a diversi gradi di *euforia*, ma non conducono alla *gioia*. Anzi, la mancanza di gioia rende necessaria la ricerca di piaceri sempre nuovi, sempre più eccitanti.

Sotto questo profilo, la società moderna si trova nella stessa situazione degli ebrei di tremila anni fa. Parlando al popolo di Israele a proposito di uno dei peggiori peccati in cui incorrevano i suoi membri, Mosè così si esprimeva: «E perché non avrai servito all'Eterno, al tuo Dio, con gioia e di buon cuore in mezzo all'abbondanza di ogni cosa, servirai ai tuoi nemici che l'Eterno manderà contro di te» (*Deuteronomio*, 28, 47-48). La gioia è concomitante dell'attività produttiva; non si tratta di un'«esperienza culminante» che raggiunga improvvisamente l'apice e improvvisamente termini, ma piuttosto di un altipiano, di uno stato emozionale che accompagna l'espressione produttiva delle proprie essenziali facoltà umane. La gioia non è l'estasi infuocata di un istante, bensì lo splendore che aureola l'essere.

Piacere ed eccitamento lasciano il posto alla tristezza una volta che sia stato raggiunto il cosiddetto culmine; perché, se l'eccitamento è stato sperimentato, non per questo il recipiente è cresciuto. In altre parole, non sono aumentati i poteri interiori dell'individuo, il quale ha compiuto il tentativo di far breccia nella noia dell'attività improduttiva, e per un istante è riuscito a conglobare tutte le proprie energie, eccezion fatta, tuttavia, per la ragione e l'amore; ha tentato di divenire un superuomo, senza neppure essere umano; in apparenza, è riuscito a ottenere un momentaneo trionfo, seguito però da una profonda tristezza: dentro di lui nulla è cambiato. Il detto «dopo il coito ogni animale è triste» (*post coitum omne animal triste*) riflette appunto questa situazione relativamente al sesso senza amore, il quale è una «esperienza culminante» di intensa eccitazione, e quindi elettrizzante e piacevole, ma necessariamente seguita dalla delusione. La gioia nel sesso può essere sperimentata solo qualora l'intimità fisica sia accompagnata dall'intimità amorosa.

Come è facile arguire, la gioia non può non avere un ruolo di primaria importanza in quei sistemi religiosi e filosofici che vedono nell'*essere* l'obiettivo dell'esistenza. Il buddhismo, se rifiuta il piacere, concepisce la condizione del Nirvana come uno stato di gioia, come risulta dalle relazioni e dai dipinti che illustrano la morte del Buddha. (Devo al defunto D.T. Suzuki di avere richiamato la mia attenzione sulla componente della gioia in una celebre immagine raffigurante appunto il trapasso del Buddha.)

L'Antico Testamento e la successiva tradizione ebraica, mentre mettono in guardia contro i piaceri che derivano dalla soddisfazione della bramosia, vedono nella gioia lo stato d'animo che accompagna l'essere. *Il Libro dei Salmi* si conclude con un gruppo di quindici composizioni che costituiscono un grande inno alla gioia, e i salmi più intensi iniziano con paura e tristezza e terminano con gioia e felicità.[1] Lo *Shabbat* è la giornata di gioia, e nei Tempi Messianici la gioia costituirà lo stato d'animo più diffuso. La letteratura profetica è piena di espressioni di gioia, evidenti in passi come i seguenti: «Allora la vergine si rallegrerà nella danza, i giovani gioiranno insieme ai vecchi; io muterò il loro lutto in gioia, li consolerò, li rallegrerò liberandoli del loro dolore» (*Geremia*, 31, 13); «Voi attingerete con gioia l'acqua dalle fonti della salvezza» (*Isaia*, 12, 3); Dio definisce Gerusalemme «la città della mia gioia» (*Geremia*, 49, 25).

Lo stesso atteggiamento è reperibile nel *Talmud*: «La gioia di un *mitzvah* [il compimento di un dovere religioso] è l'unico modo per ottenere lo spirito santo» (*Berakoth*, 31, a). La gioia è ritenuta di importanza così fondamentale che, stando alla legge talmudica, il lutto per un parente stretto, la cui morte sia avvenuta meno di una settimana prima, deve essere interrotto il Sabato, giorno di gioia.

[1] Ho analizzato questi salmi nel mio *You Shall Be as Gods*.

Il movimento hassidico, il cui motto «servi Dio con gioia» è un versetto ripreso dai *Salmi*, diede origine a una forma di vita di cui la gioia costituiva uno degli elementi fondamentali; tristezza e depressione erano considerati segni di terrore spirituale, se non manifesto peccato.

In ambito cristiano, i Vangeli riservano un ruolo centrale alla letizia e alla gioia. Nel Nuovo Testamento, la gioia è il frutto della rinuncia all'avere, mentre la tristezza è lo stato d'animo di colui che si aggrappa ai possessi. (Si veda per esempio *Matteo*, XIII, 44 e XIX, 22.) In molti dei detti di Gesù, la gioia appare come un elemento concomitante della vita condotta secondo la modalità dell'essere. Nel suo ultimo discorso agli apostoli, il Cristo descrive la gioia nella sua forma più alta: «Queste cose io vi ho detto, affinché la mia gioia dimori in voi e la vostra gioia sia resa completa» (*Giovanni*, XV, 11).

Come s'è già detto, la gioia ha un ruolo importantissimo nel pensiero di Meister Eckhart. Ecco una delle più alte e poetiche espressioni del concetto dei poteri creativi del riso e della gioia: «Quando Dio ride all'anima e l'anima a sua volta ride a Dio, le persone della Trinità si generano. Parlando per iperbole, quando il Padre ride al Figlio, e il Figlio ride in risposta al Padre, quel riso dà piacere, e il piacere dà gioia, e quella gioia dà amore e l'amore dà le persone [della Trinità], una delle quali è lo Spirito Santo» (Blakney, pag. 245).

Spinoza riserva alla gioia una posizione importantissima nel suo sistema etico-antropologico: «Gioia» egli afferma «è passaggio dell'uomo da una perfezione minore a una maggiore. Dolore è passaggio dell'uomo da una perfezione maggiore a una minore» (*Etica*, 3, def. 2,3).

Le proposizioni di Spinoza possono essere capite appieno soltanto se collocate nel contesto di tutto il suo sistema di pensiero. Secondo il filosofo olandese, per non andare in perdizione dobbiamo sforzarci di avvicinarci al «modello dell'umana natura», in altre parole dobbiamo essere quanto più liberi, razionali e attivi possibile. Dobbiamo diventare ciò che possiamo essere, e questo va inteso come tutt'uno con il bene che potenzialmente è inerente alla nostra natura. Per Spinoza, il «bene» va inteso come «tutto ciò di cui siamo certi che è un mezzo grazie al quale possiamo avvicinarci sempre più al modello di natura umana che ci siamo proposti»; ed egli concepisce il «male» come «al contrario... ogni cosa che siamo certi ci impedisce di raggiungere tale modello» (*Etica*, 4, Prefazione). La gioia è una buona cosa; il dolore (*tristitia*, che sarebbe però più opportuno tradurre «tristezza», malinconia) è una cosa cattiva. La gioia è virtù, la tristezza è peccato.

Sicché, la gioia è quanto sperimentiamo nel processo di avvicinamento all'obiettivo costituito dal divenire noi stessi.

Peccato e perdono

Nella concezione classica del pensiero teologico giudaico-cristiano, il peccato è sostanzialmente tutt'uno con la disobbedienza verso la volontà divina, come risulta chiarissimamente da quella che è ritenuta la causa del primo peccato, appunto la disobbedienza di Adamo. Nella tradizione giudaica, però, questo atto non era considerato alla stregua di un peccato «originale» ereditato da tutti i discendenti di Adamo, come nella tradizione cristiana, ma soltanto quale appunto il primo peccato, non necessariamente all'opera anche nei discendenti di Adamo.

Comunque, l'elemento comune è costituito dall'idea che la disobbedienza ai comandamenti di Dio è peccato, quali che siano i comandamenti stessi; né la cosa può sorprendere se teniamo presente che, nella corrispettiva parte della vicenda biblica, Dio è concepito come rigida autorità, sul modello di un re dei re orientale. E tanto meno può sorprendere se teniamo presente che la chiesa dovette fin quasi dall'inizio adattarsi a un ordine sociale (all'epoca, il feudalesimo; oggi deve adattarsi al capitalismo) che esigeva, per poter funzionare, l'assoluta obbedienza degli individui alle leggi, che queste facessero (e facciano) o meno i veri interessi di quelli. In che misura le leggi stesse siano oppressive o «liberali», e quali siano i mezzi con cui vengono mandate a effetto, fa scarsa differenza per quanto riguarda la questione fondamentale: la gente deve imparare a temere l'autorità, non soltanto nella persona dei funzionari incaricati di far rispettare la legge perché dispongono di armi. Una paura del genere non sarebbe garanzia sufficiente per l'adeguato funzionamento dello stato: i sudditi devono interiorizzarla e attribuire alla disobbedienza una qualità morale e religiosa, quella del peccato.

La gente rispetta le leggi non soltanto perché ha paura ma perché, disobbedendo a esse, si sente colpevole, e questo sentimento può essere superato unicamente col perdono che soltanto le autorità possono concedere. Condizioni per la concessione del perdono sono: il peccatore si pente, subisce la punizione, accettando la quale torna a sottomettersi. La sequenza è dunque questa: peccato (disobbedienza)→sentimento di colpa→nuova sottomissione (punizione)→perdono; si tratta di un circolo vizioso, in quanto ogni atto di disobbedienza comporta un aumento dell'obbedienza. Ben pochi sono coloro che non si lasciano intimidire da un sistema del genere: il loro eroe è Prometeo. A dispetto delle crudelissime punizioni che Zeus gli infligge, Prometeo non soltanto non si sottomette, ma neppure si sente colpevole. Sapeva benissimo che rubare il fuoco agli dei e darlo agli esseri umani costituiva un atto di compassione; la sua è stata disobbedienza, ma egli non ha peccato. Al contrario, al pari di molti altri eroi che amano la specie umana (i martiri) ha spezzato l'equazione: disobbedienza = peccato.

La società, però, non è fatta di eroi; e finché le tavole erano apparecchiate solo per una minoranza, e la maggioranza si trovava a dover servire ai propositi della prima, accontentandosi degli avanzi, il sentimento della disobbedienza come peccato doveva essere promosso. Sia lo stato sia la chiesa lo coltivavano, ed entrambi collaboravano a tal fine, l'uno e l'altra dovendo proteggere le proprie gerarchie. Lo stato aveva bisogno della religione per poter disporre di un'ideologia in cui disobbedienza e peccato si fondessero; la chiesa aveva bisogno di credenti che lo stato avesse addestrato alla virtù dell'obbedienza. Entrambi si servivano dell'istituzione della famiglia, la cui funzione era di educare il bambino all'obbedienza, fin dal primo istante in cui mostrasse di avere una volontà sua propria (di solito, per lo meno a cominciare dalla disciplina alla pulizia personale). La volontà indipendente del bambino doveva essere spezzata per prepararlo a funzionare in seguito in maniera adeguata in veste di cittadino.

Quello di peccato, nel convenzionale senso teologico e secolare del termine, è un concetto che si colloca nel contesto della struttura autoritaria, la quale a sua volta appartiene alla modalità di esistenza secondo l'avere. Secondo questa concezione, il nostro nucleo umano non risiede in noi stessi, bensì nell'autorità alla quale ci sottomettiamo. Noi non approdiamo al vivere bene grazie alla nostra attività produttiva, bensì con l'obbedienza passiva e la conseguente approvazione da parte delle autorità. *Abbiamo* un capo (secolare o spirituale, re, regina o dio) in cui *abbiamo* fede; *abbiamo* la sicurezza, a patto di non *essere* nessuno. Che la sottomissione non sia necessariamente conscia come tale, che possa risultare mite o severa, che la struttura psichica e sociale non debba per forza di cose essere totalmente autoritaria, ma soltanto parzialmente tale, non deve renderci ciechi al fatto che *noi viviamo secondo la modalità dell'avere in quanto interiorizziamo la struttura autoritaria della nostra società*.

Come Alfons Auer ha fatto efficacemente notare, il concetto di autorità, disobbedienza e peccato di Tomaso d'Aquino è di matrice umanistica; in altre parole, il peccato non consiste nella disobbedienza all'autorità irrazionale, bensì nella violazione del ben vivere umano.[1] È per questo che l'Aquinate può affermare che «Dio non può mai essere offeso da noi, a meno che noi non agiamo contro il nostro benessere» (*Summa contra Gentiles*, 3, 122). Per comprendere questa posizione, dobbiamo tenere presente che, per l'Aquinate, il bene umano (*bonum humanum*) non è determinato arbitrariamente da desideri puramente soggettivi, né da desideri frutto di istinto («naturali» nell'accezione degli stoici), e neppure dalla volontà di Dio; a determinarlo è la nostra razionale comprensione della natura umana e delle norme che, radicate in tale natura, sono la condizione della nostra crescita e del nostro benessere ottimali. (Va qui notato che, quale obbediente figlio della chiesa e paladino dell'ordine sociale esistente contro le sette «rivoluzionarie», Tomaso d'Aquino non poteva porsi come esplicito assertore di un'etica non autoritaria, e l'uso che faceva della parola «di-

[1] Il saggio del professor Alfons Auer sull'autonomia dell'etica secondo il concetto di Tomaso d'Aquino (e gli sono profondamente grato per avermelo fatto leggere in manoscritto) è assai utile per la comprensione dei principi morali dell'Aquinate, come lo è anche il suo articolo intitolato *Ist die Sünde eine Beleidigung Gottes?* (vedi bibliografia).

sobbedienza» per indicare in realtà due diversi tipi di disobbedienza serviva a mascherare la contraddizione implicita nella sua posizione.)

Se il peccato come disobbedienza va visto nel contesto della struttura autoritaria, e cioè della struttura fondata sull'avere, di tutt'altro genere è il significato che assume nella struttura non autoritaria, basata sulla modalità dell'essere. Anche questo secondo significato è implicito nella storia biblica della Caduta e può essere compreso alla luce di una interpretazione diversa della vicenda. Dio ha posto l'uomo nel giardino dell'Eden, ammonendolo a non mangiare i frutti né dell'albero della vita né dell'albero della conoscenza del bene e del male. Resosi poi conto che «non è bene che l'uomo sia solo», crea la donna, e stabilisce che essi «saranno una stessa carne». Ambedue «erano ignudi e non ne avevano vergogna». La proposizione è comunemente interpretata in termini di convenzionali costumi sessuali, in forza dei quali un uomo e una donna dovrebbero naturalmente provare vergogna qualora i loro genitali siano scoperti. Ma il testo sembra contenere ben altro; a un livello meno superficiale, potrebbe significare che, sebbene l'uomo e la donna si vedessero senza veli, non provavano ma neppure potevano provare vergogna, per la semplice ragione che non avevano esperienza l'uno dell'altra come di estranei, di individui separati, bensì come di una «carne sola».

Condizione preumana, che muta radicalmente in seguito alla Caduta, allorché uomo e donna divengono completamente umani, dotati cioè di ragione, di coscienza del bene e del male, consapevoli l'uno dell'altra come di esseri separati, quando cioè si rendono conto che la loro originaria unità è infranta e che sono divenuti estranei l'uno all'altra. Sono vicini, e tuttavia separati e distanti; e provano allora la più profonda vergogna che ci sia: quella che deriva dal trovarsi di fronte un essere umano nella sua nudità, in pari tempo sperimentando la mutua estraneità, l'indicibile abisso che separa ciascuno dei due dall'altro. «Allora si apersero gli occhi ad ambedue, e si accorsero che erano ignudi; e cucirono delle foglie di fico, e se ne fecero delle cinture», in tal modo cercando di evitare tutto l'impatto della loro umana presenza, cioè la nudità che scorgevano nell'altro. Ma la vergogna, al pari della colpa, non può essere rimossa celandola. L'uomo e la donna nell'amore non riuscivano a ritrovarsi; forse provavano desiderio fisico l'uno per l'altra, ma l'unione fisica non medica l'effettiva estraneità umana. Che non si amassero è reso evidente dall'atteggiamento che hanno ciascuno verso l'altro: Eva non tenta neppure di proteggere Adamo, e Adamo cerca di evitare la punizione denunciando in Eva la colpevole, anziché difenderla.

Qual è dunque il peccato che hanno commesso? Esso consiste nello starsi di fronte come individui separati, isolati, egoisti, incapaci di superare la separazione con l'atto dell'unione amorosa; ed è un peccato che ha radici nella stessa nostra esistenza umana. Per il fatto di essere privati dell'originaria armonia con la natura, caratteristica dell'animale la cui vita è determinata da istinti innati, e di essere dotati di ragione e autocoscienza, non possiamo fare a meno di sperimentare la nostra totale separazione da ogni altro essere umano. Nella teologia cattolica, questa condizione dell'esistenza, la completa separazione e l'estraneità vicendevole, non colmata dall'amore, è la definizione di «inferno»; e per noi essa è intollerabile. In qualche modo, dobbiamo vincere la tortura dell'assoluta separazione: o con la sottomissione, o esercitando il dominio, ovvero cercando di mettere a tacere la ragione e la consapevolezza. Ma sono tutti espedienti che riescono solo momentaneamente, e anzi bloccano la strada verso un'effettiva soluzione. Non c'è che una via per salvarci da quest'inferno: abbandonare il carcere della nostra egocentricità, aprirci verso l'esterno e unirci al mondo. Se la separazione egocentrica è il peccato basilare, si può tuttavia espiarlo con l'atto d'amore; nella parola inglese che equivale a espiazione, *atonement*, il concetto trova chiara espressione, perché etimologicamente deriva da at*one*ment (divenire tutt'uno), che nel Middle English, cioè nell'inglese parlato tra il 1200 e il 1500 circa, indicava appunto l'unione. Dal momento che il peccato della separazione non è un atto di disobbedienza, esso non ha bisogno di venire perdonato; in compenso, ha bisogno di essere guarito, e lo strumento della guarigione non è l'accettazione della punizione, bensì l'amore.

Rainer Funk mi ha fatto rilevare che il concetto di peccato come scissione è stato formulato da alcuni padri della chiesa, i quali facevano proprio il concetto non autoritario del peccato, tipico del Cristo, e ne suggerisce i seguenti esempi, ripresi da Henri de Lubac. Dice Origene: «Dove ci sono peccati, lì è divergenza. Ma dove regna la virtù, lì è unicità, lì è unità». Massimo il Confessore sostiene che, attraverso il peccato di Adamo, la specie umana, «la quale dovrebbe essere un tutto armonico privo di conflitti tra il mio e il tuo, si è trasformata in una nuvola di polvere composta da individui». Concetti simili circa la distruzione dell'unità originaria in Adamo possono essere reperiti anche in sant'Agostino e, secondo il professor Auer, pure nell'insegnamento di Tomaso d'Aquino. Conclude de Lubac: «In quanto opera di "restaurazione" (*Wiederherstellung*), la realtà della salvazione appare necessariamente come il recupero dell'unicità perduta, la restaurazione appunto dell'unicità sovrannaturale con Dio e in pari tempo degli uomini tra loro». (Si veda anche «Il concetto di peccato e pentimento» nel mio *You Shall Be as Gods*, per un'esposizione del problema del peccato in tutta la sua complessità.)

Per riassumere, nella modalità dell'avere, e quindi nella struttura autoritaria, il peccato è disobbedienza ed è vinto dalla sequenza pentimento→punizione→nuova sottomissione. In quella dell'essere, cioè nella struttura non autoritaria, il peccato è estraniamento non superato, ed è vinto dalla piena esplicazione di ragione e amore, dal divenire-uno.

La storia della Caduta può essere interpretata in entrambi i modi, perché la vicenda stessa è un miscuglio di elementi autoritari e libertari. Ma in sé e per sé i concetti di peccato rispettivamente come disobbedienza e alienazione sono diametralmente opposti.

La storia della torre di Babele raccontata nell'Antico Testamento sembra implicare la stessa visione delle cose. Qui la specie umana sembra aver raggiunto uno stato di unione, simboleggiata dall'unicità del linguaggio parlato universalmente; ma, a causa della loro aspirazione al potere, della loro brama di *avere* la grande torre, gli uomini distruggono la propria unità e vanno incontro alla scissione. Da un certo punto di vista, l'episodio della torre di Babele può essere considerato una seconda Caduta, il peccato commesso dall'umanità in tempi storici. La vicenda è complicata dalla paura di Dio per l'unità degli esseri umani e il potere che ne deriva. «E l'Eterno disse: "Ecco, essi sono un solo popolo e hanno tutti il medesimo linguaggio; e questo è solo il principio della loro opera; ora nulla gli impedirà di condurre a termine ciò che disegnano di fare. Orsù, scendiamo e confondiamo quivi il loro linguaggio, sicché l'uno non capisca il parlare dell'altro!"» (*Genesi*, 11, 6-7). Inutile dire che la stessa complicazione si ha anche per quanto attiene all'episodio della Caduta, dove Dio appare timoroso del potere che l'uomo e la donna potrebbero esercitare se mangiassero il frutto di entrambi gli alberi.

Paura della morte, affermazione della vita

Come s'è già detto, la paura di poter perdere i propri possessi è un'inevitabile conseguenza del senso di sicurezza basato su ciò che si ha. Ritengo opportuno sviluppare ulteriormente questo concetto.

Può riuscirci possibile non aggrapparci alla proprietà e quindi alla paura di perderla; ma che dire della paura di perdere la vita stessa, la paura di morire? È forse questa una paura propria soltanto dei vecchi o dei malati? Oppure tutti temono la morte? E ancora: non è forse vero che il fatto di essere destinati a morire investe tutta la nostra esistenza, e che la paura di morire semplicemente si fa più intensa e più conscia quanto più, per età o malattia, ci avviciniamo ai limiti della vita?

Abbiamo bisogno di approfonditi studi sistematici condotti da psicoanalisti che indaghino su questo fenomeno dall'infanzia alla vecchiaia, occupandosi delle manifestazioni, consapevoli e non, della paura della morte. E questi studi non devono limitarsi a casi individuali, ma devono investire vasti gruppi, facendo ricorso ai metodi di sociopsicoanalisi oggi esistenti. Poiché tuttavia di studi del genere ancora non ve ne sono, non ci resta che tentare di trarre conclusioni provvisorie da un insieme di dati sparsi.

Il più significativo di essi è forse il desiderio profondamente radicato di immortalità, che si manifesta nei molti rituali e nelle molte credenze aventi come scopo la conservazione del corpo umano. D'altro canto, la moderna negazione della morte, specificamente americana, mediante l'«abbellimento» della salma, comprova allo stesso modo che è in atto la repressione della paura di morire col ricorso a un semplice camuffamento del decesso.

Unica è la via – insegnata dal Buddha, dal Cristo, dagli stoici, da Meister Eckhart – per il superamento effettivo della paura della morte, ed essa consiste nel non aggrapparsi alla vita, nel non sperimentarla come un possesso. La paura della morte non è effettivamente ciò che sembra, cioè il timore che la vita si arresti. La morte non ci concerne, per dirla con Epicuro, «dal momento che, finché siamo, la morte non è ancora; ma quando la morte è, noi non siamo più» (Diogene Laerzio). Certo, può esserci paura per la sofferenza e il dolore che possono precedere il decesso. Ma è una paura diversa da quella della morte. Sicché, se la paura della morte può sembrare irrazionale, così non è se la vita è sperimentata come possesso, perché in tal caso non si ha la paura della morte, bensì di *perdere ciò che si ha*: avverto la paura di perdere il mio corpo, il mio io, i miei possessi, la mia identità; la paura di affrontare l'abisso della non identità, dell'«essere perduto».

Vivendo secondo la modalità dell'avere, non si può non temere la morte, e nessuna spiegazione razionale basterà a toglierla di mezzo. Essa però può essere diminuita, anche nell'ora stessa del decesso, dalla riaffermazione del nostro legame con la vita, dalla risposta all'amore altrui capace di suscitare il nostro stesso amore. La liberazione dalla paura di morire non dovrebbe però essere intesa come preparazione alla morte, bensì assumere la fisionomia di un continuo sforzo volto a *ridurre la modalità dell'avere e ad aumentare la modalità dell'essere*. Per dirla con Spinoza, il saggio pensa alla vita, non alla morte.

L'insegnamento sul come morire è in effetti lo stesso sul come vivere; quanto più ci sbarazziamo della brama di possesso in tutte le sue forme, soprattutto quella dell'attaccamento all'io, tanto minore sarà la paura di morire, dal momento che non ci sarà nulla da perdere.[1]

[1] Limito a queste poche considerazioni l'indagine sulla paura della morte come tale, evitando di affrontare un problema insolubile, e cioè quello della paura della sofferenza di cui la nostra morte può essere la causa in coloro che ci amano.

Qui, ora – Passato e futuro

La modalità dell'essere si pone soltanto nel qui, ora (*hic et nunc*); la modalità dell'avere soltanto nel tempo: passato, presente e futuro.

Secondo la modalità dell'avere, noi siamo legati a ciò che abbiamo accumulato in *passato*: denaro, terre, fama, rango sociale, conoscenza, figli, memorie. Pensiamo al passato e, attraverso il *ricordo*, proviamo sentimenti (o quelli che appaiono essere tali) del passato, ed è questa l'essenza del sentimentalismo. Noi siamo il passato; e possiamo dire: «Io sono ciò che sono stato».

Il futuro è l'anticipazione di quel che diverrà il passato. Lo si sperimenta nella modalità dell'avere, esattamente come accade per il passato, e lo si esprime dicendo per esempio: «Questa persona *ha un futuro*», col che si viene a significare che l'individuo in questione *avrà* molte cose anche se per il momento non le ha. Lo slogan pubblicitario della fabbrica di automobili Ford suona: «C'è una Ford nel tuo futuro»; in altre parole, si sottolinea l'*avere* nel futuro, esattamente come, in certe transazioni d'affari, si comprano o vendono dei «pagherò». L'esperienza fondamentale dell'avere è la stessa, che si abbia a che fare sia con il passato sia con il futuro.

Il presente è il punto in cui passato e futuro si uniscono, un posto di frontiera temporale, non però diverso, qualitativamente, dai due reami che collega.

L'essere non è necessariamente fuori del tempo, ma il tempo non è la dimensione che governa l'essere. Il pittore si trova alle prese con colori, tele, pennelli, lo scultore con pietra e scalpello; ma l'atto creativo, la sua «visione» di ciò che sta creando, trascende il tempo. Può balenare in un attimo o manifestarsi in una serie di illuminazioni, ma alla visione manca l'esperienza del tempo. Lo stesso vale per i pensatori; certo, la stesura delle loro idee avviene nel tempo, ma la concezione delle idee stesse è un evento creativo extratemporale. E lo stesso si può dire di ogni manifestazione dell'essere: l'esperienza dell'amore, della gioia, dell'intuizione della verità non si verifica nel tempo, ma nell'*hic et nunc*. E l'*hic et nunc è eternità*, vale a dire «atemporalità». Ma l'eternità, al contrario di come viene generalmente fraintesa, non è tempo prolungato all'infinito.

Va tuttavia fatta una precisazione fondamentale per quanto riguarda il rapporto con il passato. Abbiamo parlato di ricordo del passato, di rimuginamento e ripensamento del passato; e, in questa modalità dell'«avere» il passato, il passato stesso è morto. Si può però anche far rivivere il passato, sperimentare cioè una situazione del passato con la stessa immediatezza che se avvenisse nell'*hic et nunc*; in altre parole, si può ricreare il passato, riportarlo in vita (far resuscitare il defunto, per dirla simbolicamente). Per chi lo fa, il passato cessa di essere tale: è davvero l'*hic et nunc*.

Si può sperimentare anche il futuro come se fosse l'*hic et nunc*, e ciò accade allorché una condizione futura sia anticipata nella propria esperienza con tale pienezza, da essere il futuro soltanto «obiettivamente», vale a dire quale fatto esteriore, non già per l'esperienza soggettiva. Hanno questa natura le utopie genuinamente tali (in contrasto con i sogni a occhi aperti a contenuto utopico); è questo il fondamento della fede genuina, la quale non ha bisogno della realizzazione esterna «nel futuro» perché la sua esperienza diventi reale.

L'intera concezione di passato, presente e futuro, vale a dire del tempo, penetra nelle nostre vite a causa della nostra esistenza corporea: la durata limitata del nostro ciclo vitale, la continua esigenza, da parte del nostro organismo, di cure e attenzioni, la natura del mondo fisico di cui dobbiamo servirci per sostentarci. In effetti, non possiamo vivere in eterno; in quanto esseri mortali, non ci è lecito ignorare il tempo né sfuggirgli. Il ritmo della successione di notti e giorni, di sonno e veglia, di crescita e invecchiamento, la necessità di mantenerci con il lavoro e di difenderci, sono tutti fattori che ci obbligano a *rispettare il tempo* se vogliamo vivere, e i nostri corpi ci obbligano a voler vivere. Ma una cosa è *rispettare* il tempo, tutt'altra cosa è *sottometterglisi*. Secondo la modalità dell'essere, rispettiamo il tempo, ma a esso non ci sottomettiamo; ma questo rispetto per il tempo *diventa sottomissione* qualora a predominare sia la modalità dell'avere. In essa, non soltanto le cose sono cose, ma tutto ciò che è vivente diventa una cosa. Nella modalità dell'avere, il tempo diviene il nostro dominatore. Nella modalità dell'essere, il tempo è detronizzato, cessa di essere l'idolo che governa la nostra vita.

Nella società industriale, il tempo domina sovrano. L'attuale modo di produzione esige che ogni azione sia esattamente calcolata nel tempo, che non soltanto la catena di montaggio senza fine ma, sia pure con minore immediatezza, anche gran parte delle altre nostre attività siano governate dal tempo. Come se non bastasse, il tempo non è soltanto tale: il tempo è denaro. La macchina va usata al massimo delle sue prestazioni; ne consegue che la macchina impone il proprio ritmo al lavoratore.

Tramite la macchina, il tempo è divenuto il nostro sovrano, e soltanto nelle ore libere abbiamo, ma solo in apparenza, una certa scelta. Infatti, di regola organizziamo il nostro tempo libero esattamente come organizziamo il nostro lavoro, oppure ci ribelliamo alla tirannia del tempo dandoci all'assoluta pigrizia. Non facendo null'altro che disobbedire alle esigenze del tempo, abbiamo l'illusione di essere liberi, mentre in realtà siamo soltanto in libertà condizionata dalla nostra prigione temporale.

Parte terza

L'uomo nuovo e la nuova società

VII
Religione, carattere e società

In questo capitolo si discute la tesi secondo cui i mutamenti sociali interagiscono con i mutamenti del carattere sociale. Sempre secondo tale tesi, gli impulsi «religiosi» forniscono l'energia necessaria a persuadere uomini e donne a provocare drastici mutamenti sociali; di conseguenza, una nuova società può sorgere solo a patto che una profonda trasformazione si verifichi nel cuore umano, che cioè un nuovo oggetto di devozione prenda il posto dell'attuale.[1]

I fondamenti del carattere sociale

Il punto di partenza delle riflessioni che seguono è costituito dal concetto secondo cui la struttura caratteriale dell'individuo medio e la struttura socioeconomica della società di cui l'individuo stesso fa parte sono dipendenti l'una dall'altra. Definisco *carattere sociale* la fusione della sfera psichica individuale e della struttura socioeconomica. (Molto tempo fa, precisamente nel 1932, mi ero servito, per esprimere questa realtà, dell'espressione «struttura libidica della società».) La struttura socioeconomica di una società plasma il carattere sociale dei suoi membri in modo tale che essi *desiderano* fare ciò che *devono fare*. D'altro canto, il carattere sociale influenza la struttura socioeconomica della società,

[1] Il presente capitolo si riallaccia in larga misura a mie precedenti ricerche, in particolare a *Escape from Freedom* (1941) e *Psychoanalysis and Religion* (1950), in entrambi i quali sono citate le opere più importanti dell'ampia letteratura sull'argomento.

fungendo sia da cemento inteso ad assicurare ulteriore stabilità alla struttura sociale sia, in circostanze particolari, da dinamite che tende a far saltare la struttura sociale stessa.

Carattere sociale e struttura sociale

Il rapporto tra questi due elementi non è mai statico, dal momento che, in questo nesso, entrambi agiscono da processi senza fine; ne consegue che un mutamento che si verifichi in uno dei due settori comporta il cambiamento di ambedue. Molti rivoluzionari sostengono che bisogna innanzitutto mutare radicalmente la struttura politica ed economica perché allora, in una seconda e quasi inevitabile fase, anche la mente umana subirà un cambiamento; in altre parole, che la nuova società, una volta costituita, quasi automaticamente produrrà il nuovo essere umano. Costoro non si rendono conto che la nuova élite, cui le motivazioni sono date dallo stesso carattere precedente, tenderà a ricreare le condizioni della vecchia società in seno alle nuove istituzioni sociopolitiche fatte sorgere dalla rivoluzione; e cioè la vittoria della rivoluzione segnerà la sua sconfitta in quanto rivoluzione, ancorché non in quanto fase storica che ha spianato la strada a uno sviluppo socioeconomico che procedeva a rilento e non poteva realizzarsi appieno. Le rivoluzioni francese e russa ne costituiscono esempi da manuale; ed è degno di nota il fatto che Lenin, il quale non aveva mai creduto che la qualità del carattere avesse importanza ai fini della funzione rivoluzionaria di un individuo, abbia mutato drasticamente punto di vista nell'ultimo anno di vita, quando si rese perfettamente conto delle deficienze caratteriali di Stalin e, nel suo testamento, richiese che, proprio a causa di tali difetti, Stalin non divenisse suo successore.

Al polo opposto si collocano coloro i quali sostengono che deve cambiare prima la natura degli esseri umani, cioè la loro coscienza, i loro valori, i loro caratteri, e che soltanto allora si potrà edificare una società davvero umana. La storia della nostra specie comprova che costoro hanno torto: i mutamenti puramente psichici sono sempre rimasti confinati nella sfera privata, limitati a piccole oasi, o si sono rivelati del tutto inefficaci quando la predicazione di valori spirituali si è combinata alla pratica dei valori di segno opposto.

Carattere sociale e bisogni «religiosi»

Il carattere sociale ha anche un'altra e significativa funzione, oltre a quella di servire ai bisogni che la società ha di un certo tipo di carattere e oltre a soddisfare le esigenze dell'individuo, condizionate dal carattere; il carattere sociale, infatti, deve soddisfare anche i bisogni religiosi impliciti in ogni essere umano. Mi spiego: il termine «religione», quale viene da me qui usato, non si riferisce necessariamente a una concezione di Dio o a idoli, e neppure a un sistema inteso come religione, bensì a *ogni sistema di pensiero e azione condiviso da un gruppo che offra a un individuo un mezzo di orientamento e un oggetto di devozione*. In effetti, se si usa la parola in questa amplissima accezione, nessuna cultura del passato o del presente, e sembrerebbe anche nessuna cultura del futuro, può essere concepita come priva di religione.

La definizione che qui se ne dà non ci dice nulla in merito ai suoi contenuti specifici. Gli uomini possono adorare animali, alberi, idoli d'oro e di pietra, un dio invisibile, un individuo ritenuto santo, un diabolico capo; adorare i propri antenati, la propria nazione, classe o partito, il denaro o il successo. La loro può essere una religione che conduce allo sviluppo della distruttività oppure dell'amore, allo sviluppo dell'autoritarismo oppure della solidarietà; essa può favorire la capacità di ragionare come pure paralizzarla. La gente può essere conscia che il proprio sistema è religioso, diverso da quelli che appartengono all'ambito profano, oppure ritenersi priva di religione, e interpretare la propria devozione a certe mete presuntamente profane, quali potere, denaro, successo, come null'altro che una preoccupazione per il pratico e il vantaggioso. Il problema non è però formulabile con la domanda: *religione o no?*, ma soltanto come: *che tipo di religione?* E ciò, sia che questa serva a favorire lo sviluppo umano, di specifici poteri umani, oppure che sia volta a paralizzare la crescita dell'uomo.

Una religione specifica, a patto che risulti efficace nella motivazione del comportamento, non è una somma di dottrine e credenze: ha radici in una specifica struttura caratteriale dell'individuo e, in quanto è la religione di un gruppo, nel carattere sociale. Ne consegue che il nostro atteggiamento religioso può essere ritenuto un aspetto della nostra struttura caratteriale, in quanto *noi siamo ciò per cui proviamo devozione, che a sua volta costituisce il movente del nostro comportamento*. Accade tuttavia sovente che gli individui non siano affatto consapevoli dei veri oggetti della loro devozione personale e scambino le loro credenze «ufficiali» per la loro religione effettiva, ancorché segreta. Così, per esempio, se un tale adora il potere pur professando una religione d'amore, la sua segreta religione è quella del potere, mentre la sua cosiddetta religione ufficiale, per esempio il cristianesimo, non è che un'ideologia.

Il bisogno di religione è radicato nelle fondamentali condizioni di esistenza della specie umana. La nostra è una specie a sé stante, come lo è quella degli scimpanzè, dei cavalli o dei cigni. Ogni specie può essere, ed è, definita dalle sue specifiche caratteristiche fisiologiche e anatomiche. Per lo più, si è d'accordo sulla definizione della specie umana in termini biologici; io ho avanzato l'ipotesi che la specie umana, vale a dire la natura umana, possa essere definita anche psicologicamente. Nell'evoluzione biologica del regno animale, la specie umana prende forma nel momento in cui due tendenze dell'evoluzione animale si incontrano; una di esse è costituita dalla *sempre minore determinazione del comportamento a opera degli istinti* (dove il termine «istinti» non è usato nell'accezione ormai superata, cioè come qualcosa che esclude l'apprendimento, bensì nel senso di impulsi organici). Anche tenendo conto delle molte opinioni controverse circa la natura degli istinti, di solito si ammette che più alto è il livello raggiunto da un animale nel processo evolutivo, tanto meno il suo comportamento è determinato da istinti filogeneticamente programmati.

Il processo di sempre decrescente determinazione del comportamento a opera degli istinti può essere concepito come un *continuum*, a un'estremità del quale troviamo le forme intime di evoluzione animale, con il massimo grado di determinazione istintuale; questa decresce a mano a mano che si procede lungo l'evoluzione animale, raggiungendo un certo livello con i mammiferi; cala ulteriormente in concomitanza con lo sviluppo che porta ai primati, e anche qui ci si imbatte in un grande abisso tra scimmie inferiori e scimmie antropomorfe, come R.M. Yerkes e A.V. Yerkes hanno dimostrato nel 1929 con la loro ormai classica ricerca. Nella specie *Homo*, la determinazione istintuale ha toccato il proprio minimo.

L'altra tendenza, reperibile nell'evoluzione umana, è *la crescita del cervello, soprattutto il neopallio*. Anche in questo caso, possiamo interpretare l'evoluzione come un *continuum*: a un'estremità, gli animali inferiori, dotati di una struttura nervosa oltremodo primitiva e muniti di un numero di neuroni relativamente ridotto; all'altra estremità, l'*Homo sapiens*, dotato di una struttura cerebrale più ampia e più complessa, e soprattutto di un neopallio che ha dimensioni tre volte maggiori di quelle dei nostri antenati primati, nonché di un numero di connessioni interneuroniche davvero stupefacente.

In base a questi elementi, la specie umana può essere definita come un gruppo di primati che sono emersi nel momento dell'evoluzione in cui la determinazione istintuale ha raggiunto un minimo e lo sviluppo del cervello un massimo. Questa combinazione di minima determinazione istintuale e massimo sviluppo cerebrale non si era mai verificata prima nel corso dell'evoluzione animale e, sotto il profilo biologico, rappresenta un fenomeno completamente nuovo.

Mancando della capacità di agire in obbedienza agli istinti, mentre d'altro canto possiede quella dell'autoconsapevolezza, della ragione e dell'immaginazione - tutte nuove qualità che trascendono la capacità di elaborazione mentale strumentale anche dei più intelligenti fra i primati -, la specie umana aveva bisogno di un *sistema referenziale di orientamento* e di un *oggetto di devozione* per poter sopravvivere.

Senza una mappa del nostro mondo naturale e sociale - senza cioè un'immagine del mondo e del proprio posto in esso che sia strutturato e dotato di coesione interna -, gli esseri umani sarebbero in preda alla confusione e incapaci di agire secondo uno scopo e in maniera coerente, perché non avrebbero modo di orientarsi, di trovare un punto fisso il quale permetta loro di organizzare tutte le impressioni da cui è investito ogni singolo individuo. Il nostro mondo ha per noi un senso, e noi ci sentiamo certi delle nostre idee, grazie al consenso di coloro che ci circondano. La mappa assolve alle sue funzioni psicologiche anche qualora sia errata. Ma la mappa non è mai stata del tutto errata, e d'altro canto non è mai stata neppure esatta: è sempre stata un'approssimazione sufficiente alla spiegazione di fenomeni che servono allo scopo del vivere. Solo allorché la *pratica* del vivere è liberata dalle sue contraddizioni e dalla sua irrazionalità, la mappa può corrispondere alla realtà.

Il fatto fondamentale è che finora non si è avuta notizia di nessuna cultura in cui non esista un simile sistema referenziale di orientamento; e ciò vale anche per ciascun individuo. Accade sovente che i singoli neghino di essere in possesso di un siffatto quadro generale e siano persuasi di rispondere ai vari fenomeni e incidenti della vita volta per volta, caso per caso, obbedendo alla guida della propria facoltà di giudizio; ma è facile dimostrare che costoro semplicemente danno per scontata la loro personale filosofia, perché ai loro occhi questa costituisce una manifestazione di buon senso, né si rendono conto che tutti i loro concetti si fondano su un sistema referenziale comunemente accettato. Quando costoro sono posti di fronte a una visione totale della vita sostanzialmente diversa, la giudicano «pazzesca» ovvero «irrazionale» oppure «infantile», considerando invece se stessi perfettamente «logici». Il profondo bisogno di un sistema referenziale risulta con particolare evidenza nei bambini. A una certa età, questi spesso elaborano il loro sistema referenziale di orientamento in maniera ingegnosa, servendosi dei pochi dati che hanno a disposizione.

Ma una mappa non costituisce una guida sufficiente all'azione; abbiamo anche bisogno di una meta verso la quale dirigerci. Gli animali non hanno problemi del genere: è il loro istinto a fornirli insieme di una mappa e di mete. Al contrario, noi, carenti come siamo di determinazioni istintuali, e in pari tempo muniti di un cervello che ci permette di pensare alle molte direzioni in cui possiamo muoverci, abbiamo bisogno di un oggetto di devozione totale, di un punto focale di tutti i nostri sforzi, che sia insieme la base costitutiva di tutti i nostri valori effettivi e non soltanto proclamati. Se un oggetto di devozione del genere ci occorre, è perché grazie a esso possiamo indirizzare le nostre energie in una direzione unica, trascendendo la nostra esistenza isolata con tutti i suoi dubbi e le sue insicurezze, e soddisfacendo insieme il nostro bisogno di dare un significato alla vita.

La struttura socioeconomica, la struttura caratteriale e la struttura religiosa sono inseparabili l'una dall'altra. Se il sistema religioso non corrisponde al carattere sociale prevalente, se è in conflitto con la pratica sociale della vita, esso non è che una ideologia; in tal caso, dobbiamo cercare al di là di esso la vera struttura religiosa, anche se può accadere che non ne abbiamo consapevolezza in quanto tale, a meno che le energie umane implicite nella struttura religiosa del carattere non fungano da dinamite e tendano a minare le condizioni socioeconomiche date. Tuttavia, poiché sempre si danno eccezioni individuali al carattere sociale dominante, si danno anche eccezioni individuali al carattere religioso dominante, e queste sono rappresentate assai spesso dalle guide di rivoluzioni religiose e dai fondatori di nuove religioni.

L'orientamento «religioso», in quanto costituisce il nucleo esperienziale di tutte le religioni «superiori», subisce per lo più gravi deformazioni nel corso dello sviluppo di queste. Non importa l'idea che gli individui a livello conscio si fanno dei loro personali orientamenti; possono essere benissimo «religiosi» senza ritenersi affatto tali, oppure non essere affatto religiosi, pur ritenendosi cristiani. Non disponiamo di un termine atto a denotare il contenuto *esperienziale* della religione, tale da isolarla dai suoi aspetti concettuali e istituzionali; per questa ragione, mi sono servito delle virgolette per designare «religioso» in senso *esperienziale*, soggettivo, indipendentemente dalla struttura sociale in cui trova espressione la «religiosità» dell'individuo.[1]

Il mondo occidentale è cristiano?

Stando ai libri di storia e all'opinione della maggioranza, la conversione dell'Europa al cristianesimo ebbe luogo, entro i confini dell'impero romano, sotto Costantino; a essa fece seguito la conversione dei pagani dell'Europa settentrionale a opera di Bonifacio, detto l'«apostolo dei Germani», e di

[1] Nessuno ha affrontato la tematica dell'esperienza religiosa atea con maggior profondità e coraggio di quanto abbia fatto Ernst Bloch nel suo libro apparso in America nel 1972 (vedi bibliografia).

altri nell'VIII secolo. *Ma l'Europa fu davvero cristianizzata?*

Nonostante la risposta affermativa che di solito viene data a questa domanda, un'analisi più attenta comprova che la conversione dell'Europa al cristianesimo è stata in larga misura fittizia; e che si potrebbe tutt'al più parlare di una limitata conversione al cristianesimo tra il XII e il XVI secolo, mentre per i secoli precedenti e successivi la conversione è stata, nella stragrande maggioranza dei casi, soltanto a un'ideologia, oltre che una sottomissione, più o meno effettiva, alla chiesa; essa non ha comportato un mutamento interiore, cioè della struttura caratteriale, eccezion fatta per un certo numero di movimenti genuinamente cristiani.

Durante questi quattro secoli, l'Europa fu dunque sottoposta a un iniziale processo di cristianizzazione; la chiesa, cioè, tentò di imporre l'applicazione di principi cristiani per quanto riguarda la proprietà, i prezzi delle merci e l'aiuto ai poveri. Si assistette al sorgere di molte sette e di capi religiosi parzialmente eretici, in gran parte per l'influenza del misticismo che esigeva il ritorno ai principi del Cristo, tra i quali la condanna della proprietà privata. Il misticismo stesso, che ebbe il suo massimo rappresentante in Meister Eckhart, svolse dunque un ruolo decisivo in questo movimento antiautoritario e umanistico e, nient'affatto per caso, le donne assunsero una posizione predominante sia come insegnanti sia come allieve di misticismo. Molti pensatori cristiani si fecero portavoce delle idee di una religione universale o di un semplice cristianesimo non dogmatico; e venne posta in discussione persino la concezione biblica di Dio. Gli umanisti, teologi e non, del Rinascimento, con la loro filosofia e con le loro utopie, continuarono a seguire l'indirizzo del XIII secolo, e in effetti tra il tardo Medio Evo, il cosiddetto Umanesimo e il Rinascimento vero e proprio, è impossibile individuare una linea divisoria netta. Mi servirò di una citazione da Frederick B. Artz, che ne dà un quadro sintetico, per delineare le caratteristiche spirituali del pieno e del tardo Rinascimento:

Per quanto riguarda la società, i grandi pensatori medioevali ritenevano che tutti gli uomini siano uguali agli occhi di Dio e che anche i più umili siano dotati di infinito valore. In campo economico, insegnavano che il lavoro è una fonte di dignità, non già di degradazione, e che nessuno dovrebbe essere usato per scopi indipendenti dal suo benessere, mentre salari e prezzi dovrebbero venire stabiliti secondo giustizia. Nella sfera politica, insegnavano che la funzione dello stato è morale, che la legge e la sua amministrazione dovrebbero essere compenetrate dagli ideali cristiani di giustizia, e i rapporti tra governanti e governati fondarsi sulla reciprocità. Lo stato, la proprietà e la famiglia sono, in questa concezione, affidati da Dio a coloro che li gestiscono, e vanno quindi usati per favorire i disegni divini. Infine, l'ideale medioevale comportava la ferma credenza che tutte le nazioni e tutti i popoli sono parte di un'unica, grande comunità. Per dirla con Goethe, «al di sopra delle nazioni è l'umanità», ed Edith Cavell nel 1915, la notte prima di essere giustiziata, scrisse in margine alla sua *Imitazione di Cristo*: «il patriottismo non basta».

In effetti, se la storia europea si fosse svolta secondo lo spirito del XIII secolo, se cioè quello della conoscenza scientifica e dell'individualismo si fosse imposto lentamente, secondo un processo evolutivo, oggi potremmo trovarci in una situazione privilegiata; ma la ragione ha cominciato ben presto a deteriorarsi, trasformandosi in intelligenza manipolatoria, mentre l'individualismo cedeva il passo all'egoismo. Il breve periodo di cristianizzazione si concluse, e l'Europa ripiombò nel suo originario paganesimo.

Per quanto le concezioni possano differire, c'è una credenza che si ritrova alla base di tutte le ramificazioni del cristianesimo: la fede in Gesù Cristo come salvatore che ha dato la propria vita per amore dei suoi simili. Il Cristo è stato l'eroe dell'amore, un eroe privo di potere, che non si è servito della forza, che non aspirava al dominio, che non voleva *avere* alcunché. Il Cristo è stato un eroe dell'essere, del dare, del condividere, qualità che esercitavano una profonda attrazione sui poveri dell'impero romano, ma anche su alcuni dei ricchi che si sentivano soffocati dal loro stesso egoismo. Gesù faceva appello al cuore della gente, anche se, da un punto di vista intellettuale, nella migliore delle ipotesi era considerato ingenuo. E questa credenza nell'eroe dell'amore attrasse centinaia di migliaia di seguaci, molti dei quali mutarono modo di vivere, quando non divennero essi stessi martiri.

L'eroe cristiano era il martire perché, come nella tradizione giudaica, la realizzazione suprema consisteva nel dare la propria vita per Dio o per i propri simili. Il martire è l'esatto opposto dell'eroe pagano quale è rappresentato per esempio nella tradizione greca e germanica, e il cui obiettivo è quello della conquista, della vittoria, della distruzione, della rapina; ai suoi occhi, la piena realizzazione della vita consiste nell'orgoglio, nel potere, nella gloria e nell'abilità dell'uccisore (sant'Agostino paragonava la storia romana alle vicende di una banda di predoni). Per l'eroe pagano, il valore di un uomo andava ricercato nella capacità di cui dava prova di conquistare e detenere il potere, e l'eroe pagano era ben lieto di morire in battaglia nell'ora della vittoria. L'*Iliade* omerica è una descrizione, di straordinaria forza poetica, di conquistatori e predoni glorificati. Le caratteristiche del martire sono l'*essere*, il dare, il condividere; le caratteristiche dell'eroe, l'*avere*, lo sfruttare, l'opprimere. (Va aggiunto che la formazione dell'eroe pagano si riconnette alla vittoria patriarcale sulla società matricentrica. La dominazione esercitata dagli uomini sulle donne costituisce il primo atto di conquista e il primo uso della forza a fini di sfruttamento; in tutte le società patriarcali, dopo la vittoria degli uomini, questi principi sono divenuti il fondamento del carattere maschile.)

Quale dei due modelli del nostro sviluppo, tra loro inconciliabilmente opposti, continua ad avere la prevalenza in Europa? Se guardiamo in noi stessi, se consideriamo il comportamento di quasi tutti noi, se osserviamo i nostri leader politici, non possiamo negare che il nostro modello di ciò che è buono e valido sia l'eroe pagano. La storia europea e del Nordamerica, nonostante la conversione alla chiesa, è una storia di conquista, di orgoglio, di bramosia; i nostri supremi valori sono: essere più forti di altri, essere vittoriosi, sottomettere altri e sfruttarli; e sono valori che coincidono col nostro ideale di virilità: soltanto colui il quale sa combattere e sottomettere è un uomo; chiunque non sia abile nell'uso della forza è un debole, vale a dire poco virile.

Non è necessario comprovare che la storia dell'Europa è una vicenda di conquista, sfruttamento, uso della forza, soggiogamento. Tutti o quasi i suoi periodi sono stati caratterizzati da questi fattori, e non fanno eccezioni né stirpi né classi sociali; sovente si è giunti sino al genocidio, come nel caso degli indiani d'America, e dal novero non vanno escluse neppure imprese religiose come le crociate. Forse che questo comportamento era promosso solo esteriormente da ragioni economiche e politiche? Forse che i mercanti di schiavi, i dominatori dell'India, gli sterminatori di pellirosse, gli inglesi che hanno obbligato i cinesi ad aprire il proprio paese all'importazione di oppio, gli istigatori delle due guerre mondiali e coloro che preparano la prossima, erano tutti in cuor loro cristiani? O erano rapaci pagani solo i capi, mentre le grandi masse continuavano a essere cristiane? Se le cose stessero così, potremmo essere più ottimisti; purtroppo, non stanno affatto così. In effetti, i capi sovente si mostravano più rapaci per il semplice motivo che avevano più da guadagnare dei loro seguaci, ma non avrebbero certo potuto attuare i loro piani se il desiderio di conquistare e di riportare la vittoria non fosse stato e non continuasse a essere parte integrante del carattere sociale.

Basta, per convincersene, pensare all'irrefrenabile, folle entusiasmo con cui la gente ha partecipato alle varie guerre dei due ultimi secoli, cioè alla prontezza di cui hanno dato prova milioni di esseri umani rischiando il suicidio collettivo allo scopo di difendere l'immagine della «potenza più forte» ovvero dell'«onore», oppure i profitti. Per chi volesse un altro esempio, si faccia caso al frenetico nazionalismo di coloro che assistono ai giochi olimpici attuali, che dovrebbero invece servire la causa della pace. In effetti, la popolarità dei giochi olimpici è di per sé un'espressione simbolica del paganesimo occidentale. Essi sono la celebrazione dell'eroe pagano, cioè del vittorioso, del più forte, di colui che si impone agli altri, mentre passa in secondo piano lo sporco miscuglio di affarismo e pubblicità che caratterizza l'attuale imitazione dei giochi olimpici greci. In una cultura davvero cristiana, la sacra rappresentazione della Passione prenderebbe il posto dei giochi olimpici; ma l'unica sacra rappresentazione odierna che goda di una certa celebrità è quella di Oberammergau, la quale però non serve che a richiamare turisti.

Se tutto questo risponde al vero, perché gli europei e gli americani non abbandonano il cristianesimo in quanto non adatto ai tempi nostri? Se non lo fanno, è per vari motivi; per esempio, il fatto che l'ideologia religiosa sia necessaria a impedire alla gente di abbandonare la disciplina, in tal modo mettendo a repentaglio la coesione sociale. Ma c'è un motivo ancor più importante: coloro che fermamente credono nel Cristo come grande eroe dell'amore, come Dio che si è autosacrificato, possono rovesciare questa credenza, darne una versione alienata, e convincersi che è Gesù ad amare *per essi*. Il Cristo diviene in tal modo un idolo; la fede in lui diviene il sostituto del proprio atto d'amore, situazione che può essere espressa in questa semplice formula, per lo più inconscia: «Il Cristo ama per tutti noi; per quanto ci riguarda, possiamo continuare a far nostro il modello dell'eroe greco, ma siamo salvati perché la "fede" alienata nel Cristo è un surrogato dell'*imitazione* del Cristo». Va da sé che la fede cristiana costituisce anche un paludamento a buon mercato per la propria cupidigia. Infine, ritengo che negli esseri umani il bisogno di amare sia così profondamente radicato, che comportarsi da lupi induce necessariamente alla coscienza colpevole. La nostra conclamata credenza nell'amore ci anestetizza, entro certi limiti, al dolore del sentimento inconscio di colpa che deriva dal fatto di essere interamente senza amore.

«Religione industriale»

Lo sviluppo religioso e filosofico determinatosi dopo la fine del Medio Evo è troppo complesso per essere trattato in questa sede; si può comunque dire che a caratterizzarlo fu la lotta tra due principi: quello cristiano, cioè la tradizione spirituale in forme teologiche o filosofiche, e la tradizione pagana di idolatria e inumanità che assunse svariate forme nel divenire di quella che può essere definita la «religione dell'industrialismo e dell'era cibernetica».

Nel solco della tradizione tardo-medioevale l'umanesimo che caratterizzò il Rinascimento costituì la prima, grande fioritura dello spirito «religioso» in epoca postmedioevale. Trovarono in esso piena espressione le idee di dignità umana, di universalità della nostra specie, di un'unità politica e religiosa ecumenica. L'Illuminismo del XVII e XVIII secolo costituì un'altra grande fioritura di umanesimo. Carl Becker (1932) ha dimostrato come e in quale misura la filosofia dell'Illuminismo facesse proprio quell'«atteggiamento religioso» reperibile nei teologi del XIII secolo: «Se esaminiamo i fondamenti di questa fede, constatiamo che a ogni istante i *filosofi* rivelavano di quale entità fosse il debito che avevano nei confronti del pensiero medioevale, senza esserne affatto consapevoli». La Rivoluzione francese, filiazione della filosofia illuministica, fu qualcosa di più che non una semplice rivoluzione politica. Come notava Tocqueville (citato da Becker), si trattò di una «rivoluzione politica che agì secondo le modalità e, per certi versi, assunse l'aspetto di una *rivoluzione* religiosa [il corsivo è mio]. Al pari delle rivolte islamica e protestante, traboccò di là dalle frontiere di paesi e nazioni, e si diffuse mediante la predicazione e la propaganda».

Dell'umanesimo radicale del XIX e del XX secolo tratterò più tardi, parlando della protesta umanistica contro il paganesimo dell'era industriale; ma, per porre fin d'ora le premesse per tale disamina, converrà prendere in considerazione il neopaganesimo che è andato sviluppandosi fianco a fianco con l'umanesimo, minacciando, nell'attuale momento storico, di distruggerci.

La trasformazione che ha gettato le basi per la genesi della «religione industriale» va ricercata nell'eliminazione, operata da Lutero, dell'elemento materno nella chiesa. Per quanto possa sembrare un'inutile deviazione, non posso non soffermarmi brevemente su questo aspetto, perché è assai importante ai fini della comprensione dello sviluppo della nuova religione e del nuovo carattere sociale.

Le società umane si sono organizzate secondo due principi: il patricentrico (ovvero patriarcale) e il matricentrico (ovvero matriarcale). Il principio matricentrico, come hanno dimostrato per primi J.J. Bachofen e L.H. Morgan, si impernia sulla figura della madre amorevole. Il principio materno è quello dell'*amore incondizionato*; la madre ama i figli non perché essi le piacciono, ma perché sono i suoi figli (o quelli di un'altra donna). Per tale motivo, non ci si può assicurare l'amore materno comportandosi bene né, al contrario, lo si può perdere peccando. L'amore materno è *misericordia* e *compassione* (in ebraico, *rachamim*, parola la cui radice etimologica è *rechem*, vale a dire «utero»).

Al contrario, l'amore paterno è *condizionato*; dipende dalle realizzazioni e dal buon comportamento del figlio; il padre ama soprattutto il figlio che è più simile a lui, vale a dire quello che desidera che ne erediti la proprietà. L'amore paterno può essere perduto, ma anche riguadagnato mediante il pentimento e il rinnovamento della sottomissione. L'amore paterno è *giustizia*.

I due principi, il femminino-materno e il mascolino-paterno, corrispondono non soltanto alla presenza, in ogni essere umano, di un risvolto femminile e di un risvolto maschile, ma, più specificamente, al bisogno, all'opera in ogni uomo e in ogni donna, di misericordia e insieme di giustizia. La massima aspirazione degli esseri umani sembra essere una costellazione in cui i due poli (maternità e paternità, femminile e maschile, misericordia e giustizia, sentimento e pensiero, natura e intelletto) siano uniti in una sintesi tale per cui le componenti della polarità non siano più in mutuo antagonismo ma, al contrario, si conferiscano reciproco rilievo. Mentre una sintesi del genere non può essere pienamente realizzata in una società patriarcale, essa, almeno entro certi limiti, è esistita nella Chiesa Romana. La Vergine, l'Ecclesia come madre che tutti ama, il papa e il prete in quanto figure materne, rappresentavano l'amore materno, incondizionato, che tutto perdona, coesistente con l'elemento paterno di una rigida burocrazia patriarcale, al vertice della quale stava il papa dominante con la forza.

A questi elementi materni, nel sistema religioso corrispondeva il rapporto verso la natura nel processo di produzione: il lavoro del contadino al pari di quello dell'artigiano non era un'aggressione ostile e sfruttatrice nei confronti della natura, bensì un atto di cooperazione con questa: consisteva non già nel violentare, bensì nel trasformare la natura in accordanza con le sue proprie leggi.

Martin Lutero istituì, nell'Europa settentrionale, una forma patriarcale di cristianesimo la cui base era rappresentata dalla classe media urbana e dai prìncipi secolari; l'essenza di questo nuovo carattere sociale è la sottomissione all'autorità patriarcale, con il *lavoro* come unico mezzo per assicurarsi amore e approvazione.

Dietro la facciata cristiana, andò così prendendo corpo una nuova religione segreta, la «religione industriale», che ha radici nella struttura caratteriale della società moderna, pur non essendo riconosciuta come «religione». Essa è incompatibile con il cristianesimo genuino; riduce gli esseri umani a servi dell'economia e del meccanismo che hanno costruito con le loro stesse mani.

La religione industriale si è fondata su un nuovo carattere sociale; il suo perno è stata la paura delle potenti autorità maschili e la sottomissione a esse, il rafforzamento del sentimento di colpa per gli atti di disobbedienza, la dissoluzione dei legami di solidarietà umana a opera della supremazia dell'interesse personale e del reciproco antagonismo. Nella religione industriale, a diventare «sacri» sono stati il lavoro, la proprietà, il profitto, il potere, anche se d'altro canto questa religione, pur nei limiti dei suoi principi generali, ha favorito l'individualismo e la libertà. Trasformando il cristianesimo in una religione rigorosamente patriarcale, è stato possibile continuare a dare espressione alla religione industriale secondo la terminologia cristiana.

Il «carattere mercantile» e la «religione cibernetica»

Il dato di maggior importanza ai fini della comprensione sia del carattere sia della religione segreta della società umana attuale è costituito dal mutamento verificatosi nel carattere sociale tra la fase iniziale del capitalismo e la seconda metà del XX secolo. Il carattere autoritario-ossessivo tesaurizzante, che aveva cominciato a prendere forma nel XVI secolo, continuando a essere la struttura caratteriale dominante, per lo meno tra le classi medie, sino alla fine del XIX secolo, un po' alla volta si fuse col, o fu sostituito dal, *carattere mercantile*. (Ho descritto la mistura di vari orientamenti caratteriali nel mio *Man for Himself: An Inquiry into the Psychology of Ethics*.)

Se ho dato a questo fenomeno il nome di carattere mercantile, è perché esso si basa sull'esperienza di se stesso come di una merce e del proprio valore, non già come di un «valore d'uso», bensì come di un «valore di scambio». L'essere vivente diventa una merce esibita sul «mercato delle personalità». Il principio di valutazione è lo stesso, sia sul mercato delle personalità sia sul mercato delle merci: sull'uno, a essere offerte in vendita sono personalità; sull'altro, merci. In ambedue i casi, il valore è il loro valore di scambio, del quale il «valore d'uso» è una condizione necessaria ma non sufficiente.

Benché la proporzione di abilità e qualità umane da un lato e di personalità dall'altro come prerequisiti del successo sia variabile, il «fattore personalità» gioca sempre un ruolo decisivo. In altre parole, il successo dipende in larga misura dall'efficacia con cui gli individui vendono se stessi sul mercato, con cui riescono a imporre la propria «personalità», dalla misura in cui sono una bella «confezione»; dal fatto che siano «cordiali», «solidi», «aggressivi», «attendibili», «ambiziosi»; inoltre, dalla loro origine familiare, dall'appartenenza a questo o quel circolo o associazione, dalla conoscenza o meno delle persone «giuste». Il tipo di personalità richiesto dipende, entro certi limiti, dal campo particolare in cui un individuo può scegliere di lavorare. Un agente di cambio, un venditore, una segretaria, un dirigente delle ferrovie, un professore universitario, un direttore d'albergo devono volta a volta offrire un tipo di personalità diverso che, indipendentemente dalle differenze tra l'una e l'altra, deve rispondere sempre a una condizione: essere richiesto.

A determinare l'atteggiamento del singolo verso se stesso è il fatto che l'abilità e il bagaglio atto all'esecuzione di una particolare mansione non sono sufficienti: bisogna anche essere capaci di vincere nella gara con gli altri se si vuole avere successo. Se, per guadagnarsi da vivere, fosse sufficiente basarsi su quello che si sa o si è in grado di fare, la stima di sé sarebbe proporzionale alle proprie capacità, in altre parole al proprio valore d'uso; ma, dal momento che il successo dipende in larga misura da come l'individuo vende la propria personalità, egli sperimenterà se stesso come una merce o, meglio, insieme quale venditore e merce offerta in vendita. Accade così che l'individuo non si preoccupi tanto della propria vita e felicità, quanto della sua capacità di risultare vendibile.

La finalità del carattere mercantile è il completo adattamento, in modo da apparire desiderabile in tutte le situazioni del mercato delle personalità. E le personalità del carattere mercantile neppure *hanno* un io (come pure l'avevano gli individui del XIX secolo) al quale aggrapparsi, che appartenga loro, che sia immutabile, perché devono continuamente mutare il proprio io in obbedienza al principio: «Io sono come voi mi desiderate».

Coloro che sono dotati di struttura caratteriale mercantile

sono privi di mete che non siano quelle dell'agire, del fare questo o quello con la massima efficienza; qualora si chieda loro perché si muovono così in fretta, perché le cose debbano essere fatte con la massima efficienza, non sono in grado di dare una risposta sincera, ma soltanto di offrire razionalizzazioni, come per esempio «allo scopo di creare altri posti di lavoro» oppure «per fare in modo che l'azienda prosperi». Costoro hanno scarso interesse (almeno a livello conscio) per questioni filosofiche o religiose, quali per esempio perché si vive e perché si procede in una direzione anziché in un'altra; hanno il loro io, grande e in continuo mutamento, ma nessuno di loro ha un sé, un nucleo, un sentimento di identità. La «crisi di identità» della società moderna è in realtà prodotta dal fatto che i suoi membri sono divenuti strumenti privi di un sé, la cui identità riposa sulla loro partecipazione alle aziende (o ad altre enormi burocrazie). Dove non si abbia un sé autentico, non può esservi identità.

Il carattere mercantile non conosce né amore né odio: queste sono emozioni «vecchio stampo» non integrabili in una struttura caratteriale che funziona quasi esclusivamente a livello intellettuale, evitando i sentimenti, buoni o cattivi che siano, perché questi interferirebbero con lo scopo principale dei caratteri mercantili, vale a dire la vendita e lo scambio o, per usare un termine ancora più preciso, il *funzionamento* secondo la logica della «megamacchina» di cui sono parte, senza che pongano altre domande che non siano quelle dell'efficacia del loro funzionamento, comprovata dalla loro carriera in seno alla burocrazia.

Poiché i caratteri mercantili non conoscono effettivo attaccamento a se stessi o ad altri, essi mancano di sollecitudine, nel senso profondo del termine, e non già perché siano egoisti, ma perché i loro rapporti con gli altri e con se stessi sono impalpabili. Questo può anche spiegare perché non si preoccupino dei pericoli inerenti alle catastrofi nucleari ed ecologiche, benché siano in possesso di tutti i dati che denunciano tali pericoli. Il fatto che non si preoccupino del pericolo che minaccia le loro esistenze personali potrebbe pur sempre spiegarsi con l'ipotesi di un grande coraggio e di un notevole altruismo; ma, in effetti, non si curano neanche dei loro figli e nipoti, per cui la spiegazione non regge. La mancanza di sollecitudine a tutti questi livelli è la conseguenza della perdita di ogni legame emozionale, anche nei confronti delle persone che sono loro «più vicine». Il fatto è che nessuno è vicino ai caratteri mercantili, i quali non sono neppure vicini a se stessi.

L'imbarazzante domanda, perché gli esseri umani contemporanei amino acquistare e consumare pur mostrando così scarso attaccamento a ciò che comprano, trova la risposta più significativa nel fenomeno del carattere mercantile. La mancanza di attaccamento che gli è propria li rende anche indifferenti alle cose; ciò che conta è forse il prestigio o il comfort che le cose conferiscono, ma le cose di per sé sono prive di sostanza: sono in tutto e per tutto consumabili, in una con amici o amanti, del pari consumabili dal momento che non esiste alcun legame davvero profondo con nessuno di essi.

La meta del carattere mercantile, vale a dire l'«*adeguato funzionamento*» nelle circostanze volta per volta date, fa sì che esso risponda al mondo soprattutto in maniera cerebrale. La ragione intesa come capacità di *comprensione* è qualità esclusiva dell'*Homo sapiens*, mentre l'*intelligenza manipolatoria* quale strumento per il raggiungimento di scopi pratici è comune sia agli animali sia agli esseri umani. L'intelligenza manipolatoria non accompagnata dalla ragione è pericolosa perché induce gli individui a procedere in direzioni che, dal punto di vista della ragione, possono risultare autodistruttive. In effetti, quanto più vivace e incontrollata è l'intelligenza manipolatoria, tanto più essa è pericolosa.

È stato proprio uno scienziato del calibro di Charles Darwin a dimostrare le conseguenze e i risultati di un intelletto puramente scientifico, alienato. Nella sua autobiografia, Darwin scrive che, fino ai trent'anni, era stato un grande amatore della musica, della poesia e della pittura, ma che poi, per molti anni, perdette ogni gusto e ogni interesse per tali manifestazioni: «La mia mente sembra essere divenuta una sorta di macchina che macina le leggi generali da un'enorme raccolta di dati di fatto... La perdita di questi interessi costituisce una perdita di felicità, e non è escluso che possa risultare lesiva per l'intelletto, e più probabilmente ancora per il carattere morale, perché indebolisce il risvolto emozionale della nostra natura» (cit. da E.F. Schumacher, 1973).

Il processo qui descritto da Darwin è continuato, da allora a oggi, a ritmo assai rapido, e ormai la scissione di ragione e cuore è quasi completa. È degno di particolare interesse il fatto che tale deterioramento della ragione non si sia verificato nella maggioranza dei ricercatori di punta impegnati nelle scienze più ardue e rivoluzionarie (per esempio, nella fisica teorica), e che costoro siano stati e siano individui profondamente interessati a problemi filosofici e spirituali; mi riferisco a uomini come Albert Einstein, Niels Bohr, Leo Szillard, Werner Heisenberg ed Erwin Schrödinger.

La supremazia dell'attività mentale cerebrale, manipolatoria va di pari passo con un'atrofia della vita emozionale. Dal momento che questa non viene coltivata né se ne ha bisogno, ma costituisce piuttosto un ostacolo al funzionamento ottimale, essa è rimasta sottosviluppata, non è mai riuscita a raggiungere un livello di maturità superiore a quella infantile. Ne deriva che i caratteri mercantili sono particolarmente ingenui per quanto attiene ai problemi emozionali; può accadere che si sentano attratti da «individui emozionali» ma, a causa della loro ingenuità, ben di rado sono in grado di giudicare se costoro sono ingenuamente tali o non piuttosto dei simulatori; e questo può servire a spiegare perché tanti simulatori riescono ad aver successo in campo spirituale e religioso, come pure perché uomini politici che fingono forti emozioni esercitino una potente attrazione sul carattere mercantile, e perché questo a sua volta non sia in grado di operare una discriminazione tra una persona genuinamente religiosa e il prodotto delle pubbliche relazioni che simula robuste emozioni religiose.

Il termine «carattere mercantile» non è l'unico che sia atto a descrivere la tipologia in questione: si può far ricorso anche a un termine di ascendenza marxiana, quello di *carattere alienato*; coloro che rispondono a questo carattere sono alienati al proprio lavoro, a se stessi, ad altri esseri umani, alla natura. In senso psichiatrico, la personalità mercantile potrebbe definirsi «carattere schizoide», ma il termine rischia di apparire un tantino fuorviante, dal momento che si tratta di una personalità schizoide che vive con altri individui schizoidi, cavandosela benissimo e conoscendo il successo, e ciò perché ignora completamente quel sentimento di disagio che proverebbe in un ambiente più «normale».

Mentre ero intento alla revisione finale del manoscritto del presente libro, ho avuto occasione di leggere l'opera di Michael Maccoby, *The Gamesmen: The New Corporate Leaders*, ancora in forma manoscritta. Si tratta di una penetrante indagine, nella quale Maccoby analizza la struttura caratteriale di duecentocinquanta amministratori, dirigenti e tecnici di due delle più prospere tra le grandi aziende degli Stati Uniti; e molti dei risultati della sua indagine costituiscono la conferma di quelle che ho indicato come le caratteristiche della personalità cibernetica, in particolare la predominanza della sfera cerebrale concomitante al sottosviluppo di quella emozionale. Se si tiene conto del fatto che gli amministratori e i dirigenti descritti da Maccoby contano o conteranno tra i leader della società americana, ci si convincerà dell'importanza delle sue conclusioni.

I dati qui di seguito riportati, ricavati dalle sue interviste con ciascuno dei membri del gruppo oggetto di studio, e che sono state in ognuno dei casi da tre a venti, ci forniscono un quadro esemplare di questa tipologia caratteriale.[1]

Profondo interesse scientifico mirante alla comprensione, senso dinamico del lavoro, vivacità di spirito	0%
Concentrato, animatore, artigianale, mancante però di un profondo interesse scientifico per la natura delle cose	22%
È il lavoro stesso a stimolare l'interesse, che non trova sostentamento in se stesso	58%
Moderatamente produttivo, non concentrato. Interesse per il lavoro essenzialmente strumentale, nel senso che il lavoro è destinato a garantire sicurezza e reddito	18%
Passivo, improduttivo, dispersivo	2%
Rifiuta il lavoro, rifiuta il mondo reale	0%
	100%

Due elementi saltano agli occhi: 1. l'effettivo interesse per la comprensione (ragione) è del tutto assente, e 2. nella maggioranza dei casi, lo stimolo rappresentato dal lavoro non è

[1] Riproduco i dati col permesso dell'autore.

autosufficiente, ovvero il lavoro è essenzialmente un mezzo per garantirsi la sicurezza economica.

Al polo esattamente opposto si colloca il quadro di quello che Maccoby definisce il «diagramma dell'amore»:

Capace di amore, positivo, creativamente stimolante	0%
Responsabile, caldo, affezionato, ma incapace di profondo amore	5%
Moderato interesse per altre persone, ma con maggiori possibilità di amare	40%
Interessi convenzionali, «sulle sue», preoccupato soprattutto del ruolo	41%
Passivo, incapace di amare, privo di interessi reali	13%
Rifiuto della vita, durezza di cuore	1%
	100%

Nessuno dei soggetti studiati può essere definito come capace di profondo amore, benché il 5% risulti capace di amore e di affetto. Tutti gli altri mostrano moderati interessi, preoccupazioni di tipo convenzionale, quando non siano incapaci di amare o non mostrino un esplicito atteggiamento di rifiuto verso la vita: davvero uno sbalorditivo quadro di sottosviluppo emozionale, in pieno contrasto con la preminenza del cerebralismo.

La «religione cibernetica» di carattere mercantile corrisponde alla totalità di questa struttura caratteriale. Celata dietro la facciata di agnosticismo o cristianesimo, sta una religione in tutto e per tutto pagana, benché gli individui non ne siano affatto consci. Non è facile fornire una descrizione di questa religione pagana, dal momento che si può dedurla soltanto da ciò che gli individui fanno o non fanno, non già dalle loro idee consce sulla religione o sui dogmi di un'organizzazione religiosa. La cosa che più salta a prima vista agli occhi è che l'uomo ha fatto di se stesso un dio avendo acquisito la capacità tecnica di una «creazione seconda» del mondo, sostitutiva della prima creazione a opera del Dio della religione tradizionale. O, per dirla altrimenti: abbiamo fatto della macchina un dio e ci siamo resi simili a dio servendo la macchina. Ma poco importa la formulazione che scegliamo; ciò che conta è che gli esseri umani, nella condizione della loro massima *impotenza* effettiva, *si immaginano onnipotenti* col sostegno della scienza e della tecnica.

Più siamo prigionieri del nostro isolamento, più siamo incapaci di risposte emozionali al mondo circostante, e in pari tempo quanto più inevitabile sembra essere una catastrofe finale, tanto più perfida diviene la nuova religione: noi cessiamo di essere i padroni della tecnica per diventarne invece gli schiavi, e a sua volta la tecnica, che un tempo era un fondamentale elemento creativo, rivela l'altra sua faccia, quella di dea della distruzione (come la Kalì degli indiani), alla quale uomini e donne sono pronti a sacrificare se stessi e i loro figli. Mentre a livello conscio continua ad aggrapparsi alla speranza di un futuro migliore, l'umanità cibernetica rimuove l'evidenza del fatto che è divenuta l'adoratrice della dea della distruzione.

È una tesi, questa, che ha dalla sua molte prove, le più convincenti delle quali sono tuttavia due; la prima è che le grandi potenze (e anche alcune minori) continuano a costruire armamenti nucleari di sempre maggiore capacità distruttiva, senza riuscire ad approdare all'unica soluzione sensata, vale a dire alla distruzione di tutti gli strumenti bellici del genere e delle centrali atomiche che forniscono il materiale per le testate nucleari, e la seconda è che praticamente nulla vien fatto per eliminare il pericolo della catastrofe ecologica. In una parola, nessuna misura concreta viene intrapresa ai fini della sopravvivenza della specie umana.

La protesta umanitaria

La disumanizzazione del carattere sociale e il sorgere delle religioni industriale e cibernetica hanno dato il via a un movimento di protesta, alla nascita di un nuovo umanesimo, le cui radici vanno ricercate in quello cristiano e filosofico che ha avuto corso dal tardo Medio Evo all'Illuminismo. È una protesta che ha trovato espressione sia nel quadro del cristianesimo monoteistico, sia in enunciati filosofici panteistici o atei; è sgorgata da due campi opposti: da un lato i romantici, politicamente conservatori, dall'altro i socialisti di ascendenza marxista o meno (oltre che alcuni anarchici). Destra e sinistra, dunque, concordi nella critica al sistema industriale e ai danni che esso comporta per gli esseri umani. Pensatori cattolici come Franz von Baader e leader politici conservatori come Benjamin Disraeli hanno dato a questa problematica una formulazione che a volte collima con quella di Marx.

Le due parti in causa differivano e differiscono sulle modalità secondo le quali, a loro giudizio, gli esseri umani potrebbero essere salvati dal pericolo di venire trasformati in cose. I romantici della destra ritenevano che l'unica via fosse quella di metter fine al «progresso» illimitato del sistema industriale per tornare a forme precedenti di ordinamento sociale, sia pure con certe modifiche.

La protesta levatasi dalla sinistra può essere definita *umanesimo radicale*; a volte si è manifestata in forme religiose, altre atee. I socialisti ritenevano che lo sviluppo economico non potesse essere bloccato, che fosse impossibile tornare a forme precedenti di ordinamento sociale e che l'unica via di salvezza consistesse nell'andare avanti, dando vita a una nuova società capace di liberare gli esseri umani dall'alienazione, dalla sudditanza alla macchina, da una sorte disumanizzante. Il socialismo costituì così la sintesi della tradizione religiosa medioevale e dello spirito postrinascimentale, nel quale il pensiero scientifico si univa all'azione politica; al pari del buddhismo, il socialismo è stato dunque un movimento di massa «religioso», il quale, pur parlando in termini secolari e atei, mirava alla liberazione dell'umanità dall'egoismo e dalla brama di possesso.

È necessario soffermarsi brevemente a chiarire la mia interpretazione del pensiero marxista e del totale sovvertimento che esso ha subìto a opera del comunismo sovietico e del socialismo riformista dell'Occidente, che ne hanno fatto un materialismo inteso ad assicurare la ricchezza a tutti e a ognuno. Come hanno fatto notare, negli ultimi decenni, Hermann Cohen, Ernst Bloch e numerosi altri studiosi, il socialismo era l'espressione secolarizzata del messianismo profetico. La migliore prova a favore di questa affermazione è contenuta forse in questa citazione dalla *Guida degli indecisi* di Maimonide, che così definisce i Tempi Messianici:

I Saggi e i Profeti non aspiravano ai giorni del Messia perché Israele potesse esercitare il dominio sul mondo o regnare sui pagani o essere esaltato tra le nazioni, né perché potesse mangiare e bere a sazietà e gozzovigliare. La loro aspirazione era che Israele fosse libero di dedicarsi alla Legge e alla sua sapienza, senza che nessuno lo opprimesse od ostacolasse, rendendosi in tal modo degno di vivere nel mondo a venire.

Nell'era in questione, non vi saranno né carestie né guerre, ne gelosie né dissidi. I beni terreni[1] saranno abbondanti, il benessere alla portata di tutti. L'unica preoccupazione del mondo intero sarà di conoscere il Signore. Ragion per cui gli israeliti saranno molto sapienti, conosceranno le cose che adesso sono celate e perverranno a una comprensione del loro creatore secondo la massima capacità della mente umana, siccome sta scritto: «Poiché la terra sarà ripiena della conoscenza dell'Eterno, come il fondo del mare dell'acque che lo coprono» (*Isaia*, XI, 9).

Secondo questa concezione, la meta del divenire storico è di permettere agli esseri umani di dedicarsi interamente alla sapienza e alla conoscenza di Dio, non già al potere o al lusso. I Tempi Messianici sono concepiti come un'era di pace universale, di assenza di invidie e di abbondanza materiale: un'immagine assai simile alla meta dell'esistenza quale la concepiva Marx e quale trova espressione nelle pagine conclusive del terzo volume del *Capitale*:

Il regno della libertà non comincia finché non si sia superato il punto in cui è ancora richiesta la fatica fisica sotto l'impulso della necessità e dell'utilità esterna. Nella natura reale delle cose, esso si situa al di là della sfera della produzione materiale nell'accezione precisa del termine. Come il selvaggio deve lottare con la natura per soddisfare i propri bisogni, per conservare la propria esistenza e riprodurla, così deve fare l'uomo civilizzato, e deve farlo in tutte le forme di società e in tutte le possibili modalità di produzione. Col suo sviluppo, si espande il regno della necessità naturale, perché crescono i suoi bisogni; ma in pari tempo crescono anche le forze produttive grazie alle quali questi bisogni vengono soddisfatti. La libertà in questo campo non può consistere in null'altro, se non nel fatto che l'uomo socializzato, i produttori consociati, regolano razionalmente il loro interscambio con la natura, la sottopongono al loro comune controllo, anziché esserne dominati come da un cieco potere; nel fatto che essi assolvono al loro compito con il minimo dispendio di energie e nelle condizioni quanto più possi-

[1] Traduco così, dal testo ebraico, l'espressione che, nella versione a cura di Hershman, pubblicata dalla Yale University Press, suona «benedizioni» (*blessings*).

bile adatte alla loro natura umana e *massimamente degne di essa*. Ma si tratta pur sempre di un regno della necessità. Al di là di questo, ha inizio quello *sviluppo dei poteri umani che è il suo fine proprio*, il vero regno della libertà, il quale, tuttavia, può fiorire soltanto sul regno della necessità quale sua base. La riduzione della giornata lavorativa ne è la premessa fondamentale. [Il corsivo è mio.]

Marx, al pari di Maimonide e in contrasto con le dottrine della salvazione cristiana e di altre fonti ebraiche, non postula una soluzione escatologica finale; la discrepanza tra uomo e natura in lui permane, ma il regno della necessità è ridotto quanto più possibile sotto controllo umano: «Ma si tratta pur sempre di un regno della necessità». La meta è quella dello «*sviluppo dei poteri umani che è il suo fine proprio, il vero regno della libertà*». (Il corsivo è mio.) La concezione di Maimonide, secondo cui «l'unica preoccupazione del mondo intero sarà di conoscere il Signore», diventa, in Marx, «lo sviluppo dei poteri umani che è il suo fine proprio».

Avere ed essere come due diverse forme di esistenza umana sono al centro della concezione di Marx sulla nascita dell'Uomo nuovo; e, seguendo le stesse modalità, Marx passa dalle categorie economiche alle psicologiche e alle antropologiche le quali, come abbiamo visto a proposito dell'Antico e del Nuovo Testamento nonché di Meister Eckhart, sono in pari tempo sostanzialmente «religiose». Scrive Marx: «La proprietà privata ci ha resi così stupidi e parziali, che un oggetto è nostro soltanto quando lo abbiamo, quando esiste per noi quale capitale o quando viene direttamente mangiato, bevuto, indossato, abitato, eccetera, insomma, *utilizzato* in qualche modo... Sicché, *tutti* i sensi fisici e intellettuali sono stati sostituiti dalla semplice alienazione di *tutti* questi sensi; dal senso dell'*avere*. L'essere umano doveva essere ridotto a questa assoluta povertà per essere in grado di dare alla luce tutta la sua ricchezza interiore». (Circa la categoria dell'*avere*, si veda, di Hess, *Einundzwanzig Bogen.*[1])

Il concetto marxiano di essere e avere è sintetizzato in questa proposizione: «Meno si *è*, e meno si esprime la pro-

[1] Questa e le successive citazioni di Marx sono tratte dai *Manoscritti economico-filosofici*, tradotti in E. Fromm, *Marx's Concept of Man*.

pria vita; più si *ha*, e più alienata è la propria vita... Tutto ciò che l'economista ti porta via in fatto di vita e umanità, te lo restituisce in forma di denaro e ricchezza».

Il «senso dell'avere» di cui parla qui Marx è esattamente lo stesso di quel «legame all'io» di cui parla Meister Eckhart, cioè l'aspirazione alle cose e al proprio io. E Marx fa riferimento alla *modalità esistenziale dell'avere*, non già al possesso in sé, non già alla proprietà privata non alienata in quanto tale. La meta non è costituita né dal lusso né dalla ricchezza, ma neppure dalla povertà; in effetti, sia il lusso sia la povertà da Marx sono considerati vizi. La meta è la «creazione».

In che cosa consiste dunque questa nascita? Nell'attiva, non alienata espressione delle nostre facoltà verso gli oggetti corrispondenti. Prosegue Marx: «Tutti i rapporti *umani* dell'uomo con il mondo - la vista, l'udito, l'olfatto, il gusto, il tatto, il pensare, l'osservare, il sentire, il desiderare, l'agire, l'amare -, in una parola tutti gli organi della sua individualità... costituiscono, nella loro azione obiettiva [nella loro *azione in rapporto all'oggetto*], l'approvazione di tale oggetto, l'appropriazione della realtà umana». È questa la forma dell'appropriazione secondo la modalità dell'*essere*, anziché secondo la modalità dell'avere. Questa forma di attività non alienata è stata definita da Marx come segue:

> Supponiamo che l'*uomo* sia *uomo*, e che il suo rapporto con il mondo sia umano. In tal caso, l'amore può essere scambiato soltanto con l'amore, la fiducia con la fiducia, eccetera. Se si desidera godere l'arte, bisogna essere una persona dotata di cultura artistica; se si desidera influire su altre persone, bisogna essere una persona capace di esercitare davvero un effetto stimolante e incoraggiante su altri. Ognuno dei nessi che si hanno con l'uomo e con la natura devono essere un'*espressione specifica*, corrispondente all'oggetto della propria volontà, della propria *reale vita individuale*. Se si ama senza suscitare in cambio amore, vale a dire se non si è in grado, grazie alla *manifestazione* di se stessi quale individuo amante, di fare di se stesso una *persona amata*, allora il proprio amore è impotente e infelice.

Ma le idee di Marx sono state assai presto corrotte, e se ciò è avvenuto è forse perché Marx è vissuto cent'anni troppo presto. Egli riteneva con Engels che il capitalismo avesse toccato il limite delle proprie possibilità, e quindi che la rivoluzione fosse dietro l'angolo. Ma si sbagliavano di grosso, come Engels dovette ammettere dopo la morte di Marx. Avevano formulato la loro nuova dottrina proprio al culmine dello sviluppo capitalistico, senza riuscire a prevedere che sarebbe occorso più di un secolo perché avesse inizio il declino del capitalismo e la crisi conclusiva. Era una necessità storica che un'idea anticapitalistica, diffusa in concomitanza con l'apogeo del capitalismo, per potersi imporre dovesse venire tradotta senza residui nello spirito del capitalismo; ed è appunto questo che è accaduto.

I socialdemocratici dell'Occidente e i loro implacabili oppositori, vale a dire i comunisti dentro e fuori l'Unione Sovietica, hanno trasformato il socialismo in un contesto puramente economico, obiettivo del quale è divenuto il massimo di consumo, la massima utilizzazione della macchina. Kruscev, esponendo la sua idea del «comunismo del gulasch», ha svelato in pieno la verità con i suoi modi schietti e popolareschi: scopo del socialismo era di assicurare all'intera popolazione le stesse gioie del consumismo che il capitalismo assicura solo a una minoranza. Il socialismo e il comunismo venivano a essere così fondati sul concetto borghese di materialismo, e certe frasi dei primi scritti di Marx (che, nel complesso, venivano denigrati quali errori «idealistici» del «giovane» Marx) venivano recitate secondo lo stesso vuoto ritualismo con cui in Occidente ci si riempie la bocca con le parole dei Vangeli.

Il fatto che Marx sia vissuto all'apogeo dello sviluppo capitalistico ha comportato un'altra conseguenza: figlio del suo tempo, il filosofo di Treviri non ha potuto fare a meno di adottare atteggiamenti e concetti che avevano corso nel pensiero e nella prassi borghesi. Così, per esempio, certe tendenze autoritarie della sua personalità, evidenti anche nei suoi scritti, erano il frutto dello spirito patriarcale borghese anziché dello spirito del socialismo. Ancora, Marx, elaborando un socialismo «scientifico» contrapposto al socialismo «utopistico», faceva proprio il modello degli economisti classici; esattamente come questi proclamavano che l'economia seguiva le proprie leggi in maniera del tutto indipendente dalla volontà umana, Marx sentiva la necessità di comprovare che il socialismo si sarebbe *necessariamente* sviluppato in base alle leggi dell'economia; la conseguenza era che a volte tendeva a formulare enunciati suscettibili di essere fraintesi come deterministici, in quanto non garantiscono sufficiente spazio, nel processo storico, alla volontà e alla fantasia umane. Tali involontarie concessioni allo spirito del capitalismo hanno facilitato gli sforzi volti a deformare il sistema marxiano, trasformandolo in qualcosa che fondamentalmente non differisce dal capitalismo.

Se Marx avesse enunciato le sue idee oggi, in concomitanza con il declino iniziale (ma in fase di rapida accelerazione) del capitalismo, il suo *effettivo* messaggio avrebbe avuto una probabilità di risultare davvero incisivo e persino di imporsi vittoriosamente - sempreché congetture storiche del genere siano valide. Allo stato attuale delle cose, persino le parole «socialismo» e «comunismo» risultano compromesse; comunque, qualsiasi partito socialista o comunista che pretenda di far proprio il pensiero di Marx dovrebbe partire dalla premessa che i regimi di tipo sovietico non sono, da nessun punto di vista, sistemi socialisti, che il socialismo è incompatibile con un sistema sociale burocratico, imperniato sulle cose, orientato al consumismo, ed è anche incompatibile con il materialismo e il cerebralismo che caratterizzano il sistema sovietico al pari di quello capitalista.

La corruzione del socialismo spiega come mai idee genuinamente e radicalmente umanistiche spesso provengano da gruppi e individui che non si identificano con le idee di Marx o addirittura a esse si oppongono, a volte dopo aver partecipato attivamente al movimento comunista.

È impossibile elencare qui tutti gli umanisti radicali del periodo postmarxiano, ma nelle pagine che seguono riporteremo alcuni esempi del loro pensiero. Benché le loro concettualizzazioni differissero ampiamente, e a volte sembrino in insanabile contrasto l'una con l'altra, essi hanno tutti in comune un certo numero di idee e atteggiamenti. Eccoli:

la produzione deve servire ai bisogni reali degli uomini, non alle esigenze del sistema economico;

tra gli uomini e la natura deve crearsi un nuovo rapporto, di collaborazione anziché di sfruttamento;

il reciproco antagonismo deve essere sostituito dalla solidarietà;

obiettivo di ogni attività sociale deve essere il benessere dell'uomo e la prevenzione degli stati di malessere;

si deve aver di mira, non il massimo di consumo, ma il consumo sano che favorisce il benessere;

l'individuo deve essere un elemento attivamente partecipe e non già un oggetto passivo della vita sociale.[1]

Albert Schweitzer prende le mosse dal presupposto di fondo della imminente crisi della cultura occidentale. «È evidente a chiunque» scrive «che siamo in pieno processo di autodistruzione della cultura. Inoltre, ciò che ne rimane non è più affatto sicuro, e se resiste è soltanto perché non è stato sottoposto alle pressioni distruttive che hanno già travolto tutto il resto; ma anche il residuo è costruito sulla ghiaia [*Geröll*] e la prossima slavina [*Bergrutsch*] può spazzarlo via. La capacità culturale dell'uomo moderno è sminuita dal fatto che le circostanze ambientali lo sviliscono e lo danneggiano psichicamente.»[2]

Dopo aver definito l'essere umano dell'era industriale come «privo di libertà... incapace di concentrazione... incompleto... sottoposto al pericolo di perdere la propria umanità», Schweitzer così prosegue:

Dal momento che la società con la sua complessa organizzazione esercita un potere senza precedenti sull'Uomo, la dipendenza dell'Uomo da essa è giunta a tal punto che egli ha quasi cessato dall'avere un'esistenza intellettuale [*geistig*] autonoma... Siamo così entrati in un nuovo Medio Evo. Con un atto di volontà collettivo, la libertà di pensiero è stata messa fuori gioco, poiché molti rinunciano a pensare come liberi individui, per lasciarsi guidare dal collettivo al quale appartengono... Insieme con il sacrificio dell'indipendenza di pensiero, abbiamo perduto – e come potrebbe essere altrimenti? – la fede nella verità. La nostra vita intellettuale ed emozionale è scardinata. *L'iperorganizzazione delle nostre attività pubbliche culmina nell'organizzazione dell'irresponsabilità.* [Il corsivo è mio.]

Per Schweitzer la società industriale è caratterizzata non soltanto dalla mancanza di libertà, ma anche da un «eccesso di sforzi» (*Überanstrengung*). «Da due o tre secoli a questa

[1] Le opinioni degli umanisti socialisti sono reperibili in E. Fromm, a cura di, *Socialist Humanism*.

[2] Queste e le successive citazioni di Schweitzer sono state da me riprese e tradotte da *Die Schuld der Philosophie an dem Niedergang der Kultur*, pubblicato per la prima volta nel 1923 ma elaborato tra il 1900 e il 1917.

parte, molti individui sono vissuti esclusivamente quali esseri lavoranti, non già quali esseri *umani.*» La sostanza umana viene a esserne inquinata, e nell'educazione dei figli a opera di genitori che hanno subìto simili mutilazioni fa difetto un fattore essenziale al loro sviluppo umano. «In seguito l'adulto, anch'esso obbligato a un eccesso di attività, sempre più soccombe al bisogno di distrazioni superficiali... *La passività assoluta, la necessità di distogliere l'attenzione da se stesso e di dimenticarsi di se stesso diventano per lui un bisogno fisico.*» (Il corsivo è mio.) Di conseguenza, Schweitzer propone la riduzione del lavoro e si batte contro il consumismo e il lusso.

Schweitzer, teologo protestante, al pari di Eckhart, il frate domenicano, batte e ribatte sullo stesso tasto: compito dell'Uomo non è di chiudersi in un guscio di egotismo spirituale, distaccato dalle attività mondane, bensì quello di condurre una vita attiva attraverso la quale tentare di contribuire al perfezionamento spirituale della società: «Se, tra gli individui d'oggi, così pochi sono coloro i cui sentimenti umani ed etici sono rimasti intatti, lo si deve non da ultimo al fatto che essi costantemente sacrificano la propria moralità personale sull'altare della patria, *anziché porsi in un continuo, vivente interscambio con la collettività, e di contribuire a darle quella forza che la spinge verso la perfezione*». (Il corsivo è mio.)

La conclusione di Schweitzer è che l'attuale struttura culturale e sociale va verso la catastrofe, dalla quale può redimerla soltanto un nuovo rinascimento «assai maggiore del precedente». E ancora, che dobbiamo rinnovarci dandoci una fede e un atteggiamento nuovi se non vogliamo soccombere. «In questo rinascimento, importanza essenziale avrà il principio dell'attività, nel senso che il pensiero razionale sarà affidato alle nostre mani, e si tratta dell'unico principio sensato e pragmatico dello sviluppo storico promosso dall'Uomo... Nutro la fede e la certezza *che questa rivoluzione avrà luogo se decidiamo di diventare esseri umani pensanti.*» (Il corsivo è mio.)

Probabilmente per il fatto che Schweitzer era un teologo ed è noto soprattutto, almeno sul piano filosofico, per il suo concetto di «rispetto per la vita» quale fondamento dell'etica, il pubblico per lo più ignora essersi trattato di uno dei più aspri critici della società industriale: Schweitzer ne ha scalzato il mito del progresso e della felicità per tutti. Egli si è reso conto del declino della società umana e del mondo, frutto della prassi dell'esistenza industrializzata; già all'inizio del nostro secolo, scorgeva perfettamente la debolezza e lo stato di dipendenza dei suoi simili, gli effetti distruttivi dell'attività lavorativa ossessiva, la necessità di ridurre lavoro e consumi. Affermava l'indispensabilità di un rinascimento dell'esistenza collettiva, a promuovere il quale avrebbero dovuto essere lo spirito di solidarietà e l'atteggiamento di rispetto per la vita.

Questa breve panoramica del pensiero di Schweitzer non sarebbe completa se non si richiamasse l'attenzione sul fatto che, in pieno contrasto con l'ottimismo metafisico del cristianesimo, egli era, sotto il profilo metafisico, uno scettico, ed è questo uno dei motivi per cui si sentiva tanto attratto dalla concezione buddhista, secondo la quale la vita non ha un significato che sia dato e garantito da un essere supremo; e Schweitzer approdava alla conclusione che «se si accetta il mondo per quello che è, risulta impossibile attribuirgli un significato tale per cui gli obiettivi e le mete dell'uomo e dell'Umanità appaiono dotati di un senso». L'unica modalità di vita significativa consiste nell'essere attivi nel mondo; ma si tratta di un'attività che non va intesa in senso generico, bensì in quello del dare e del curarsi dei propri simili. È una soluzione, questa, che Schweitzer ha fornito, non soltanto con i propri scritti, ma anche con la propria vita.

È notevole l'affinità tra le idee del Buddha, di Meister Eckhart, di Marx e di Schweitzer: in tutti si ritrova l'esigenza di fondo della rinuncia alla modalità dell'avere, insieme con l'aspirazione a una totale indipendenza, con lo scetticismo metafisico, con una religiosità atea[1] e con l'invito all'attività sociale secondo lo spirito della solidarietà umana e dell'interesse per i propri simili. Tuttavia, non sempre questi maestri sono consci di tali componenti. Così, per esempio, Eckhart per lo più non si rende conto del suo nonteismo, mentre Marx non è consapevole della sua «religio-

[1] In una lettera a E.R. Jacobi, Schweitzer scrive che «la religione dell'amore può esistere benissimo senza una "persona" che regga il mondo» («Divine Light», 2, n. 1 [1967]).

sità». Soprattutto per quanto riguarda Meister Eckhart e Marx, le difficoltà di interpretazione sono tali e tante, che è impossibile fornire un quadro preciso della religione non teistica dell'attività fondata sulla solidarietà che fa di questi maestri gli iniziatori di una nuova religiosità adatta alle necessità dell'Uomo nuovo. Spero di riuscire ad analizzarne più a fondo le idee in un volume che dovrebbe far seguito a questo.

Anche autori che non possono essere definiti allo stesso modo umanisti radicali, perché ben di rado accade che trascendano l'atteggiamento transpersonale, meccanicistico, proprio della nostra epoca (e questo vale per esempio per gli autori dei due rapporti commissionati dal Club di Roma), non mancano di sottolineare che una radicale trasformazione interiore dell'uomo costituisce l'unica alternativa alla catastrofe economica. Così, Mesarovic e Pestel richiedono «una nuova coscienza internazionale..., una nuova etica nell'uso delle risorse materiali..., un nuovo atteggiamento verso la natura, fondato sull'armonia anziché sulla conquista..., un sentimento di identificazione con le generazioni future... Per la prima volta dacché l'uomo esiste sulla terra, gli si chiede di astenersi dal fare ciò che è in grado di fare, di limitare il proprio sviluppo economico e tecnologico, o per lo meno di avviarlo in direzioni diverse dalle precedenti; da tutte le future generazioni della terra gli viene richiesto di condividere i suoi beni con i derelitti, non già secondo uno spirito di carità, bensì di necessità. Gli si chiede di concentrare subito la propria attenzione sulla crescita organica dell'intero sistema mondiale. E, in tutta coscienza, può dire di no?». Mesarovic e Pestel concludono che, in mancanza di queste fondamentali trasformazioni, «il destino dell'*Homo sapiens* può considerarsi segnato».

L'indagine presenta alcune carenze, e ai miei occhi la principale di esse consiste nel fatto che non tiene conto dei fattori politici, sociali e psicologici che si frappongono a ogni mutamento. È vano puntare il dito nella direzione generica di mutamenti pur necessari, se poi non si compie un serio tentativo di prendere in considerazione gli ostacoli concreti che vanificano tutti questi suggerimenti. (C'è tuttavia da sperare che il Club di Roma affronti il problema di quei cambiamenti sociali e politici che costituiscono le premesse per il raggiungimento degli obiettivi generali.) Rimane però il fatto che questi autori hanno tentato, per la prima volta, di mettere in luce le necessità e le risorse economiche del mondo intero e che, come ho scritto nell'introduzione, per la prima volta si è posta l'esigenza di una trasformazione di carattere etico, non già come conseguenza di credenze morali, bensì come conseguenza razionale di un'analisi economica.

Negli ultimi anni, la stessa problematica è stata sollevata da numerosi scritti apparsi negli Stati Uniti e in Germania: anche in essi si pone l'esigenza del subordinamento dell'economia ai bisogni della popolazione, in primo luogo ai fini della nostra mera sopravvivenza, in secondo luogo in nome del nostro benessere. (Personalmente, ho letto in maniera più o meno approfondita circa trentacinque volumi del genere, ma il loro numero è almeno doppio.) Gran parte dei loro autori sono concordi nel ritenere che l'aumento materiale del consumo non comporta necessariamente un aumento di benessere; che un mutamento a livello caratterologico e spirituale deve accompagnarsi alle necessarie trasformazioni sociali; e ancora che, a meno che non si cessi di sprecare le risorse naturali e di minare le condizioni ecologiche della sopravvivenza umana, è prevedibile la catastrofe nel giro di un secolo. Mi limito qui a citare solo alcuni dei più significativi portavoce di questa nuova economia umanistica.

E.F. Schumacher nel suo libro *Small Is Beautiful* dimostra come i nostri fallimenti siano il risultato dei nostri successi, e come le nostre tecniche debbano essere subordinate ai nostri effettivi bisogni umani. «L'economia intesa come il contenuto dell'esistenza costituisce una malattia mortale» scrive Schumacher «dal momento che una crescita all'infinito non è adeguata a un mondo finito. Che l'economia non debba costituire il contenuto dell'esistenza, è stato detto all'umanità da tutti i suoi grandi maestri; e oggi risulta evidente che non può esserlo. Per descrivere più particolareggiatamente la malattia mortale, si può dire che si tratta di qualcosa di simile a un'intossicazione, come l'alcolismo o l'assuefazione a droghe; e non importa granché se quest'assuefazione si manifesta in forme egoistiche ovvero altruistiche, se reca la propria soddisfazione soltanto per vie rozzamente materialistiche oppure anche con modalità raffinate, artistiche, culturali e scientifiche. Il veleno resta tale per quanto lo si indori... Se si trascura la cultura spirituale dell'uomo interiore, l'egoismo rimane, in questi, la forza dominante, e un sistema basato sull'egoismo, come è appunto il capitalismo, risponderà ai suoi orientamenti meglio che non un sistema basato sull'amore per i propri simili.»

Schumacher ha tradotto in pratica questi suoi principi, escogitando minimacchine adatte ai bisogni di paesi non industrializzati; è particolarmente degno di nota che i suoi libri divengano sempre più popolari col passare degli anni, e non già grazie a una vasta campagna pubblicitaria editoriale, ma grazie al fatto che i lettori si passano la voce l'un l'altro.

Paul e Anne Ehrlich sono due autori americani che la pensano in maniera simile a Schumacher. Nel loro libro *Population, Resources, Environment: Essays in Human Ecology*, essi giungono alle seguenti conclusioni circa l'«attuale situazione mondiale»:

1. Data l'odierna tecnologia e i prevalenti moduli di comportamento, si può dire che il nostro pianeta è largamente iperpopolato.
2. Il grande numero di esseri umani e il tasso d'incremento della popolazione costituiscono gravi ostacoli alla soluzione dei problemi collettivi.
3. I limiti della capacità umana di produrre cibo con mezzi convenzionali sono assai prossimi. I problemi del rifornimento e della distribuzione sono già di tale entità che circa metà del genere umano è sottoalimentato o malnutrito. Attualmente, da dieci a venti milioni di persone muoiono ogni anno di fame.
4. I tentativi di aumentare la produzione di generi alimentari avranno per effetto di accelerare il deterioramento ambientale, che a sua volta finirà per ridurre la capacità di produrre cibo del pianeta. È impossibile stabilire se il decadimento ambientale ha ormai raggiunto un punto tale da essere sostanzialmente irreversibile; non è escluso che la capacità del pianeta di sostentare la vita umana sia stata minata in maniera irreparabile. Certi «successi» tecnologici, come le automobili, i pesticidi e i fertilizzanti di origine inorgani-

ca, sono tra le maggiori cause di deterioramento ambientale.

5. Si ha motivo di ritenere che l'incremento demografico aumenti le probabilità di epidemie letali a diffusione mondiale oltre che di conflitti nucleari. Sia le une sia gli altri comporterebbero un'assai poco desiderabile «soluzione» del problema della popolazione mediante aumento del tasso di mortalità; sia le une sia gli altri sono potenzialmente in grado di distruggere la civiltà e anche di provocare l'estinzione dell'*Homo sapiens*.

6. Non esiste panacea di natura tecnologica per l'insieme dei problemi che danno origine alla crisi demografica-alimentare-ambientale, benché la tecnologia applicata in maniera sensata ad ambiti come quello della diminuzione dell'inquinamento, dei mezzi di comunicazione e del controllo della fertilità umana possa assicurare concreti benefici. *Le soluzioni fondamentali richiedono drastiche e rapide trasformazioni degli atteggiamenti umani*, soprattutto quelli relativi al comportamento riproduttivo, alla crescita economica, alla tecnologia, ai rapporti con l'ambiente e alla risoluzione dei conflitti. (Il corsivo è mio.)

Un altro libro che merita di essere ricordato è *Ende oder Wende* di E. Eppler; le idee dell'autore non divergono sostanzialmente da quelle di Schumacher, per quanto siano meno radicaleggianti, e la posizione di Eppler è degna di interesse forse soprattutto perché è il capo del Partito Socialdemocratico del Land Baden-Württemberg, oltre a essere un convinto protestante. Ricorderò che due miei libri, *The Sane Society* e *The Revolution of Hope*, hanno proprio lo stesso orientamento.

Persino da parte di scrittori del blocco sovietico, dove l'idea di una limitazione della produzione è sempre stata tabù, cominciano a levarsi voci le quali invitano a prendere in considerazione l'ipotesi di un'economia a tasso di crescita zero. W. Harich, marxista dissidente della Repubblica Democratica Tedesca, propone per esempio un'economia statica, di equilibrio, valida per il mondo intero, come l'unico sistema capace di garantire l'uguaglianza e di stornare la minaccia di danni irreparabili per la biosfera. Nel 1972, alcuni tra i biologi, economisti e geografi più in vista dell'Unione

Sovietica si sono riuniti per dibattere il problema dell'«uomo e il suo ambiente». All'ordine del giorno del congresso erano i risultati delle indagini condotte dal Club di Roma, che gli scienziati sovietici presero in considerazione seriamente e con effettiva partecipazione, richiamando l'attenzione sui notevoli meriti delle indagini stesse, pur dichiarandosi in disaccordo con esse. (Gli atti del congresso sono riportati in *Technologie und Politik*, citato nella bibliografia.)

La più importante espressione contemporanea di quell'umanesimo antropologico e storico, comune a questi vari tentativi di ricostruzione della società, è comunque a mio giudizio reperibile nelle opere di L. Mumford, soprattutto in *The Pentagon of Power*.

VIII

Le condizioni della trasformazione e le caratteristiche dell'uomo nuovo

Partendo dal presupposto che la premessa risponda al vero, che cioè soltanto un mutamento sostanziale del carattere umano, vale a dire il passaggio dalla preponderanza della modalità dell'avere a una preponderanza della modalità dell'essere, possa salvarci dalla catastrofe psicologica ed economica, bisogna chiedersi: è davvero possibile una trasformazione caratterologica su larga scala? E in caso affermativo, come fare a produrla?

A mio giudizio, il carattere umano può mutare a patto che sussistano le seguenti condizioni:

1. Che si sia consapevoli dello stato di sofferenza in cui versiamo.
2. Che si riconosca l'origine del nostro malessere.
3. Che si ammetta che esiste un modo per superare il malessere stesso.
4. Che si accetti l'idea che, per superare il nostro malessere, si devono far nostre certe norme di vita e mutare il modo di vivere attuale.

I quattro punti corrispondono alle Quattro Nobili Verità che costituiscono il fondamento dell'insegnamento del Buddha relativo alle condizioni generali dell'esistenza umana, ancorché esso non si applichi a casi specifici di malessere umano dovuti a particolari circostanze individuali e sociali.

Lo stesso principio di mutamento che caratterizza i metodi del Buddha è sotteso anche all'idea marxiana di salvezza. Per capirlo appieno, è necessario rendersi conto che per Marx, come egli stesso ha detto, il comunismo, lungi dall'essere una meta definitiva, era un gradino dello sviluppo storico destinato a liberare gli esseri umani da quei condizionamenti socioeconomici e politici che ci rendono inumani, vale a dire prigionieri di cose, di macchine e della nostra stessa brama di possesso.

Il primo compito che Marx si proponeva era di rivelare alla classe lavoratrice dell'epoca sua, la più alienata e miserabile delle categorie sociali, che essa si trovava in un effettivo stato di sofferenza; il suo tentativo era volto a distruggere le illusioni che avevano per effetto di obnubilare, nei lavoratori, la consapevolezza della propria miseria. Il secondo compito che Marx si proponeva era di indicare le cause di questo stato di sofferenza che, come faceva rilevare, andavano ricercate nella natura del capitalismo e nella situazione di brama, avarizia e dipendenza, frutto di questo sistema. Tale analisi delle cause della sofferenza dei lavoratori (ma non soltanto di essi) costituì la molla di fondo dell'opera principale di Marx, l'analisi dell'economia capitalistica.

Il terzo compito che si proponeva era di dimostrare che la sofferenza poteva essere eliminata rimuovendo le condizioni che la producono; infine, egli si ripromise di indicare la nuova prassi di vita, il nuovo sistema sociale che avrebbe ignorato le sofferenze necessariamente prodotte dal vecchio sistema.

Sostanzialmente simile era il metodo di cura introdotto da Freud. I pazienti si recavano a consultarlo perché soffrivano ed erano consci della propria sofferenza: per lo più, tuttavia, non erano consapevoli delle ragioni della loro sofferenza. Di norma, il primo compito dello psicoanalista consiste nell'aiutare i pazienti a sbarazzarsi delle proprie illusioni circa la sofferenza che provano e imparare a riconoscere in che cosa consista realmente il loro malessere. La diagnosi della natura del malessere individuale o sociale è una questione di interpretazioni, e le interpretazioni possono essere diverse a seconda delle varie tendenze; comunque, può dirsi che nella stragrande maggioranza dei casi il dato cui si può fare minore affidamento ai fini di una diagnosi è proprio il quadro che il paziente stesso dà della propria sofferenza, e la sostanza del procedimento psicoanalitico consiste appunto nell'aiutare i pazienti ad assumere consapevolezza delle cause del loro malessere.

Conseguenza di questa raggiunta consapevolezza è che i pazienti sono in grado di compiere il passo successivo, rendersi cioè conto che il loro malessere può essere curato a patto che se ne eliminino le cause. Secondo la concezione di Freud, a tale scopo era necessario togliere di mezzo la repressione frutto di certi eventi infantili. Tuttavia, la psicoanalisi tradizionale, a quanto sembra, nel complesso non concorda sulla necessità anche di una fase successiva, corrispondente all'ultimo degli intenti di Marx sopra indicati. Si direbbe insomma che molti psicoanalisti ritengano che affondare lo sguardo nel represso abbia di per sé effetti curativi. In realtà è appunto quanto accade spesso, soprattutto quando il paziente rivela sintomi circoscritti, per esempio di tipo isterico o ossessivo. A mio giudizio, tuttavia, nulla di duraturo può essere ottenuto con persone le quali soffrono di uno stato di malessere generale, e per le quali è necessaria una trasformazione del carattere, che quindi *devono mutare la propria pratica di vita in accordo con il cambiamento di carattere al quale aspirano*. Così, per esempio, si può continuare ad analizzare in eterno la dipendenza di questo o quell'individuo, ma tutte le intuizioni alle quali si perverrà in tal modo non caveranno un ragno dal buco finché l'individuo continuerà a trovarsi nella stessa situazione pratica in cui viveva prima di giungere a comprendersi. Un semplice esempio varrà a chiarire meglio quanto s'è detto: una donna la cui sofferenza abbia radici nel suo stato di dipendenza dal padre, per quanto si renda conto delle cause profonde della dipendenza stessa, non muterà davvero, a meno che non muti la propria pratica di vita, per esempio separandosi dal padre, non accettandone favori, affrontando il rischio e il dolore comportati da questo avvio pratico all'indipendenza. La comprensione separata dalla pratica rimane inefficace.

L'uomo nuovo

La funzione della nuova società è di incoraggiare il sorgere di un uomo nuovo, la cui struttura caratteriale abbia le seguenti qualità:

Disponibilità a rinunciare a tutte le forme di avere, per *essere* senza residui.

Sicurezza, sentimento di identità e fiducia fondati sulla fede in ciò che si *è*, nel proprio bisogno di rapporti, interessi, amore, solidarietà con il mondo circostante, anziché sul proprio desiderio di avere, di possedere, di controllare il mondo, divenendo così schiavo dei propri possessi.

Accettazione del fatto che nessuno e nulla al di fuori di noi può dare significato alla nostra vita, ma che questa indipendenza e distacco radicali dalle cose possono divenire la condizione della piena attività volta alla compartecipazione e all'interesse per gli altri.

Essere davvero presenti nel luogo in cui ci si trova.

La gioia che proviene dal dare e condividere, non già dall'accumulare e sfruttare.

Amore e rispetto per la vita in tutte le sue manifestazioni, con la consapevolezza che non le cose, il potere e tutto ciò che è morto, bensì la vita e tutto quanto pertiene alla sua crescita hanno carattere sacro.

Tentare di ridurre, nei limiti del possibile, brama di possesso, odio e illusioni.

Vivere senza adorare idoli e senza illusioni, perché si è raggiunta una condizione tale da non richiedere illusioni.

Sviluppo della propria capacità di amare, oltre che della propria capacità di pensare in maniera critica, senza abbandonarsi a sentimentalismi.

Capacità di rinunciare al proprio narcisismo e di accettare le tragiche limitazioni implicite nell'esistenza umana.

Fare della piena crescita di se stessi e dei propri simili lo scopo supremo dell'esistenza.

Rendersi conto che, per raggiungere tale meta, sono indispensabili la disciplina e il riconoscimento della realtà di fatto.

Rendersi inoltre conto che una crescita non è sana se non avviene nell'ambito di una determinata struttura, ma in pari tempo riconoscere le differenze tra la struttura intesa quale un attributo della vita e l'«ordine» inteso quale un attributo della non vita, di ciò che è morto.

Sviluppare la propria fantasia, non come una fuga da circostanze intollerabili, bensì come anticipazione di possibilità concrete, come un mezzo per superare circostanze intollerabili.

Non ingannare gli altri, ma non lasciarsene neppure ingannare; si può accettare di essere definiti innocenti, non ingenui.

Conoscere se stessi, intendendo con questo non soltanto il sé di cui si ha nozione, ma anche il sé che si ignora, benché si abbia una vaga intuizione di ciò che non si conosce.

Avvertire la propria identità con ogni forma di vita, e quindi rinunciare al proposito di conquistare la natura, di sottometterla, sfruttarla, violentarla, distruggerla, tentando invece di capirla e di collaborare con essa.

Far propria una libertà che non sia arbitrarietà, ma equivalga alla possibilità di essere se stessi, intendendo con questo non già un coacervo di desideri e brame di possesso, bensì una struttura dal delicato equilibrio che a ogni istante si trova di fronte alla scelta tra crescita o declino, vita o morte.

Rendersi conto che il male e la distruttività sono conseguenze necessarie del fallimento del proposito di crescere.

Rendersi conto che solo pochi individui hanno raggiunto la perfezione per quanto attiene a tutte queste qualità, rinunciando d'altro canto all'ambizione di riuscire a propria volta a «raggiungere l'obiettivo», con la consapevolezza che un'ambizione del genere non è che un'altra forma di bramosia, un'altra versione dell'avere.

Trovare la felicità nel processo di una continua, vivente crescita, quale che sia il punto massimo che il destino permette a ciascuno di raggiungere, dal momento che vivere nella maniera più piena possibile al singolo è fonte di tale soddisfazione, che la preoccupazione per ciò che si potrebbe o non si può raggiungere ha scarse probabilità di rendersi avvertita.

Suggerire ciò che individui che vivono nell'attuale industrialismo cibernetico, burocratico, si tratti della sua versione «capitalista» ovvero «socialista», possono fare per evadere dalla modalità esistenziale dell'avere, per favorire quella dell'essere, non rientra nei propositi di questo libro, anche perché ne richiederebbe uno a sé stante, che potrebbe appropriatamente intitolarsi «l'arte di essere». D'altro canto, negli ultimi anni sono stati dati alle stampe molti libri che trattano della strada verso il vivere bene, alcuni dei quali davvero utili, altri invece dannosi perché ingannevoli, nel senso che sfruttano il nuovo mercato che fa appello al desiderio della gente di sfuggire al proprio malessere. Alcuni dei libri che possono riuscire utili a chiunque abbia un sincero interesse per la problematica del benessere e delle modalità per raggiungerlo sono indicati nella bibliografia.

IX

Caratteristiche della nuova società

Una nuova scienza dell'uomo

Il primo passo per rendere possibile la creazione della nuova società consiste nell'assumere consapevolezza delle enormi difficoltà dell'impresa. La vaga intuizione di questa realtà è probabilmente una delle ragioni principali per cui si compiono così pochi sforzi intesi a mandare a effetto i necessari mutamenti. Molti si chiedono: «Perché mirare all'impossibile? Agiamo piuttosto come se la rotta che seguiamo dovesse necessariamente portarci a quel luogo di salvezza e di felicità indicato sulle nostre mappe». Coloro che inconsciamente disperano ma indossano la maschera dell'ottimismo non è detto che siano saggi; ma coloro che non hanno rinunciato alla speranza possono riuscire soltanto a patto di mostrarsi tenaci realisti, di far gettito di tutte le illusioni e di valutare appieno le difficoltà. Questa lucidità mentale costituisce l'elemento che distingue gli «utopisti» presenti a se stessi e gli «utopisti» che sognano a occhi aperti.

Ecco qui di seguito solo alcune delle molte difficoltà che la costruzione della nuova società dovrà affrontare:

Occorre risolvere il problema di come continuare la produzione industriale senza ricorrere a una centralizzazione totale, vale a dire senza sfociare nel fascismo vecchio stampo o, più probabilmente, in un «fascismo tecnologico dal volto sorridente».

Occorre combinare la pianificazione a tutti i livelli con un alto grado di decentralizzazione, rinunciando all'«economia di mercato libero», che del resto è ormai largamente fittizia.

Occorre rinunciare all'obiettivo della crescita illimitata

per sostituirla con una crescita selettiva, pur senza correre il rischio di un disastro economico.

Occorre creare condizioni di lavoro e un'atmosfera generale tali per cui i moventi effettivi siano costituiti non già da guadagni materiali, ma da soddisfazioni psicologiche.

Occorre favorire lo sviluppo scientifico, in pari tempo evitando che un progresso in questo senso divenga un pericolo per la specie umana a causa delle sue applicazioni pratiche.

Occorre creare condizioni tali per cui gli individui facciano propria l'esperienza del benessere e della gioia, anziché la soddisfazione dell'impulso al massimo di piaceri.

Occorre garantire la sicurezza fondamentale agli individui senza renderli dipendenti da una burocrazia che provveda a nutrirli.

Occorre ristabilire possibilità di «iniziativa individuale» nella vita in generale anziché nella sola attività economica (dove d'altra parte essa non esiste quasi più).

Come certe difficoltà apparivano insormontabili nel periodo di sviluppo della tecnica, così accade che le difficoltà sopra elencate sembrino insormontabili oggi. Ma le prime non lo erano affatto, e ciò grazie alla creazione di una nuova scienza, la quale proclamava il principio dell'osservazione e della conoscenza della natura come condizione per controllarla (Francis Bacon, *Novum Organum*, 1620). La «scienza nuova» del XVII secolo ha attirato e continua ad attirare le menti più agili dei paesi industrializzati, ciò che ha permesso la realizzazione delle utopie tecnologiche sognate dal pensiero umano.

Ma oggi, a circa tre secoli e mezzo di distanza, abbiamo bisogno di una scienza nuova completamente diversa: una Scienza Umanistica dell'Uomo, che costituisca il fondamento delle scienze applicate e dell'arte della ricostruzione sociale.

Le utopie tecnologiche, come per esempio il volo, sono state rese possibili dalla nuova scienza della natura. L'utopia umana dei Tempi Messianici, quella di una nuova umanità unita, vivente nella solidarietà e nella pace, libera da determinismi economici, dalla guerra e dalla lotta di classe, può essere realizzata a patto che allo scopo della sua realizzazione noi dedichiamo la stessa energia, intelligenza ed entusiasmo che abbiamo spesi nella realizzazione delle nostre utopie tecnologiche. Non è possibile costruire sottomarini sulla scorta della lettura di Jules Verne; allo stesso modo, non si può costruire una società umanistica leggendo i profeti.

È impossibile dire se il passaggio dalla supremazia delle scienze naturali a una nuova scienza sociale avrà effettivamente luogo; in caso affermativo, vorrà dire che avremo ancora una probabilità di sopravvivenza, che però dipenderà da un unico fattore, e cioè dal numero di uomini e donne intelligenti, colti, disciplinati e altruistici che saranno attirati dalla nuova sfida alla mente umana e dall'evidenza che questa volta *l'obiettivo non è quello di esercitare il controllo sulla natura, bensì sulla tecnica e le forze e le istituzioni sociali irrazionali che minacciano l'esistenza della società occidentale, se non dell'intera specie umana.*

È mia ferma convinzione che il nostro futuro dipende dalla possibilità che, assunta consapevolezza dell'attuale crisi, le migliori menti si mobilitino per dedicarsi alla nuova scienza umanistica, e ciò perché soltanto i loro sforzi concertati permetteranno di risolvere i problemi già elencati e di raggiungere gli obiettivi che illustreremo più avanti. Luoghi comuni generici come quello della «socializzazione dei mezzi di produzione» si sono rivelati vuote formule socialiste e comuniste, che di solito servono solo a mascherare l'assenza di vero socialismo. «Dittatura del proletariato» oppure di una «élite intellettuale» sono termini non meno nebulosi e fuorvianti del concetto di «economia di mercato libero» o anche di nazioni «libere». I primi socialisti e comunisti, da Marx a Lenin, non avevano piani concreti per la costruzione di una società socialista o comunista, e questo ha costituito la maggior deficienza del movimento socialista.

Nuove forme sociali su cui possa fondarsi l'essere non sorgeranno se non a patto che si moltiplichino i progetti, i modelli, gli studi e gli esperimenti grazie ai quali iniziare a superare l'abisso tra ciò che è necessario e ciò che è possibile. Occorreranno pertanto pianificazioni su larga scala e a lunga scadenza, oltre a proposte a breve termine, di carättere immediato. Tutto dipenderà dalla volontà e dallo spirito umanistico di coloro che si dedicheranno alla loro elaborazione; inoltre, se la gente perseguirà una visione e in pari tempo si renderà conto di ciò che si può fare momento per momento, sul piano concreto, per attuarla, si sentirà incoraggiata, piena di entusiasmo anziché di paura.

Se le sfere economica e politica della società devono subordinarsi allo sviluppo umano, è evidente che a determinare il modello della nuova società saranno le esigenze dell'individuo non alienato, orientato verso l'essere. Ciò significa che gli uomini non dovranno né vivere in condizioni di inumana povertà (questa costituisce ancora il problema principale di gran parte degli abitanti della Terra) né dovranno essere obbligati (come accade invece ai benestanti del mondo industrializzato) a far proprio il modello dell'*Homo consumens* dalle leggi inerenti alla produzione capitalistica, le quali richiedono un continuo aumento della produzione e quindi obbligano a un consumo via via crescente. Se gli esseri umani debbono diventare liberi e cessare dall'alimentare l'industria mediante un consumismo patologico, è chiaramente indispensabile una trasformazione di carattere radicale del sistema economico; in altre parole, *bisogna mettere fine all'attuale situazione, in forza della quale un'economia sana è possibile solo a prezzo della condizione patologica degli esseri umani*. Il problema è dunque quello di costruire un'economia sana per gente sana.

Il primo decisivo passo verso tale meta è che la produzione sia organizzata ai fini di un «consumo sano».

La formula tradizionale della «produzione per l'*uso* anziché per il *profitto*» è insufficiente in quanto non indica il tipo di uso cui ci si riferisce: se sano o patologico. A questo punto, si pone un problema pratico di difficilisima soluzione: a chi spetta stabilire quali bisogni sono sani e quali patogeni? Di una cosa comunque possiamo stare certi, ed è che obbligare i cittadini a consumare ciò che lo stato ritiene sia ottimale (anche se è davvero tale) è da escludere a priori. Un controllo burocratico, che limiti forzosamente i consumi, non farebbe che rendere la gente tanto più desiderosa di consumare; un consumo sano può verificarsi solo a patto che un numero sempre crescente di persone desideri davvero mutare i propri moduli consumistici e il proprio stile di vita, e questo è possibile solo a patto che al pubblico venga offerto un tipo di consumo più attraente di quello al quale è abituato. È una condizione che non può certo verificarsi dal giorno alla notte, né essere imposta per decreto, ma che richiederà un lento processo educativo, nel quale i governi dovranno avere una parte di primo piano.

La funzione dello stato è di stabilire norme di consumo sano, contrapposto al consumo patologico e indifferenziato. Almeno in via di principio, le norme in questione possono essere senz'altro stabilite, e ne offre un valido esempio la US Food and Drug Administration (Ente per gli alimenti e i medicinali): si tratta di un organismo che stabilisce quali generi alimentari e quali preparati farmaceutici sono dannosi, basando le proprie decisioni in merito sull'opinione specialistica di scienziati di varie discipline, formulate spesso dopo lunghi esperimenti. Allo stesso modo, il valore di altre merci e servizi potrebbe essere determinato da un consorzio di psicologi, antropologi, sociologi, filosofi, teologi e rappresentanti di vari gruppi sociali e di consumatori.

Ma stabilire ciò che favorisce la vita e ciò che invece la ostacola esige una massa di ricerche incomparabilmente maggiore di quelle necessarie per risolvere i problemi della Food and Drug Administration; occorrerà che la nuova scienza dell'uomo si impegni in un'indagine approfondita sulla natura di bisogni che quasi mai sono stati presi in considerazione. Dovremo stabilire quali di essi hanno origine nel nostro organismo, e quali sono il risultato del progresso culturale; quali sono espressione della crescita individuale e quali invece artifici imposti all'individuo stesso dall'industria; quali sono «attivanti» e quali «passivanti»; quali hanno radice nella patologia e quali nella salute psichica.

A differenza di quanto avviene con l'ente americano, le decisioni del nuovo gruppo di esperti umanisti non dovranno essere imposte con la forza, ma avere unicamente valore di indicazioni da sottoporre ai cittadini perché le discutano. Già abbiamo preso chiara coscienza del problema degli alimenti sani e malsani, e i risultati delle indagini compiute dagli esperti contribuiranno ad aumentare la consapevolezza della società circa tutti gli altri bisogni sani e patologici. La gente si renderà così conto che gran parte dei consumi è fonte di passività; che l'esigenza di velocità e novità, che soltanto il consumismo può soddisfare, è il riflesso di uno stato di inquietudine, di fuga interiore da se stessi; e si renderà anche conto che cercare sempre nuove cose da fare, il *gadget* ultimo grido di cui servirsi, non è che un mezzo per impedirsi di essere vicini a se stessi o ad altre persone.

Il governo può facilitare in notevole misura questo processo educativo finanziando la produzione di servizi e merci accettabili, finché questi non possono essere prodotti senza bisogno di sovvenzioni; una vasta campagna promozionale a favore di consumi sani dovrebbe accompagnare questi sforzi, ed è prevedibile che sforzi congiunti intesi a stimolare consumi sani abbiano per effetto di mutare il modulo stesso del consumo. Pur dovendosi evitare i metodi pubblicitari da lavaggio del cervello cui fa attualmente ricorso l'industria – e si tratta anzi di una condizione essenziale –, non sembra irragionevole aspettarsi che gli sforzi in questione siano coronati da risultati non molto inferiori a quelli della propaganda industriale.

Un'obiezione ricorrente all'intero programma di consumo e produzione selettivi secondo il principio della scelta di ciò che favorisce il vivere bene suona che, in un'economia di mercato libero, i consumatori possono procurarsi esattamente ciò che desiderano, ragion per cui non ci sarebbe bisogno di una produzione «selettiva». È un'argomentazione che si basa sul presupposto che i consumatori desiderino ciò che per loro è giovevole, cosa che, inutile dirlo, è palesemente falsa (si noti che, nel caso delle droghe e forse anche delle sigarette, nessuno farebbe ricorso a un argomento del genere). Il fatto di primaria importanza che l'asserzione semplicemente ignora è che i desideri del consumatore sono fabbricati dal produttore. Nonostante la concorrenza tra le varie marche, la pubblicità si propone uno scopo generale, quello di stimolare il desiderio di consumi; tutte le aziende si aiutano a vicenda nell'esercitare quest'influenza fondamentale tramite la rispettiva pubblicità, mentre il compratore esercita solo in via secondaria il dubbio privilegio di scegliere tra varie marche concorrenti. Uno degli esempi tipo invocati negli USA da coloro i quali sostengono che i desideri dei consumatori sono onnipotenti è lo scarsissimo successo della «Edsel» prodotta dalla Ford; ma l'insuccesso in questione non vale a mascherare il fatto che anche la pubblicità fatta a quel tipo di vettura era propaganda a favore dell'acquisto di automobili, della quale hanno beneficiato tutte le marche, eccezion fatta per la sfortunata «Edsel». Inoltre, l'industria influenza il gusto non producendo merci che risulterebbero più sane per gli esseri umani ma fonte di minori profitti per l'industria stessa.

Un consumo sano è possibile solo a patto che si possa drasticamente ridurre il diritto degli azionisti e dei dirigenti delle grandi aziende a stabilire la produzione di queste unicamente in base al profitto e all'espansione.

Trasformazioni del genere possono essere mandate a effetto per via di leggi, senza che si apportino alterazioni alle costituzioni delle democrazie occidentali (si tenga presente che abbiamo già molte leggi che limitano i diritti di proprietà nell'interesse del bene pubblico). Ciò che conta è il potere di determinare la produzione non già il possesso di capitali; e, a lungo andare, una volta che si sia posto fine alla suggestione pubblicitaria, saranno i gusti dei consumatori a decidere che cosa si debba produrre. Le aziende esistenti dovranno convertire i propri impianti per soddisfare le nuove domande o, dove ciò risulti impossibile, il governo dovrà investire i capitali necessari alla produzione delle nuove merci e servizi richiesti.

Tutte queste trasformazioni possono essere introdotte solo gradualmente e con il consenso della maggioranza della popolazione; nel complesso, però, equivalgono a un nuovo tipo di sistema economico, diverso sia dal capitalismo odierno sia dal capitalismo di stato centralizzato di marca sovietica, come pure dalla burocrazia assistenziale totale di stampo svedese.

Com'è ovvio, fin dai primi passi le grandi aziende si serviranno dell'enorme potere di cui dispongono per bloccare tali trasformazioni, e soltanto il travolgente desiderio dei cittadini di addivenire a consumi sani potrà vanificare l'opposizione delle aziende stesse.

Una maniera efficace con cui i cittadini possono comprovare la forza del consumatore consiste nel dare vita a un movimento attivo di consumatori, che si servirà della minaccia dello «sciopero» come di un'arma. Ammettiamo, per esempio, che il 20% della popolazione statunitense consumatrice di automobili decida di non acquistare più vetture private, perché è convinto che, paragonata a buoni servizi di trasporto pubblico, l'auto di proprietà privata è economicamente uno spreco, dal punto di vista ecologico una fonte di inquinamento, e di danno dal punto di vista psicologico, che si tratta cioè di una droga che crea un'artificiale sensazione di potere, aumenta l'invidia e aiuta l'individuo a fuggire da se stesso. Soltanto un economista sarebbe in grado di stabilire il pericolo che una minaccia del genere potrebbe rappresentare per l'industria automobilistica e, naturalmente, anche per le aziende petrolifere; comunque, si può senz'altro affermare che, se un simile sciopero di consumatori dovesse aver luogo, un'economia nazionale imperniata sulla produzione di automobili si troverebbe in serie difficoltà. Naturalmente, nessuno desidera gettare allo sbaraglio l'economia americana, ma una minaccia del genere, se resa credibile (per esempio, cessando di servirsi delle automobili per un mese), fornirebbe ai consumatori una potente leva per promuovere trasformazioni nell'intero sistema produttivo.

Il grande vantaggio degli scioperi di consumatori consiste nel fatto di non essere volti a ottenere un'iniziativa da parte del governo, nell'essere difficili da reprimere (a meno che il governo non intraprenda azioni intese a obbligare i cittadini ad accettare quello che non hanno voglia di comprare), e che non ci sarebbe la necessità di attendere l'accordo del 51% dei cittadini per imporre obblighi mediante misure amministrative. Infatti, una minoranza del 20% potrebbe risultare estremamente efficace come promotrice di mutamenti. Gli scioperi dei consumatori potrebbero ignorare linee politiche e parole d'ordine: a essi potrebbero prender parte sia «liberali» sia umanisti «di sinistra»,* dal momento che una sola motivazione basterebbe a fonderli, e precisamente l'aspirazione a consumi sani e degni dell'uomo. Come primo passo per la proclamazione di uno sciopero di consumatori, i capi del movimento dei consumatori, di ispirazione radical-umanista, dovrebbero intavolare trattative con la grande industria nonché con il governo per discutere le tra-

* Si ricordi che i «liberali» (*liberals*) negli Stati Uniti corrispondono, più o meno, ai nostri radicali, mentre la «sinistra» non è necessariamente di ispirazione marxista. [*N.d.T.*]

sformazioni richieste, seguendo un metodo che dovrebbe essere sostanzialmente lo stesso di quello cui si fa ricorso nei negoziati intesi a evitare o a porre fine a uno sciopero di lavoratori.

Il problema è quello di rendere consapevoli i consumatori 1. della loro protesta, in parte inconscia, contro il consumismo e 2. della loro forza potenziale, una volta che quelli di loro che hanno intenti umanistici si siano organizzati in un movimento che sarebbe una manifestazione di genuina democrazia; gli individui, infatti, avrebbero modo di esprimersi direttamente, nel tentativo di mutare il corso dello sviluppo sociale in maniera attiva e non allineata. E la loro iniziativa avrebbe a fondamento l'esperienza personale, non già slogan politici.

Ma neppure un efficace movimento dei consumatori sarebbe sufficiente a tanto, finché il potere delle grandi aziende conserverà la forza odierna. Infatti, anche i residui di democrazia che tuttora sussistono sono destinati a cedere il passo al fascismo tecnocratico, a una società di robot ben nutriti e incapaci di pensare con la propria testa - vale a dire proprio a quel tipo di società che era ed è tanto temuta sotto l'etichetta di «consumismo» -, a meno che la presa che le enormi *corporations* esercitano sui governi (e che ogni giorno diventa più salda) e sulla popolazione (mediante il controllo del pensiero ottenuto con un continuo lavaggio del cervello) non venga spezzata. Gli Stati Uniti hanno una tradizione di limitazione del potere di grandi aziende, che trova espressione nelle leggi antitrust; e un vasto movimento di opinione pubblica potrebbe far sì che lo spirito di queste leggi venga applicato alle attuali superpotenze anonime, per fare in modo che esse si disgreghino in entità meno vaste.

Per realizzare una società basata sull'essere, tutti i suoi membri dovrebbero partecipare attivamente al suo funzionamento economico come liberi cittadini. In altre parole, il nostro affrancamento dalla modalità esistenziale dell'avere è possibile solo a patto che si attui la piena partecipazione democratica a livello industriale e politico.

È un'esigenza sulla quale concorda gran parte degli umanisti radicali.

La *democrazia industriale* implica che ogni membro di una grande organizzazione, industriale o d'altro tipo, svolga un ruolo attivo nella vita dell'organizzazione stessa; ancora, che ciascuno dei membri sia informato appieno e partecipi alla formulazione di decisioni, a partire dal livello del processo lavorativo del singolo, dalle misure di prevenzione degli infortuni e di salvaguardia della salute (cosa questa che è già stata tentata con successo in alcune aziende svedesi e statunitensi), intervenendo via via nella formulazione di decisioni di livello sempre più alto, compreso quello che riguarda la politica generale dell'impresa. È essenziale che prestatori d'opera rappresentino se stessi, anziché essere rappresentati da funzionari sindacali estranei all'azienda. Democrazia industriale significa anche che l'azienda non deve essere intesa unicamente come un'istituzione economica e tecnica, bensì come un organismo sociale nella cui esistenza e funzionamento ognuno dei membri ha parte attiva, e pertanto un interesse diretto.

Lo stesso principio vale per la democrazia politica. La democrazia può resistere alla minaccia autoritaria soltanto a patto che si trasformi da «democrazia di spettatori passivi» in «democrazia di partecipanti attivi», nella quale cioè i problemi della comunità siano familiari al singolo e per lui importanti quanto le sue faccende private; meglio ancora, dovrebbe trattarsi di una democrazia in cui il benessere della comunità divenga la preoccupazione personale di ogni cittadino. Partecipando alla comunità, la gente avrà modo di constatare che la vita diviene più interessante e stimolante; in effetti, anzi, una democrazia politica degna di tal nome è quella in cui la vita è appunto *interessante*. Per sua stessa natura, una democrazia «partecipatoria» del genere è, in pieno contrasto con le «democrazie popolari» o con il «centralismo democratico», antiburocratica, e il clima che vi regna è tale da rendere praticamente impossibile l'emergere di demagoghi.

Elaborare i metodi della democrazia partecipatoria è probabilmente assai più difficile di quanto non sia stata l'elaborazione di una costituzione democratica nel XVIII secolo, e sarà necessario l'impegno di molte persone competenti per compiere lo sforzo gigantesco inteso all'elaborazione di nuovi principi e dei metodi che ne permettano la realizzazione. Per fornire solo uno dei molti suggerimenti possibili in vista del raggiungimento di tale fine, mi limito a ripetere quello da me avanzato, oltre vent'anni fa, in *The Sane Society*, e cioè la creazione di centinaia di migliaia di gruppi composti ognuno da circa cinquecento membri, i quali si conoscono tutti tra loro; questi si costituirebbero in organismi permanenti di deliberazione e formulazione di decisioni per quanto attiene ai problemi fondamentali nel campo dell'economia, della politica estera, della sanità pubblica, dell'istruzione e dei mezzi intesi ad assicurare il «viver bene». A questi gruppi dovrebbero essere fornite tutte le informazioni del caso (tratterò più avanti della natura di tali informazioni), che essi discuteranno in assenza di influenze esterne, esprimendo in merito un voto (e, dato il nostro attuale livello tecnologico, i voti di tutti i gruppi potrebbero essere raccolti nel giro di una giornata). L'insieme di questi gruppi formerebbe una «Camera bassa», un parlamento le cui decisioni, insieme con quelle di altri organi politici, eserciterebbero un'influenza decisiva sugli organismi legislativi.

Mi si chiederà: «Perché programmi così elaborati, quando le indagini demoscopiche possono assolvere al compito di raccogliere l'opinione dell'intera popolazione in un tempo altrettanto breve?». È un'obiezione, questa, che tocca uno dei più problematici aspetti dell'espressione di opinioni. Infatti, che cos'è l'«opinione» su cui si basano le indagini demoscopiche, se non il punto di vista di una persona che non gode del beneficio di adeguate informazioni, di riflessioni critiche e di discussioni? Inoltre, gli individui di cui si chiede il parere mediante un'indagine demoscopica sanno che la loro «opinione» non conta affatto, che resta priva di incidenza. Opinioni del genere rappresentano semplicemente le idee consce degli uomini della strada in un momento determinato, e nulla ci dicono delle tendenze sottese, capaci di produrre opinioni contrarie qualora le circostanze dovessero cambiare. Allo stesso modo, coloro che votano nel corso di un'elezione politica sanno che, una volta scelto il candidato, essi non esercitano più nessuna effettiva influenza sul corso degli eventi; da un certo punto di vista, le elezioni politiche sono persino peggiori delle indagini demoscopiche perché la mente dei votanti viene intorpidita mediante il ricorso a tecniche quasi ipnotiche. Le elezioni divengono una sorta di inebriante «lascia o raddoppia», in cui sono in gioco le speranze e le aspirazioni dei candidati, non già problemi politici concreti. I votanti possono persino partecipare alla rappresentazione scenica, dando il proprio voto ai candidati ai quali vanno i loro favori; e, anche se negli Stati Uniti una parte cospicua della popolazione si rifiuta di compiere tale gesto, gran parte dei cittadini sono affascinati da questa sorta di moderni *circenses* in cui a combattere nell'arena sono, anziché gladiatori, uomini politici.

Invece, nella formazione di una genuina convinzione, devono intervenire almeno due fattori, e cioè: *un'adeguata informazione e la consapevolezza che la propria decisione produce un effetto*. Le opinioni espresse da semplici spettatori impotenti, lungi dal rifletterne le convinzioni, sono un gioco non diverso da quello consistente nel rendere nota la propria preferenza per una marca di sigarette anziché per un'altra. Per tali motivi, le opinioni espresse nel corso di indagini demoscopiche e nel corso di elezioni, almeno negli Stati Uniti, sono la manifestazione del livello più basso, non certo del più alto, di umano giudizio: a conferma di questa realtà, basterà citare due esempi di giudizio davvero ben ponderato, da cui si vede come le decisioni degli uomini sono assai superiori al livello delle loro decisioni politiche. Lo si verifica a) per quanto attiene alle loro faccende private (soprattutto, come ha chiaramente dimostrato Joseph Schumpeter, i loro affari) e b) per quanto riguarda gli individui chiamati a far parte di una giuria. Le giurie sono composte da cittadini medi che devono formulare decisioni su questioni assai spesso oltremodo complesse e di difficile comprensione; ma coloro che ne fanno parte sono in possesso di tutte le informazioni del caso, hanno modo di dedicarsi a lunghe e approfondite discussioni, sanno che dal loro giudizio dipende la vita e la sorte delle persone che sono chiamati a valutare. Il risultato è che, nel complesso, le loro decisioni rivelano un alto grado di acume e di obiettività. Al contrario, individui male informati, semipnotizzati e impotenti non sono in grado di esprimere convinzioni fondate e, in mancanza di informazioni, di effettive deliberazioni e del potere di dare attuazione alle proprie decisioni, un'opinione sia pure democraticamente espressa è poco più dell'entusiasmo sportivo.

La partecipazione attiva alla vita politica richiede un massimo di decentralizzazione a livello industriale e politico.

A causa della logica immanente all'attuale capitalismo, aziende e governi divengono sempre più vasti e finiscono per trasformarsi in giganteschi organismi amministrati in maniera verticistica attraverso una complessa macchina burocratica. Uno dei requisiti di una società umanistica è la cessazione del processo di centralizzazione, al posto del quale deve intervenire una decentralizzazione su vasta scala, e ciò per parecchi motivi. Se la società si trasforma in quella che Mumford ha definito «megamacchina» (se cioè l'intera società, compresa la gente che ne fa parte, diventa simile a un grande meccanismo a direzione centralizzata), a lungo andare il fascismo risulta quasi inevitabile perché: a) gli individui si trasformano in soggetti passivi, perdono la capacità di pensare criticamente, si sentono impotenti, assumono un atteggiamento qualunquistico e inevitabilmente aspirano a un capo che «sappia» che cosa fare e sia inoltre al corrente di ogni altra cosa che loro non sanno; b) la «megamacchina» può essere messa in funzione da chiunque abbia accesso a essa, semplicemente premendo i bottoni adatti. Al pari di un'automobile, la megamacchina sostanzialmente si muove da sola; in altre parole, la persona che siede al volante non ha che da premere i bottoni giusti, sterzare, frenare e prestare attenzione a pochi altri particolari del genere; ciò che in un'automobile o in un'altra macchina è rappresentato da ruote e ingranaggi, nella megamacchina è costituito dai molti livelli di amministrazione burocratica, e persino un individuo di intelligenza e capacità mediocri è in grado di far funzionare uno stato una volta che si trovi insediato al potere.

Le funzioni governative non devono essere delegate agli stati, i quali non sono che enormi conglomerati, ma ad amministrazioni locali relativamente ridotte, in cui gli individui possano ancora conoscersi e giudicarsi a vicenda, e quindi partecipare attivamente alle decisioni riguardanti le questioni della loro comunità. La decentralizzazione industriale deve conferire maggiori poteri a piccole sezioni nell'ambito di questa o quell'impresa, e scindere le grandi aziende in piccole entità.

Una partecipazione attiva e responsabile richiede inoltre che una direzione ispirata a principi umanistici si sostituisca alla direzione burocratica.

Gran parte della gente continua a ritenere che ogni tipo di amministrazione su larga scala non possa che essere «burocratica», in altre parole una forma di amministrazione alienata; e gran parte di noi non si rende conto di quanto mortifero sia lo spirito burocratico e fino a che punto pervada di sé tutte le sfere dell'esistenza, anche laddove la cosa non sembri ovvia, come per esempio nei rapporti tra medico e paziente e tra marito e moglie. Il metodo burocratico può essere definito come quello che a) amministra gli esseri umani quasi fossero cose e b) amministra le cose secondo principi più quantitativi che qualitativi, allo scopo di rendere più semplici e meno costosi la quantificazione e il controllo. Il metodo burocratico è dominato dalle statistiche: i burocrati formulano le proprie decisioni in base a regole fisse elaborate sulla scorta di dati statistici, anziché basarle sulla *risposta agli esseri viventi che hanno di fronte*; in altre parole, decidono in merito ai problemi secondo quanto è più probabile statisticamente, col rischio di offendere e ferire quel 5 o 10% di persone che non si adeguano al modulo. I burocrati temono la responsabilità personale e cercano riparo dietro le loro regole; la loro sicurezza e il loro orgoglio risiedono nella lealtà verso le regole, non già nella lealtà verso le leggi del cuore umano.

Eichmann è stato un esempio perfetto di burocrate: non aveva mandato centinaia di migliaia di ebrei alla morte perché li odiasse, dal momento che in effetti non aveva mai amato né odiato nessuno. Eichmann semplicemente aveva «compiuto il proprio dovere»: obbediva a questo mandando gli ebrei alla morte, come aveva obbedito al dovere all'epoca in cui era semplicemente incaricato di accelerarne l'emigrazione dalla Germania. Ai suoi occhi, null'altro importava se non l'obbedienza alle regole, e si sentiva in colpa soltanto quando fosse venuto meno a queste. Al processo, affermò (rendendo così ancora più precaria la propria posizione) di sentirsi in colpa soltanto per due ragioni: perché da ragazzo aveva marinato la scuola, e perché, durante una incursione aerea, aveva disobbedito all'ordine di scendere nel rifugio. Ciò non significa che in Eichmann, come in molti altri burocrati, non vi fosse una componente sadica, vale a dire la soddisfazione di controllare altri esseri umani. Ma questo risvolto sadico è secondario rispetto alle componenti primarie del burocrate, vale a dire la sua incapacità di risposta umana e la sua adorazione delle regole.

Con questo non voglio dire che tutti i burocrati sono altrettanti Eichmann. In primo luogo, molti individui che occupano posizioni burocratiche non sono burocrati nell'accezione caratterologica del termine; in secondo luogo, in molti casi l'atteggiamento burocratico non ha invaso l'intera personalità, uccidendone il lato umano. Certo è però che tra i burocrati ci sono molti Eichmann, l'unica differenza consistendo nel fatto che non si sono trovati a dover sterminare migliaia di persone; ma, quando accade che il burocrate di un ospedale rifiuta di accogliere un individuo in gravi condizioni perché i regolamenti esigono che la richiesta di ammissione sia presentata da un medico, è certo che quel burocrate non si comporta in maniera diversa da Eichmann, e lo stesso vale per quegli assistenti sociali che lasciano morire di fame uno di coloro che dovrebbero aiutare, pur di non violare una certa regola del loro codice burocratico. È un atteggiamento che ha corso non soltanto tra amministratori, ma che si ritrova anche tra medici, infermieri, insegnanti scolastici, nonché in molti mariti per quanto riguarda i rapporti con le loro mogli e in molti genitori nei confronti dei loro figli.

Una volta che l'essere umano sia ridotto a numero, i veri burocrati possono giungere a commettere atti di aperta crudeltà, non perché siano mossi da una crudeltà pari alle loro azioni, ma perché non sentono alcun legame umano con i loro sottoposti. Per quanto meno infami dei meri sadici, i burocrati sono più pericolosi, perché in loro non c'è neppure un conflitto tra coscienza e dovere: la loro coscienza consiste nel compiere il proprio dovere; e ai loro occhi, gli esseri umani quali oggetti di empatia e compassione semplicemente non esistono.

Il burocrate vecchio stampo, freddo e ostile, è reperibile oggi in certe vecchie aziende o in grandi organizzazioni come enti assistenziali, ospedali e carceri, in cui un singolo burocrate esercita un considerevole dominio su individui poveri o per altri motivi in stato di impotenza. Ma i burocrati dell'industria moderna non sono affatto di questo tipo, e probabilmente hanno ben poco del sadico, per quanto possano ricavare piacere dall'esercizio del potere sui loro simili. Ma, una volta ancora, in loro troviamo quella lealtà burocratica a una cosa, che nel loro caso è il *sistema*: essi credono in questa *cosa*. L'azienda è il loro focolare, e le sue regole sono sacrosante perché le regole sono «razionali».

Ma né i vecchi né i nuovi burocrati possono sussistere in un regime di democrazia partecipatoria, dal momento che lo spirito burocratico è incompatibile con quello dell'attiva partecipazione degli individui. I nuovi scienziati sociali dovranno pertanto elaborare programmi per nuove forme di amministrazione non burocratica su larga scala, imperniate sulla risposta (che è il riflesso della «responsabilità») nei confronti di individui e situazioni anziché sulla mera applicazione di regole. Un'amministrazione non burocratica è davvero possibile a patto che si tenga nel debito conto la potenziale spontaneità della risposta da parte dell'amministratore e non si faccia un feticcio dell'economicismo.

Il successo del tentativo inteso a creare una società di esseri umani dipenderà anche da molte altre iniziative. Avanzando i suggerimenti che seguono, non ho nessuna pretesa di originalità; al contrario, mi sento incoraggiato dal fatto che quasi tutti i suggerimenti stessi sono stati già avanzati, in una forma o nell'altra, da autori umanisti.[1]

Tutti i metodi di lavaggio del cervello usati dalla propaganda politica e dalla pubblicità industriale devono essere messi al bando.

I metodi in questione sono pericolosi, non solo perché ci inducono ad acquistare cose di cui non abbiamo bisogno e che non desideriamo, ma anche perché ci persuadono a scegliere rappresentanti politici di cui non avremmo bisogno e che non desidereremmo se fossimo nel pieno possesso delle nostre facoltà mentali. In realtà, non siamo affatto padroni delle nostre menti, perché la propaganda da cui siamo bombardati fa ricorso a metodi ipnotici. E, per combattere questo pericolo via via crescente, *dobbiamo impedire l'uso di tutte le forme ipnotizzanti di propaganda, sia per quanto riguarda le merci, sia per quanto riguarda i personaggi politici.*

I metodi di ipnosi cui si fa ricorso nella propaganda com-

[1] Per non sovraccaricare questo volume, mi astengo dal citare i numerosi testi in cui proposte del genere sono presenti; comunque, il lettore potrà trovare parecchi titoli nella bibliografia.

merciale e politica costituiscono un grave pericolo per l'equilibrio mentale, in particolare per il pensiero chiaro e critico e per l'indipendenza emozionale. Non dubito che studi approfonditi mostreranno come il danno causato dall'intossicazione da droghe sia solo una frazione del danno prodotto dai metodi di lavaggio del cervello in uso nella nostra società, e che vanno dai suggerimenti subliminali a espedienti semipnotici come la continua ripetizione o la distrazione del pensiero razionale mediante l'appello sessuale. Il bombardamento operato con metodi puramente suggestivi in campo pubblicitario, soprattutto per quanto riguarda gli spot televisivi e simili, è idiotizzante; è un attacco contro la ragione e il senso della realtà, che perseguita l'individuo ovunque e in ogni momento: durante le molte ore passate davanti al televisore, mentre guida su un'autostrada, mentre presta orecchio alla propaganda politica, e via dicendo. L'effetto particolare di questi metodi suggestivi è di creare un'atmosfera di intontimento, in cui si è svegli solo a mezzo, si crede e non si crede, si perde il senso della realtà.

Mettere fine all'inquinamento costituito dalla suggestione di massa avrà, sui consumatori, un effetto sconvolgente non molto dissimile dalla sintomatologia dei drogati nella fase di disintossicazione.

L'abisso esistente tra nazioni ricche e povere deve essere colmato.

Sussistono ben pochi dubbi circa il fatto che il mantenimento e anzi l'allargamento del divario in questione avrà effetti catastrofici. I paesi poveri hanno cessato di accettare lo sfruttamento economico da parte del mondo industrializzato come una realtà voluta da Dio. Benché l'Unione Sovietica continui a sfruttare i propri stati satelliti con le stesse modalità del colonialismo, essa non si perita di servirsi della protesta delle popolazioni colonizzate, alimentandola e facendone un'arma politica contro l'Occidente. L'aumento dei prezzi del petrolio è stato l'inizio – e insieme un simbolo – della richiesta dei colonizzati di mettere fine al sistema per cui si esige che essi vendano a buon prezzo materie prime e acquistino ad alto prezzo prodotti industriali. Allo stesso modo, la guerra del Vietnam ha costituito un simbolo dell'inizio del declino della dominazione politica e militare dei popoli colonizzati a opera dell'Occidente.

Che cosa accadrà se non si farà nulla di decisivo per colmare l'abisso? Si avranno epidemie che invaderanno la fortezza della società bianca, ovvero carestie che porteranno a tal punto di disperazione le popolazioni dei paesi poveri che queste, magari con l'aiuto di simpatizzanti del mondo industrializzato, commetteranno atti distruttivi, ricorrendo eventualmente all'uso di piccole armi nucleari o biologiche suscettibili di diffondere il caos nella fortezza bianca.

Questa catastrofica prospettiva può essere scongiurata solo a patto che le condizioni di sottoalimentazione, fame e malattia siano poste sotto controllo, e a tale fine l'aiuto delle nazioni industrializzate è assolutamente necessario. L'aiuto in questione deve essere assicurato senza che ci si aspettino in cambio profitti o vantaggi politici per le nazioni ricche, e ciò significa anche che queste devono rinunciare all'idea che i principi economici e politici del capitalismo possano essere trasferiti all'Africa e all'Asia. Ovviamente, spetterà agli esperti di economia decidere la maniera più efficace di fornire aiuti economici (per esempio, sotto forma di servizio o di investimenti di capitali).

Ma soltanto coloro che meritano davvero il nome di esperti possono mettersi al servizio di questa causa: deve trattarsi di individui che hanno non soltanto cervelli ben funzionanti, ma anche sentimenti umani che li spingano a cercare la soluzione ottimale. Perché costoro possano intervenire, e le loro raccomandazioni essere seguite, l'orientamento all'avere deve venire notevolmente indebolito e manifestarsi un sentimento di solidarietà, di attenzione per i bisogni altrui (non già di pietà). L'attenzione per i bisogni altrui riguarda non soltanto i nostri simili oggi viventi sulla Terra, ma anche i nostri discendenti; e in effetti nulla denuncia il nostro egoismo quanto il fatto che stiamo saccheggiando le materie prime della Terra, inquinandola e ponendo le premesse per un conflitto nucleare; e non esitiamo neppure un istante di fronte alla prospettiva di lasciare in eredità ai nostri discendenti questo pianeta saccheggiato.

Ma questa trasformazione interiore avrà luogo? Impossibile dirlo. Comunque, una cosa il mondo deve sapere, ed è che, in mancanza di essa, lo scontro tra nazioni povere e nazioni ricche diverrà inevitabile.

Molti dei mali delle attuali società capitalistiche e comuni-

ste scompariranno con l'introduzione di un reddito minimo annuo garantito.[1]

Il nocciolo di questa idea è che tutte le persone, che lavorino o meno, devono godere dell'incondizionato diritto a non morire di fame e ad avere un ricovero. Non dovranno ricevere più di quanto sia indispensabile per mantenersi, ma non dovranno neppure ricevere di meno. È un diritto che risponde a una concezione oggi nuova, benché si tratti di una antichissima norma di cui si è fatto paladino il cristianesimo, e che era messa in pratica in molte tribù «primitive», quello secondo cui gli esseri umani hanno un *incondizionato diritto a vivere, indipendentemente dal fatto che compiano o meno il loro «dovere verso la società»*. È un diritto che concediamo ai nostri animali domestici, non però ai nostri simili.

Una prescrizione del genere avrà per effetto di dilatare enormemente l'ambito della libertà personale; nessuno che sia economicamente dipendente da altri (da un genitore, da un marito, da un capo) sarebbe più sottoposto al ricatto di venir lasciato morire di fame; individui dotati, che vogliono cominciare una nuova vita, potrebbero farlo a patto che siano disposti ad affrontare il sacrificio di vivere, per un certo periodo, in relativa povertà. I moderni stati assistenziali hanno quasi accettato questo principio: dove quel «quasi» significa «non effettivamente»: infatti, una burocrazia continua ad «amministrare» la popolazione, controllandola e umiliandola. Invece, l'esistenza di un reddito minimo garantito renderebbe superflua la «prova» di indigenza per ottenere una semplice stanza e un po' di cibo; sicché, non sarebbe necessaria alcuna burocrazia che amministri un programma assistenziale con gli sprechi e le violazioni della dignità umana che gli sono propri.

Il reddito annuo minimo garantito assicurerebbe reale libertà e indipendenza; per tale motivo, esso è inaccettabile per ogni sistema basato sullo sfruttamento e il controllo, soprattutto per le varie forme di dittatura. È caratteristico del sistema sovietico che costantemente siano stati e continuino

[1] Ho avanzato questa stessa proposta già nel 1955 in *The Sane Society*; essa è stata ripresentata nell'opera collettanea a cura di R. Theobald, edita nel 1966 (vedi bibliografia).

a essere respinti anche semplici accenni alla possibilità di fornire gratuitamente beni o servizi assolutamente elementari, come per esempio trasporti o latte gratuiti. L'unica eccezione è costituita dal servizio medico, ma anche quest'eccezione è tale solo in apparenza, perché la concessione del servizio risponde a una precisa condizione, e cioè che chi ne usufruisce sia malato.

Tenendo presente l'attuale costo del mantenimento di una vasta burocrazia assistenziale, nonché quello richiesto per il trattamento di malattie corporee, soprattutto psicosomatiche, oltre che per opporsi alla criminalità e per combattere la diffusione delle droghe (si tratta, in tutti e tre i casi, in larga misura di forme di protesta contro la coercizione e la noia), sembra lecito supporre che la spesa necessaria ad assicurare a chiunque lo desideri un minimo annuo garantito sarebbe inferiore a quella richiesta dal nostro attuale sistema di assistenza sociale. Si tratta di un'idea che apparirà senza dubbio inattuabile o pericolosa a coloro i quali ritengono che «gli uomini sono sostanzialmente pigri per natura». Ma questo è un cliché che non si basa sui fatti: è un semplice slogan che funge da razionalizzazione della riluttanza a rinunciare al sentimento di potere nei confronti di coloro che non ne hanno affatto.

Le donne devono essere liberate dal dominio patriarcale.

La liberazione delle donne dal dominio patriarcale costituisce un fattore fondamentale per l'umanizzazione della società. L'assoggettamento delle donne agli uomini ha avuto inizio non più di seimila anni fa circa, in varie parti del mondo, quando un'abbondanza di prodotti agricoli ha permesso di assumere e sfruttare lavoratori, l'organizzazione di eserciti e la costruzione di potenti città-stato.[1] Da allora, non soltanto le società del Medio Oriente e quelle europee, ma gran parte delle culture mondiali sono state soggiogate dai «maschi consociati» che hanno sottomesso le donne; questa vittoria del maschio sulla femmina della specie umana è stata resa possibile dal potere economico degli uomini e dalla macchina militare da essi costruita.

La guerra tra i sessi è antica quanto la guerra tra le classi,

[1] Ho affrontato il problema del «matriarcato» antico, parlando della letteratura che se ne è occupata, in *The Anatomy of Human Destructiveness*.

ma si presenta in forme più complesse perché gli uomini hanno avuto e hanno bisogno delle donne, non soltanto come bestie da lavoro, ma anche come madri, amanti, consolatrici. Le forme assunte dalla guerra tra i sessi sono spesso apertamente brutali, ma più spesso ancora mascherate. Le donne hanno ceduto alla superiore forza degli uomini, reagendo però con le loro armi, la principale delle quali è la derisione degli uomini.

L'assoggettamento di una metà della specie umana da parte dell'altra ha comportato e continua a comportare enormi danni per entrambi i sessi: gli uomini assumono le caratteristiche del vincitore, le donne quelle della vittima. Non esiste ancora oggi rapporto tra uomo e donna, persino tra coloro che a livello conscio protestano contro la supremazia maschile, che sia libero dalla maledizione per gli uomini di sentirsi superiori e per le donne di sentirsi inferiori. (Freud, che indubbiamente credeva nella superiorità maschile, disgraziatamente presunse che il senso di impotenza delle donne fosse dovuto al loro supposto rammarico di non avere un pene, e che gli uomini fossero insicuri a causa della «paura di castrazione», altrettanto suppostamente universale. Quelli con cui abbiamo a che fare, nella cornice di tale fenomeno, sono sintomi della guerra tra i sessi, non già differenze biologiche e anatomiche in quanto tali.)

Molti dati comprovano fino a che punto il controllo esercitato dagli uomini sulle donne somigli al controllo esercitato da un gruppo etnico su altre popolazioni ridotte all'impotenza. Si consideri per esempio l'affinità tra la situazione dei negri del profondo Sud americano qual era cent'anni fa, e quella delle donne dell'epoca e ancora al giorno d'oggi. Negri e donne erano paragonati a bambini; si supponeva che fossero facile preda delle emozioni, ingenui, privi di senso della realtà, per cui non ci si potesse fidare di loro quando si trattava di prendere decisioni; li si considerava esseri irresponsabili anche se deliziosi. (Freud aggiungeva, a questo elenco, il fatto che le donne a suo giudizio avevano una coscienza, per l'esattezza un Super-io, meno sviluppata degli uomini, ed erano più narcisistiche.)

L'esercizio del potere su coloro che sono più deboli costituisce l'essenza del patriarcato attuale, come pure del dominio sulle nazioni non industrializzate e sui bambini e gli adolescenti. Il sempre più vasto movimento femminista può rivestire un'importanza enorme proprio perché costituisce una minaccia contro il principio di potere su cui si fonda la società contemporanea, capitalista o «comunista» che sia – a patto che le donne chiariscano, parlando di liberazione, che non aspirano a spartire il potere esercitato dagli uomini su altri gruppi, per esempio sulle popolazioni colonizzate. Se il movimento per la liberazione delle donne riuscirà a identificare il proprio ruolo in quello di rappresentante del «contropotere», le donne avranno davvero un peso decisivo nella lotta per la costruzione di una nuova società.

Fondamentali mutamenti di carattere liberatorio sono del resto già introdotti, e non è escluso che lo storico del futuro constati che l'evento più rivoluzionario del XX secolo è stato l'inizio del movimento femminista e il tramonto della supremazia maschile. Non va però dimenticato che la lotta per la liberazione delle donne è appena agli inizi, e che la resistenza opposta dagli uomini non deve venire sottovalutata. L'insieme dei loro rapporti con le donne (compresi quelli sessuali) si è basato e si basa sulla loro presunta superiorità, e già gli uomini cominciano a sentirsi estremamente a disagio e ansiosi di fronte a quelle donne che si rifiutano di inchinarsi al mito della superiorità maschile.

Strettamente collegato al movimento femminista è l'atteggiamento antiautoritario delle generazioni più giovani, che ha raggiunto l'acme verso la fine degli anni Sessanta. Oggi, in seguito a una serie di trasformazioni, molti dei ribelli all'*establishment* sono tornati a essere sostanzialmente «buoni». Ciò non toglie che gli orpelli dell'antica adorazione e rispetto per i genitori e per altre autorità siano andati in pezzi, e sembrerebbe certo che la «soggezione» di un tempo all'autorità sia destinata a non ricomparire.

Parallelamente all'emancipazione dall'autorità, procede l'affrancamento dal senso di colpa nei confronti del sesso, che sembrerebbe proprio non essere più considerato qualcosa di peccaminoso, di cui non sia lecito parlare. Per quanto differenti possano essere le opinioni circa i meriti dei molti aspetti della rivoluzione sessuale, una cosa è certa: l'erotismo non spaventa più la gente, e non si può più servirsene allo scopo di creare un sentimento di colpa e quindi per obbligare alla sottomissione.

È necessaria la creazione di un Supremo Consiglio Culturale, avente il compito di consigliare il governo, gli uomini politici e i cittadini in tutte le questioni per le quali si richiedono precise conoscenze.

I membri di tale organismo dovrebbero essere i rappresentanti dell'élite intellettuale e artistica del paese, uomini e donne la cui integrità morale sia al di là di ogni dubbio; costoro dovrebbero stabilire la composizione della nuova versione riveduta e ampliata della Food and Drug Administration, e spetterà loro l'incarico di scegliere i responsabili della diffusione di informazioni.

Esiste un fondamentale consenso su chi siano i rappresentanti di maggior rilievo di vari rami della cultura, e ritengo che sarebbe possibile reperire i membri adatti a far parte di questa istituzione. Naturalmente, è di importanza decisiva che il consiglio rappresenti anche coloro che si oppongono alle opinioni correnti, come per esempio i «radicali» e i «revisionisti», in campo economico, storico e sociologico. La difficoltà non consiste nel *trovare* i membri del Consiglio, bensì nello *sceglierli*, dal momento che non possono venire eletti dal voto popolare né dovrebbero essere nominati dal governo. Va dunque escogitata un'altra modalità di scelta; si potrebbe, per esempio, partire da un nucleo di tre o quattro persone, via via allargandolo fino a raggiungere la dimensione definitiva, diciamo di cinquanta o cento elementi. L'organismo dovrebbe disporre di ampi finanziamenti, in modo da poter a sua volta patrocinare particolari indagini su vari problemi.

Dovrebbe essere inoltre istituito un sistema efficace di diffusione di informazioni davvero utili.

L'*informazione* costituisce un elemento cruciale in una effettiva democrazia. Bisogna mettere fine alla censura sulle informazioni o alla loro falsificazione in nome di presunti interessi di «sicurezza nazionale»; ma, anche in assenza di questa forma illegale di censura, resterebbe pur sempre il fatto che, allo stato attuale delle cose, la quantità di informazioni effettive e necessarie fornite al cittadino medio è quasi nulla; e questo vale non soltanto per il cittadino medio. Come si è già dimostrato ampiamente, gran parte dei rappresentanti eletti, dei membri del governo, dei capi militari e dei dirigenti economici è poco informata e, in larga misura, disinformata dalle falsità diffuse da vari enti governativi e riprese dai *media*. Purtroppo, gran parte di costoro a loro volta sono dotati, nella migliore delle ipotesi, di un'intelligenza puramente manipolatoria; e ben di rado sono in grado di comprendere le forze all'opera sotto la superficie e quindi di formulare giudizi azzeccati circa gli sviluppi futuri, per non parlare del loro egoismo e della loro disonestà, a proposito dei quali la sappiamo ormai lunga. Ma anche essere un burocrate onesto e intelligente non è qualità sufficiente per risolvere i problemi di un mondo posto di fronte al pericolo di catastrofe.

Fatta eccezione per pochi «grandi» giornali, la maggioranza dei *media* fornisce informazioni estremamente limitate anche per quanto riguarda concreti e immediati problemi politici, economici e sociali. È vero che i cosiddetti grandi giornali informano meglio, ma è anche vero che disinformano più efficacemente, per esempio non pubblicando imparzialmente tutte le notizie, giocando con i titoli, i quali per di più sovente non corrispondono al relativo testo; ancora, mostrandosi parziali negli articoli di fondo, assai spesso paludati da un linguaggio in apparenza ragionevole e dagli intenti moralizzatori. In effetti, i giornali, i periodici, la televisione e la radio forniscono una merce - la notizia - ricavata dalla materia prima costituita dagli avvenimenti. Soltanto la notizia è vendibile, e i *media* stabiliscono quali avvenimenti «fanno notizia» e quali non possono essere trasformati in tale merce. Nella migliore delle ipotesi, l'informazione è preconfezionata, riguarda soltanto la superficie degli avvenimenti, raramente dà modo al cittadino di penetrare più sotto della superficie stessa, cogliendo le cause profonde degli avvenimenti. Finché la vendita di notizie costituirà un'attività economica, sarà difficile impedire a giornali e periodici di stampare ciò che fa vendere (grazie a una maggiore o minore mancanza di scrupoli) più copie e non è in antitesi con i propositi degli inserzionisti.

Il problema dell'informazione deve essere risolto in maniera diversa, se si vuole un'opinione pubblica bene informata e decisioni basate sui fatti. Mi limito a citare solo un esempio: una delle prime e più importanti funzioni del Supremo Consiglio Culturale dovrebbe consistere nel raccogliere e diffondere tutte le informazioni che potrebbero servire ai bisogni dell'intera popolazione e particolarmente fungere da base per la discussione in seno ai gruppi su cui si fonda la democrazia partecipatoria. Le informazioni in questione dovrebbero riguardare fatti e alternative fondamentali di tutti i settori in cui abbiano luogo decisioni politiche. Particolarmente importante è che, in caso di dissenso, l'opinione della minoranza e quella della maggioranza siano ugualmente pubblicate, e che le informazioni relative siano messe a disposizione di ogni cittadino e soprattutto dei gruppi. Al Supremo Consiglio Culturale spetterebbe la responsabilità di sovrintendere al lavoro di questo nuovo corpo di raccoglitori e diffusori di notizie, e naturalmente radio e televisione avrebbero un ruolo di primaria importanza nella diffusione stessa.

La ricerca scientifica deve essere scissa dall'applicazione industriale e militare.

Sarebbe estremamente limitante, per lo sviluppo umano, se si ponessero limiti alle esigenze di conoscenza, e d'altro canto sarebbe estremamente pericoloso se si facesse uso pratico di tutti i risultati della riflessione scientifica. Come è stato sottolineato da molti commentatori, certe scoperte nel campo della genetica, della chirurgia cerebrale, degli psicofarmaci e in molti altri campi possono e indubbiamente daranno adito ad abusi, con grande danno dell'umanità, né lo si potrà evitare finché i gruppi d'interesse industriali e militari saranno liberi di fare l'uso che vorranno di tutte le scoperte teoriche che ritengano adatte ai loro scopi. Il profitto e le finalità militari devono cessare dal determinare l'applicazione della ricerca scientifica; a tale scopo, è necessaria la costituzione di un organismo di controllo, del quale sia indispensabile assicurarsi l'autorizzazione per l'applicazione pratica di ogni nuova scoperta teorica. Inutile aggiungere che un organismo di controllo del genere deve essere, sotto il profilo legale e psicologico, del tutto indipendente dall'industria, dal governo e dalla struttura militare. Al Supremo Consiglio Culturale spetterà la nomina dei membri dell'organismo stesso e la supervisione delle sue attività.

I suggerimenti avanzati nelle pagine precedenti saranno indubbiamente di assai difficile realizzazione; ma le difficoltà appaiono quasi insormontabili se alle condizioni precedenti se ne aggiunge un'altra, assolutamente necessaria per la costruzione di una nuova società: il *disarmo atomico*.

Uno degli elementi patologici della nostra economia è costituito dal fatto che essa ha bisogno di una vasta industria degli armamenti. Ancora oggi gli Stati Uniti, il paese più ricco del mondo, devono ridurre i propri investimenti nel campo della sanità pubblica, dell'assistenza e dell'istruzione, per poter reggere il peso del loro bilancio militare. Il costo di un esperimento sociale non può certo essere affrontato da uno stato che si impoverisce con la produzione di ferraglia utile soltanto a scopi suicidi. Inoltre, lo spirito dell'individualismo e dell'attività non possono sopravvivere in un'atmosfera in cui la burocrazia militare, i cui poteri aumentano ogni giorno di più, continua a diffondere la paura e a promuovere la subordinazione.

La nuova società: la sua realizzazione ha prospettive ragionevoli?

Tenuto conto del potere delle grandi aziende, dell'apatia e dell'impotenza della grande massa della popolazione, dell'inadeguatezza al compito dei leader politici di quasi tutti i paesi, della minaccia di un conflitto nucleare, dei pericoli ecologici, per non parlare di fenomeni quali trasformazioni climatiche capaci da sole di causare carestie in vaste regioni del mondo, bisogna chiedersi se esista una ragionevole prospettiva di salvezza. Da un punto di vista economico, sembra di doverlo escludere senz'altro: nessun essere umano ragionevole rischierebbe i propri averi in una scommessa, quando le probabilità di vincere non superano il 2%, né investirebbe capitali in un'iniziativa che assicuri altrettanto scarse probabilità di guadagno. Ma quando si tratta di vita e di morte, la «prospettiva ragionevole» deve essere sostituita dal termine «effettiva possibilità», per quanto ridotta questa possa sembrare.

La vita non è il gioco di probabilità di una trattativa d'affari, e per stabilire le effettive possibilità di salvezza dobbiamo volgere lo sguardo altrove, prendendo per esempio in considerazione le possibilità terapeutiche offerte dalla medicina. Qualora un individuo malato abbia una probabilità di salvezza anche minima, nessun medico responsabile dirà:

«Rinunciamo al tentativo», né farà ricorso a semplici palliativi; al contrario, tutti i mezzi possibili saranno impiegati per salvarne la vita. È indubbio che una società malata non può aspettarsi nulla di meno.

Giudicare le prospettive di salvezza della società attuale dal punto di vista della scommessa o dell'affare è tipico dello spirito di una società mercantilistica. C'è ben poca saggezza nell'opinione tecnocratica, oggi tanto di moda, secondo la quale non ci sarebbe nulla di male nella frenesia lavorativa o del tempo libero nell'avere sentimenti superficiali e nel ritenere che, anche posto che debba trionfare, il fascismo tecnocratico dopo tutto forse non è così brutto come lo si dipinge. In realtà, si tratta soltanto di un pio desiderio. Il fascismo tecnocratico porterebbe necessariamente alla catastrofe: l'uomo disumanizzato impazzirebbe al punto da non essere in grado, a lungo andare, di garantire l'esistenza di una società in cui sia possibile vivere, mentre a breve termine non sarebbe capace di trattenersi dall'uso suicida di armi nucleari o biologiche.

Ci sono tuttavia alcuni fattori che non possono non sembrarci incoraggianti. In primo luogo, un numero sempre crescente di persone ormai ammette le verità enunciate da Mesarovic e Pestel, da Paul R. e Anne H. Ehrlich e altri, e cioè che, anche solo *per motivi puramente economici*, sono necessari una nuova etica, un nuovo atteggiamento verso la natura, solidarietà umana e cooperazione, se si vuole evitare che il mondo occidentale venga spazzato via. Questo appello alla ragione, a parte ogni considerazione emozionale e morale, può fare presa sulla mente di parecchi di noi; ed è una realtà che non va sottovalutata, benché nel corso della storia le nazioni abbiano più e più volte agito contro i loro interessi vitali e persino contro la stessa spinta alla sopravvivenza. Se l'hanno fatto, è stato perché le popolazioni si sono lasciate persuadere dai loro capi che non erano poste di fronte alla scelta tra «essere o non essere». Se si fossero invece rese conto della verità, sarebbero intervenute le normali reazioni neurofisiologiche, e la consapevolezza di minacce contro la loro stessa esistenza le avrebbe indotte a mobilitare appropriati meccanismi di difesa.

Un altro segno positivo è costituito dalle crescenti espressioni di malcontento per l'attuale sistema sociale. Un numero sempre maggiore di persone avverte il *malaise du siècle*: sono consce del proprio stato di depressione e se ne risentono nonostante tutti gli sforzi intesi a far sì che non se ne rendano conto. Costoro avvertono chiaramente l'infelicità della loro condizione di isolamento e quanto vuoto ci sia nel loro «stare assieme»; sono consapevoli della loro impotenza, dell'insignificanza delle loro esistenze. Molti lo comprendono appieno, altri lo intuiscono confusamente, ma anche questi ultimi ne acquistano consapevolezza quando qualcun altro se ne fa interprete in loro nome.

Finora nella storia del mondo un'esistenza di vuoti piaceri era possibile soltanto per una minuscola élite, i membri della quale mantenevano un sostanziale equilibrio perché sapevano di avere il potere e che dovevano pensare e agire in modo da non perderlo. Oggi, la vuota esistenza del consumismo è propria dell'intera classe media, la quale sotto il profilo economico e politico non ha potere alcuno e ha ben scarse responsabilità personali. A gran parte degli abitanti del mondo occidentale sono oggi noti i benefici del tipo di felicità consumistica, e sempre maggiore è il numero di coloro che ne avvertono le carenze; essi cominciano a scoprire che avere molto non è sinonimo di vivere bene; in altre parole, gli insegnamenti morali tradizionali sono stati messi alla prova dei fatti, e l'esperienza li ha confermati.

La vecchia illusione è all'opera ancora soltanto in coloro che non conoscono i «benefici» del lusso da classe media, vale a dire nella piccolissima borghesia dell'Occidente e in gran parte dei cittadini dei paesi «socialisti». In effetti, la speranza borghese di raggiungere la felicità attraverso il consumo è viva soprattutto in quei paesi che ancora non hanno realizzato il sogno borghese.

Una delle più serie obiezioni alla possibilità di superare cupidigia e invidia, quella secondo cui entrambe fanno parte integrante della natura umana, a un più attento esame appare assai più fragile di quanto non sembri: cupidigia e invidia sono così ben radicate in noi, non perché siano inerenti alla natura umana, ma a causa delle difficoltà che incontra chi intenda opporsi alla spinta collettiva a essere un lupo tra i lupi. Se mutasse il clima sociale, e quindi i valori approvati o disapprovati, è certo che il passaggio dall'egoismo all'altruismo riuscirebbe assai meno difficile.

Torniamo così al punto di partenza: l'orientamento all'essere costituisce una forte potenzialità della natura umana. Solo una minoranza è governata dalla modalità dell'avere, mentre un'altra piccola minoranza è governata dalla modalità dell'essere; sia l'una sia l'altra possono divenire dominanti, e ciò dipende dalla struttura sociale. In una società orientata soprattutto verso l'essere, le tendenze all'avere non trovano alimento, mentre hanno possibilità di sviluppo quelle all'essere. In una società come la nostra, orientata soprattutto verso l'avere, accade invece il contrario. Tuttavia, il modo di esistenza secondo l'essere è sempre già presente, per quanto represso: non era possibile che un Saulo divenisse Paolo, se non fosse stato un Paolo già prima della conversione.

L'essere fa già oggi pencolare la bilancia a proprio favore, non appena accada che, in connessione a trasformazioni sociali, il nuovo venga incoraggiato e il vecchio scoraggiato. Inoltre, non si tratta di creare un uomo nuovo, diverso dal vecchio quanto il cielo lo è dalla terra: il problema è puramente di cambiamento di direzione. Un passo nella direzione nuova sarà seguito da un altro, e, tutti assieme, questi passi comporteranno una trasformazione decisiva.

Ma c'è un altro aspetto incoraggiante il quale, paradossalmente, riguarda il grado di alienazione che caratterizza la maggior parte della popolazione, compresi i suoi leader. Come si è già sottolineato parlando del «carattere mercantile», la brama di avere e di accumulare ha subìto modifiche a opera della tendenza a funzionare semplicemente bene, a scambiare se stessi come una merce che, a conti fatti, è un niente. Mutare riesce più facile per il carattere alienato, mercantile, di quanto non lo sia per il carattere accumulatorio, che freneticamente si aggrappa ai suoi possessi, in particolare il proprio io.

Un secolo fa, quando la maggior parte della popolazione era formata da «indipendenti», l'ostacolo maggiore al mutamento era costituito dalla paura di perdere le proprietà e l'indipendenza economica e dalla resistenza che ne conseguiva. Marx viveva in un'epoca in cui la classe lavoratrice era l'unica grande categoria dipendente e, a suo giudizio, la più alienata di tutte. Oggi, la stragrande maggioranza della popolazione è composta da dipendenti; in pratica, tutti coloro che lavorano sono *impiegati* (stando al censimento USA del 1970, soltanto il 7,82% dell'intera popolazione lavoratrice di età superiore ai sedici anni è costituita da lavoratori autonomi, non dipendenti); e, per lo meno negli Stati Uniti, sono proprio i «colletti blu» che continuano a far proprio il tradizionale carattere accumulatorio della classe media e che, di conseguenza, si mostrano meno aperti ai cambiamenti di quanto non sia la classe media di oggi, la cui alienazione è cresciuta.

Tutto questo ha una conseguenza politica della massima importanza: mentre il socialismo mirava alla liberazione di tutte le classi, e cioè alla creazione di una società senza classi, esso faceva immediatamente appello alla «classe operaia», ai lavoratori manuali; oggi, il proletariato industriale è, in termini relativi, assai più una minoranza di quanto non fosse cent'anni fa. Per assicurarsi il potere, i partiti socialdemocratici devono garantirsi i voti di molti membri della classe media e, per ottenere tale scopo, hanno dovuto sfrondare il loro programma, passando dalla visione socialista alla promessa di riforme di tipo liberale. D'altro canto, identificando la classe media con la leva della trasformazione in senso umanistico, il socialismo per forza di cose si poneva in conflitto con i membri di tutte le altre classi, i quali erano convinti che proprietà e privilegi sarebbero stati strappati loro dal proletariato.

Oggi, il richiamo della nuova società si rivolge a tutti coloro che subiscono l'alienazione, che esercitano un lavoro dipendente e le cui proprietà non sono minacciate; in altre parole, alla maggior parte della popolazione, non solo a una minoranza. L'appello a dar vita a una nuova società non costituisce alcuna minaccia per la proprietà di chicchessia e, per quanto riguarda i redditi, si propone di elevare il livello di vita dei poveri; non sarà necessario che gli stipendi degli alti dirigenti siano ridotti; semplicemente, se il sistema dovesse funzionare, costoro non vorrebbero più essere il simbolo di tempi passati.

Inoltre, gli ideali della nuova società concordano con le istanze di tutti i partiti: molti conservatori non hanno perduto i loro ideali morali e religiosi (Eppler li definisce «*value conservatives*», conservatori di valori), e lo stesso vale per molti «liberali» ed esponenti della sinistra. Ogni partito politico sfrutta i votanti persuadendoli a credere che esso rappresenta i genuini valori dell'umanesimo. Ma, dietro tutti i partiti politici, si trovano due sole tendenze: *quella di coloro che si preoccupano dei propri simili e quella di coloro che non se ne curano.* Se tutti quelli che appartengono al primo di tali campi potessero sbarazzarsi dei cliché di partito, rendendosi conto che perseguono tutti gli stessi obiettivi, la prospettiva di mutamento diventerebbe considerevolmente maggiore, e questo tanto più dal momento che gran parte dei cittadini sempre meno presta orecchio agli slogan di partito, e sempre minore diventa la loro lealtà verso i raggruppamenti politici. La gente oggi ripone le sue speranze in uomini dotati di saggezza e di profonde convinzioni, oltre che del coraggio di agire in conformità a queste.

Ma, pur tenendo conto di questi fattori positivi, bisogna ammettere che le prospettive di mutamenti umani e sociali, per quanto necessarie, permangono assai ridotte. La nostra unica speranza risiede nella formidabile attrazione esercitata da una nuova visione. Proporre questa o quella riforma che non muti il sistema, a lungo andare si rivela inutile perché la proposta stessa non ha in sé l'energia cogente di una forte motivazione. La meta «utopistica» appare oggi più realistica che non il «realismo» dei leader politici. La realizzazione della nuova società e dell'uomo nuovo è possibile solo a patto che le vecchie motivazioni del profitto e del potere siano sostituite da nuove: essere, partecipare, comprendere; a patto che il carattere mercantile sia sostituito dal carattere produttivo, teso all'amore; a patto che la religione cibernetica sia sostituita da un nuovo spirito radicalumanistico.

In effetti, per coloro che non sono genuini seguaci di una religione teistica, il problema di maggior rilievo è quello della conversione a una «religiosità» umanistica senza religione, senza dogmi e istituzioni, una «religiosità» a lungo preparata dal movimento che va dal Buddha a Marx. Non ci troviamo di fronte alla scelta tra materialismo egoistico e accettazione della concezione cristiana di Dio. La stessa vita sociale in tutti i suoi aspetti – lavoro, riposo, rapporti sociali – potrebbe divenire l'espressione dello spirito «religioso», per cui una religione a sé stante cesserebbe dall'essere necessaria. Questa esigenza di una nuova «religiosità», non teistica, non istituzionalizzata, non costituisce un attacco alle religioni esistenti; d'altra parte, essa comporta la necessità che la Chiesa Cattolica Romana, a cominciare dal suo vertice, si converta allo spirito evangelico. Non significa d'altro canto che i «paesi socialisti» dovranno essere «desocializzati», bensì che il loro falso socialismo deve venire sostituito da un genuino socialismo umanistico.

La cultura tardo-medioevale aveva come centro motore la visione della *Città di Dio*; la società moderna si è costituita perché la gente era mossa dalla visione dello sviluppo della *Città Terrena del Progresso*. Nel nostro secolo, tuttavia, questa visione è andata deteriorandosi, fino a ridursi a quella della *Torre di Babele*, che ormai comincia a crollare e rischia di travolgere tutti nella sua rovina. Se la Città di Dio e la Città Terrena costituiscono la tesi e l'antitesi, una nuova sintesi rappresenta l'unica alternativa al caos: la sintesi tra il nucleo spirituale del mondo tardo-medioevale e lo sviluppo, avvenuto a partire dal Rinascimento, del pensiero razionale e della scienza. Questa sintesi costituisce la *Città dell'Essere*.

Bibliografia

Della bibliografia fanno parte le opere citate nel testo, benché non vi si trovino tutte le fonti di cui mi sono servito nella stesura di questo volume. I libri particolarmente consigliati per un'ulteriore informazione sono contrassegnati da un singolo asterisco; due asterischi indicano invece quelli per lettori con poco tempo a disposizione.

Arieti, Silvano, *American Handbook of Psychiatry*, vol. 2, Basic Books, New York 1959 (trad. it. *Manuale di psichiatria*, Boringhieri, Torino 1969)

Aristotele, *Nicomachean Ethics*, Loeb Classical Library, Harvard University Press, Cambridge (trad. inglese dell'*Etica Nicomachea*)

* Artz, Frederick B., *The Mind of the Middle Ages: An Historical Survey: A.D. 200-1500*, 3ª ed. riveduta e corretta, Alfred A. Knopf, New York 1959

Auer, Alfons, *Die Autonomie des Sittlichen nach Thomas von Aquin*, manoscritto

–, *Ist die Sünde eine Beleidigung Gottes?*, in «Theol. Quartalsschrift», Erich Wewel Verlag, Friburgo (Monaco) 1975

* –, *Utopie, Technologie, Lebensqualität*, Benziger Verlag, Zurigo 1976

* Bachofen, J.J., *Myth, Religion and the Mother Right: Selected Writings of Johann Jakob Bachofen*, a cura di J. Campbell, trad. di R. Manheim, Princeton University Press, Princeton 1967 (trad. inglese dell'originale tedesco *Das Mutterrecht*, 1861)

Bacon, Francis, *Novum Organum*, 1620

Bauer, E., «Allgemeine Literatur Zeitung», 1843/4, cit. da K. Marx e F. Engels (*vedi*)

* Becker, Carl L., *The Heavenly City of the Eighteenth Century*

Philosopher, Yale University Press, New Haven 1932 (trad. it. *La Città Celeste dei filosofi settecenteschi*, Ricciardi, Milano 1946)
Benveniste, Emile, *Problèmes de Linguistique Générale*, Gallimard, Parigi 1966 (trad. it. *Problemi di linguistica generale*, Il Saggiatore, Milano 1971)
Benz, E., *vedi* Eckhart, Meister
Blakney, Raymond B., *vedi* Eckhart, Meister
Bloch, Ernst, *Philosophy of the Future*, Seabury Press, New York 1970
–, *On Karl Marx*, Seabury Press, New York 1971 (trad. it. *Karl Marx*, Il Mulino, Bologna 1972)
* –, *Atheism in Christianity*, Seabury Press, New York 1972 (trad. it. *Ateismo nel cristianesimo*, Feltrinelli, Milano 1971)

Cloud of Unknowing, The, *vedi* Underhill, Evelyn

Darwin, Charles, *The Autobiography of Charles Darwin 1809-1882*, a cura di Nora Barlow, W.W. Norton, New York 1969. Cit. da E.F. Schumacher (*vedi*) (trad. it. *Autobiografia 1809-1882*, Einaudi, Torino 1962)
Delgado, J.M.R., *Aggression and Defense Under Cerebral Radio Control*, in *Aggression and Defense: Neural Mechanisms and Social Patterns. Brain Function*, vol. 5, a cura di C.D. Clemente e D.B. Lindsley, University of California Press, Berkeley 1967
De Lubac, Henri, *Katholizismus als Gemeinschaft*, trad. tedesca a cura di Hans-Urs von Balthazar, Benziger Verlag & Co., Einsiedeln/Colonia 1974
De Mause, Lloyd, *The History of Childhood*, The Psychohistory Press, Atcom Inc., New York 1974
Diogene Laerzio, *Lives of Eminent Philosophers*, trad. inglese delle *Vite dei filosofi illustri* a cura di R.D. Hicks, Harvard University Press, Cambridge 1966
Du Marais, *Les Véritables Principes de la Grammaire*, 1769
Dumoulin, Heinrich, *Östliche Meditation und Christliche Mystik*, Karl Alber Verlag, Friburgo (Monaco) 1966

** Eckhart, Meister, *Meister Eckhart: A Modern Translation*, trad. inglese a cura di Raymond B. Blakney, Torchbooks, Harper & Row, New York 1941
–, a cura di Franz Pfeifer, trad. inglese di C. e B. Evans, John M. Watkins, Londra 1950
–, *Meister Eckhart, Deutsche Predigten und Traktate*, resi in tedesco moderno a cura di Joseph L. Quint, Carl Hanser Verlag, Monaco 1969

–, *Meister Eckhart, Die Deutschen Werke*, rese in tedesco moderno a cura di Joseph L. Quint, in *Gesamtausgabe der deutschen und lateinischen Werke*, Kohlhammer Verlag, Stoccarda 1936
–, *Meister Eckhart, Die lateinischen Werke, Expositio Exodi 16*, a cura di E. Benz et al., in *Gesamtausgabe der deutschen und lateinischen Werke*, Kohlhammer Verlag, Stoccarda 1936, cit. da Otto Schilling (*vedi*)
* Ehrlich, Paul R. e Ehrlich, Anne H., *Population, Resources, Environment: Essays in Human Ecology*, W.H. Freeman, San Francisco 1970
Engels, F., *vedi* Marx, K.
Eppler, E., *Ende oder Wende*, Kohlhammer Verlag, Stoccarda 1975

Farner, Konrad, *Christentum und Eigentum bis Thomas von Aquin*, in *Mensch und Gesellschaft*, vol. 12, a cura di K. Farner, Francke Verlag, Berna 1947, cit. da Otto Schilling (*vedi*)
Finkelstein, Louis, *The Pharisees: The Sociological Background of Their Faith*, voll. 1 e 2, The Jewish Publication Society of America, Filadelfia 1946
Fromm, E., *Die psychoanalytische Charakterologie und ihre Bedeutung für die Sozialforschung*, in «Ztsch. f. Sozialforschung», n. 1, pagg. 253-277, 1932; riprodotto col titolo *Psychoanalytic Characterology and Its Relevance for Social Psychology* in E. Fromm, *The Crisis of Psychoanalysis* (*vedi*)
–, *Escape from Freedom*, Holt, Rinehart and Winston, New York 1941 (trad. it. *Fuga dalla libertà*, Edizioni di Comunità, Milano 1963)
–, *Faith as a Character Trait*, in «Psychiatry», n. 5, 1942. Ristampato con lievi cambiamenti in E. Fromm, *Man for Himself* (*vedi*)
–, *Sex and Character*, in «Psychiatry», n. 6, 1943, pagg. 21-31 (trad. it. *Sesso e carattere*, in *La famiglia, la sua funzione e il suo destino*, Bompiani, Milano 1955, 1967). Ristampato in E. Fromm, *The Dogma of Christ and Other Essays on Religion, Psychology, and Culture* (*vedi*)
* –, *Man for Himself: An Inquiry into the Psychology of Ethics*, Holt, Rinehart and Winston, New York 1947 (trad. it. *Dalla parte dell'uomo. Indagine sulla psicologia della morale*, Astrolabio, Roma 1971)
–, *Psychoanalysis and Religion*, Yale University Press, New Haven 1950 (trad. it. *Psicoanalisi e religione*, Edizioni di Comunità, Milano 1961)
–, *The Forgotten Language: An Introduction to the Understanding of Dreams, Fairy Tales, and Myths*, Holt, Rinehart and

Winston, New York 1951 (trad. it. *Il linguaggio dimenticato. Introduzione alla comprensione dei sogni, delle fiabe e dei miti*, Bompiani, Milano 1962)
–, *The Sane Society*, Holt, Rinehart and Winston, New York 1955 (trad. it. *Psicoanalisi della società contemporanea*, Edizioni di Comunità, Milano 1964)
–, *The Art of Loving*, Harper & Row, New York 1956 (trad. it. *L'arte di amare*, Mondadori, Milano 1963)
–, *On the Limitations and Dangers of Psychology*, in W. Leibrecht, a cura di, *Religion and Culture: Essays in Honor of Paul Tillich*, 1959 (*vedi*)
** –, *Marx's Concept of Man*, Frederick Ungar, New York 1961 (trad. it. *L'uomo secondo Marx*, in *Alienazione e sociologia*, Franco Angeli, Milano 1973)
–, *The Dogma of Christ and Other Essays on Religion, Psychology, and Culture*, Holt, Rinehart and Winston, New York 1963 (1ª ed. tedesca 1931; trad. it. *Dogmi, gregari e rivoluzionari. Saggi sulla religione, la psicologia e la cultura*, Edizioni di Comunità, Milano 1975)
–, *The Heart of Man. Its Genius for Good and Evil*, Harper & Row, New York 1964 (trad. it. *Il cuore dell'uomo. La sua disposizione al bene e al male*, Carabba, Roma 1965)
–, *Socialist Humanism*, Doubleday & Co., Garden City, N.Y., 1965 (trad. it. *L'umanesimo socialista*, Rizzoli, Milano 1975)
–, *The Concept of Sin and Repentance*, in E. Fromm, *You Shall Be as Gods* (*vedi*)
–, *You Shall Be as Gods*, Holt, Rinehart and Winston, New York 1966 (trad. it. *Voi sarete come dei. Una interpretazione radicale del Vecchio Testamento e della sua Tradizione*, Ubaldini, Roma 1970)
* –, *The Revolution of Hope*, Harper & Row, New York 1968 (trad. it. *La rivoluzione della speranza*, Etas/Kompass, Milano 1969)
–, *The Crisis of Psychoanalysis: Essays on Freud, Marx, and Social Psychology*, Holt, Rinehart and Winston, New York 1970 (trad. it. *La crisi della psicoanalisi*, Mondadori, Milano 1971)
** –, *The Anatomy of Human Destructiveness*, Holt, Rinehart and Winston, New York 1973 (trad. it. *Anatomia della distruttività umana*, Mondadori, Milano 1975)
– e Maccoby, M., *Social Character in a Mexican Village*, Prentice-Hall, Englewood Cliffs, N.J., 1970
–, Suzuki, D.T. e De Martino, R., *Zen Buddhism and Psychoanalysis*, Harper & Row, New York 1960 (trad. it. *Psicoanalisi e Buddhismo Zen*, Astrolabio, Roma 1968)

* Galbraith, John Kenneth, *The Affluent Society*, Houghton Mifflin, Boston 1969, 2ª ed. (trad. it. *Economia e benessere*, Edizioni di Comunità, Milano 1959; 2ª ed. col titolo *La società opulenta*, Edizioni di Comunità, Milano 1963; Etas/Kompass, Milano 1967)
* –, *The New Industrial State*, 2ª ed. riveduta e corretta, Houghton Mifflin, Boston 1971 (trad. it. *Il nuovo stato industriale*, Einaudi, Torino 1968)
* –, *Economics and the Public Purpose*, Houghton Mifflin, Boston 1974 (trad. it. *L'economia e l'interesse pubblico*, Mondadori, Milano 1974)

* Habermas, Jürgen, *Toward a Rational Society*, trad. inglese a cura di J. Shapiro, Beacon Press, Boston 1971
–, *Theory and Practice*, a cura di J. Viertel, Beacon Press, Boston 1973 (trad. it. *Prassi politica e teoria critica della società*, Il Mulino, Bologna 1973; *Teoria e prassi nella società tecnologica*, Laterza, Bari 1969)
Harich, W., *Kommunismus ohne Wachstum*, Rowohlt Verlag, Amburgo 1975
Hebb, D.O., *Drives and the CNS* [*Conceptual Nervous System*], in «Psych. Rev.», 62, n. 4, pag. 244
Hess, Moses, *Philosophie der Tat*, in *Einundzwanzig Bogen aus der Schweiz*, a cura di G. Herwegh, Literarischer Comptoir, Zurigo 1843. Ristampato in Moses Hess, *Ökonomische Schriften*, a cura di D. Horster, Melzer Verlag, Darmstadt 1972

* Illich, Ivan, *Deschooling Society*, World Perspectives, vol. 44, Harper & Row, New York 1970 (trad. it. *Descolarizzare la società*, Mondadori, Milano 1972)
–, *Medical Nemesis: The Expropriation of Health*, Pantheon, New York 1976 (trad. it. *Nemesi medica. L'espropriazione della salute*, Mondadori, Milano 1977)

* Kropotkin, P.A., *Mutual Aid: A Factor of Evolution*, Londra 1902 (trad. it. *Il mutuo appoggio fattore dell'evoluzione*, Libr. Int. di Avanguardia, Bologna 1950)

Lange, Winfried, *Glückseligkeitsstreben und uneigennützige Lebensgestaltung bei Thomas von Aquin*, dissertazione tenuta a Friburgo in Brisgovia, 1969
Leibrecht, W., *Religion and Culture: Essays in Honor of Paul Tillich*, Harper & Row, New York 1959
Lobkowicz, Nicholas, *Theory and Practice: The History of a Concept from Aristotle to Marx*, International Studies Series, University of Notre Dame Press, Notre Dame, Ind., 1967

* Maccoby, Michael, *The Gamesmen: The New Corporate Leaders*, Simon and Schuster, New York 1976
Maimonide, Mosè, *The Code of Maimonides*, trad. inglese de *La guida degli indecisi* a cura di A.M. Hershman, Yale University Press, New Haven 1963
* Marcel, Gabriel, *Être ou avoir* (2 voll.) Vol. I: *Journal métaphysique (1928-1933)*. Vol. II: *Réflexions sur l'irréligion et la foi*, Fernand Aubier Editions Montaigne, Paris 1935, 1968 (trad. inglese *Being and Having: An Existentialist Diary*, Torchbooks, Harper & Row, New York 1965; trad. it. *Diario metafisico*, Edizioni Abete, Roma 1966)
Marx, K., *Manoscritti economico-filosofici del 1844*, in *Gesamtausgabe (MEGA)* (*Opere complete di Marx ed Engels*), Mosca. Tradotto da E. Fromm in E. Fromm, *Marx's Concept of Man* (*vedi*) (trad. it. in *Opere filosofiche giovanili*, a cura di Galvano Della Volpe, Editori Riuniti, Roma 1963; a cura di Norberto Bobbio, Einaudi, Torino 1968)
–, *Capital* (trad. inglese), Charles H. Kerr & Co., Chicago 1909 (trad. it. *Il Capitale*, 3 voll., Editori Riuniti, Roma 1964-1965)
–, *Grundrisse der Kritik der politischen Ökonomie*, Europäische Verlagsanstalt, Francoforte, s.d. (trad. it. *Lineamenti fondamentali della critica dell'economia politica 1857-1858*, La Nuova Italia, Firenze 1968)
– e Engels, F., *Die Heilige Familie, oder Kritik der kritischen Kritik*, Dietz Verlag, Berlino 1971 (trad. it. *La sacra famiglia, ovvero Critica della critica critica*, Edizioni Rinascita, Roma 1954)
Mayo, Elton, *The Human Problems of an Industrial Civilization*, Macmillan, New York 1933 (trad. it. *I problemi umani e sociopolitici della civiltà industriale*, UTET, Torino 1969)
Meadows, D.H., et al., *The Limits to Growth*, Universe Books, New York 1972 (trad. it. *I limiti dello sviluppo. Verso un equilibrio globale*, Mondadori, Milano 1973)
* Mesarovic, Mihajlo D. e Pestel, Eduard, *Mankind at the Turning Point*, E.P. Dutton, New York 1974 (trad. it. *L'umanità a una svolta. Strategie per sopravvivere*, Mondadori, Milano 1974)
Mieth, Dietmar, *Die Einheit von Vita Activa und Vita Contemplativa*, Friedrich Pustet Verlag, Regensburg 1969
–, *Christus - Das Soziale im Menschen*, Topos Taschenbücher, Patmos Verlag, Düsseldorf 1971
Mill, J.S., *Principles of Political Economy*, 7ª ed., ristampa dell'ed. del 1871, University of Toronto/Routledge and Kegan Paul, Toronto 1965 (trad. it. *Principi di economia politica*, UTET, Torino 1953)
Morgan, L.H., *Systems of Sanguinity and Affinity of the Human*

Family, Pubblicazione 218, Smithsonian Institution, Washington D.C.
** Mumford, L., *The Pentagon of Power*, Harcourt Brace Jovanovich, New York 1970 (trad. it. *Il pentagono del potere*, Il Saggiatore, Milano 1973)

** Nyanaponika Mahatera, *The Heart of Buddhist Meditation*, Rider & Co., Londra 1962; Samuel Weiser, New York 1970 (trad. it. *La parola del Buddha*, a cura di Alessandro Bausani, Elvetica Edizioni, Chiasso 1973)
* –, *Pathways of Buddhist Thought: Essays from the Wheel*, George Allen & Unwin, Londra 1971; Barnes & Noble, Harper & Row, New York 1972

Phelps, Edmund S., *Altruism, Morality and Economic Theory*, Russell Sage Foundation, New York 1975
Piaget, Jean, *The Moral Judgment of the Child*, The Free Press, Macmillan, New York 1932 (trad. it. *Il giudizio morale nel fanciullo*, Giunti-Barbera, Firenze 1972)

Quint, Joseph L., *vedi* Eckhart, Meister

* Rumi, Gialaloddin, *Opere* selezionate e tradotte in inglese, con introduzione e note, a cura di R.A. Nicholson, George Allen & Unwin, Londra 1950

Schechter, David E., *Infant Development*, in Silvano Arieti, a cura di, *American Handbook of Psychiatry*, vol. II, 1959 (*vedi*)
Schilling, Otto, *Reichtum und Eigentum in der Altkirchlichen Literatur*, Herderische Verlagsbuchhandlung, Friburgo in Brisgovia, 1908
Schulz, Siegfried, *Q, Die Spruchquelle der Evangelisten*, Theologischer Verlag, Zurigo 1972
** Schumacher, E.F., *Small is Beautiful: Economics as if People Mattered*, Torchbooks, Harper & Row, New York 1973 (trad. it. *Piccolo è bello*, Mondadori, Milano 1980^2)
* Schumpeter, Joseph A., *Capitalism, Socialism, and Democracy*, Torchbooks, Harper & Row, New York 1962 (trad. it. *Capitalismo, socialismo, democrazia*, Edizioni di Comunità, Milano 1964; Etas/Kompass, Milano 1967)
Schweitzer, Albert, *Die Schuld der Philosophie an dem Niedergang der Kultur*, in *Gesammelte Werke*, vol. II, Buchclub Ex Libris, Zurigo 1923
–, *Verfall und Wiederaufbau der Kultur*, in *Gesammelte Werke*,

vol. II, Buchclub Ex Libris, Zurigo 1923 (trad. it. *Agonia della civiltà*, Edizioni di Comunità, Milano 1963)
* –, *Civilization and Ethics*, ed. riveduta e corretta, ristampa dell'ed. del 1923, Seabury Press, New York 1973
Simmel, Georg, *Hauptprobleme der Philosophie*, Walter de Gruyter, Berlino 1950 (trad. it. *I problemi fondamentali della filosofia*, Ed. Ist. Librario Internazionale, Milano 1972)
Sommerlad, T., *Das Wirtschaftsprogramm der Kirche des Mittelalters*, Lipsia 1903; cit. da Otto Schilling (*vedi*)
Spinoza, Benedictus (Baruch) de, *Ethics*, Oxford University Press, New York 1927 (trad. ingl. di *Ethica* [1677])
Staehelin, Balthasar, *Haben und Sein*, Editio Academia, Zurigo 1969 (trad. it. *Essere o avere. Diario metafisico*, Edizioni Abete, Roma 1966)
Stirner, Max, *The Ego and His Own: The Case of the Individual Against Authority* (trad. inglese dell'originale tedesco *Der Einzige und Sein Eigentum*), a cura di James J. Martin, trad. di Steven T. Byington, Dover, New York 1973 (trad. it. *L'Unico e la sua proprietà*, Adelphi, Milano 1979; Patron, Bologna 1982)
Suzuki, D.T., *Lectures on Zen Buddhism*, in E. Fromm, *Zen Buddhism and Psychoanalysis*, 1960 (*vedi*)
Swoboda, Helmut, *Die Qualität des Lebens*, Deutsche Verlagsanstalt, Stoccarda 1973

* Tawney, R.H., *The Acquisitive Society*, Harcourt Brace Jovanovich, New York 1920 (trad. it. *La società acquisitiva*, in *Sociologia industriale e dell'organizzazione*, Feltrinelli, Milano 1970)
Technologie und Politik, in «Aktuell Magazin», luglio 1975, Rowohlt Verlag, Rheinbeck bei Hamburg
Theobald, Robert, a cura di, *The Guaranteed Income: Next Step in Economic Evolution*, Doubleday, New York 1966 (trad. it. *Il reddito garantito*, Franco Angeli, Milano 1972)
Titmuss, Richard, *The Gift Relationship: From Human Blood to Social Policy*, George Allen & Unwin, Londra 1971
Tomaso d'Aquino, *Summa Theologica*, a cura di P.H.M. Christmann OP, Gemeinschaftsverlage, F.H. Kerle, Heidelberg; A. Pustet, Graz 1953

* Underhill, Evelyn, a cura di, *A Book of Contemplation the Which Is Called The Cloud of Unknowing*, 6ª ed., John M. Watkins, Londra 1956
Utz, A.F. OP., *Recht und Gerechtigkeit*, 1953, in Tomaso d'Aquino, *Summa Theologica*, vol. XVIII (*vedi*)

Yerkes, R.M. e Yerkes, A.V., *The Great Apes: A Study of Anthropoid Life*, Yale University Press, New Haven 1929

Indici

Indice analitico

Indice generale

OSCAR CLASSICI MODERNI

Pirandello, Il fu Mattia Pascal
Christie, Dieci piccoli indiani
Kafka, Il processo
Chiara, Il piatto piange
Fitzgerald, Il grande Gatsby
Forster, Passaggio in India
Bernanos, Diario di un curato di campagna
Mann Th., La morte a Venezia - Tristano - Tonio Kröger
Svevo, La coscienza di Zeno
Joyce, Gente di Dublino
Asimov, Tutti i miei robot
García Márquez, Cent'anni di solitudine
Silone, Fontamara
Hesse, Narciso e Boccadoro
Woolf, La signora Dalloway
Bradbury, Fahrenheit 451
Bassani, Il giardino dei Finzi-Contini
Mitchell, Via col vento
Orwell, 1984
Kerouac, Sulla strada
Hemingway, Il vecchio e il mare
Pirandello, Sei personaggi in cerca d'autore - Enrico IV
Remarque, Niente di nuovo sul fronte occidentale
Buzzati, Il deserto dei Tartari
Vittorini, Uomini e no
Palazzeschi, Sorelle Materassi
Greene, Il potere e la gloria
Deledda, Canne al vento
Böll, Opinioni di un clown
Lawrence D.H., L'amante di Lady Chatterley
Sartre, La morte nell'anima
Faulkner, Luce d'agosto
D'Annunzio, Il Piacere
Tobino, Le libere donne di Magliano
Bellow, Herzog
Huxley, Il mondo nuovo - Ritorno al mondo nuovo
Joyce, Ulisse
Malaparte, La pelle
Montale, Ossi di seppia
Bulgakov, Il Maestro e Margherita
Saint-Exupéry, Volo di notte

Quasimodo, Ed è subito sera
Hamsun, Fame
Amado, Cacao
Pratolini, Cronaca familiare
Bellonci, Segreti dei Gonzaga
Proust, Un amore di Swann
Beauvoir, Il sangue degli altri
Ungaretti, Vita d'un uomo. 106 poesie 1914-1960
Masters, Antologia di Spoon River
Golding, Il signore delle mosche
Alain-Fournier, Il grande amico
Saba, Poesie scelte
Musil, I turbamenti del giovane Törless
Svevo, Una vita
Mauriac, La farisea
Dos Passos, Il 42° parallelo
Malraux, La speranza
Freud, Totem e tabù
Nietzsche, Così parlò Zarathustra
Buzzati, La boutique del mistero
Strindberg, Il figlio della serva
Shaw, Pigmalione
Hesse, Racconti
Schnitzler, Il dottor Gräsler medico termale
D'Annunzio, Le novelle della Pescara
Gibran, Il profeta - Il giardino del profeta
Orwell, Omaggio alla Catalogna
Updike, Corri, coniglio
Bernari, Tre operai
Kafka, La metamorfosi e altri racconti
Hemingway, I quarantanove racconti
Silone, Il segreto di Luca
Mann Th., I Buddenbrook
Svevo, Senilità
Woolf, Gita al Faro
Flaiano, Tempo di uccidere
Bacchelli, Il diavolo al Pontelungo
García Márquez, L'amore ai tempi del colera
Borgese, Rubè
Le Carré, La spia che venne dal freddo
Zweig, Il mondo di ieri
Miller, Paradiso perduto
Calvino, Marcovaldo
D'Arrigo, Horcynus Orca
Mishima, L'età verde
Schnitzler, La signorina Else
Orwell, La fattoria degli animali
Gide, I sotterranei del Vaticano
Romano, Nei mari estremi
Naipaul, Alla curva del fiume
Buzzati, Sessanta racconti
Steinbeck, La valle dell'Eden
Radiguet, Il diavolo in corpo
Piovene, Le stelle fredde
Solženicyn, Arcipelago Gulag
Tozzi, Con gli occhi chiusi
Bulgakov, Cuore di cane
Duras, L'amore

Slataper, Il mio Carso
Malaparte, Kaputt
Tobino, Per le antiche scale
Panzini, Il padrone sono me!
Andrić, Il ponte sulla Drina
Buck, La buona terra
Manzini, Ritratto in piedi
Döblin, Giganti
Bellow, Il re della pioggia
Rilke, I quaderni di Malte Laurids Brigge
Kawabata, La casa delle belle addormentate
García Lorca, Lamento per Ignazio Sánchez Mejías e altre poesie
Silone, Vino e pane
Kafka, America
Majakovskij, A piena voce. Poesie e poemi
Woolf, Orlando
Hemingway, Per chi suona la campana
Machado, Poesie scelte
Sereni, Diario d'Algeria
Styron, La scelta di Sophie
Koestler, Buio a mezzogiorno
Pratolini, Cronache di poveri amanti
Leavitt, Ballo di famiglia
Carver, Cattedrale
Fromm, Avere o essere?
Bonaviri, Il sarto della stradalunga
Wilder, Il ponte di San Luis Rey
Miller, Tropico del Cancro
Ginsberg, La caduta dell'America
Apollinaire, Alcool - Calligrammi
Joyce, Dedalus. Ritratto dell'artista da giovane
Bassani, Gli occhiali d'oro
Doctorow, Ragtime
Bacchelli, Il mulino del Po
Zanzotto, Poesie (1938-1986)
Hesse, Il lupo della steppa
Mann, Doctor Faustus
Vittorini, Il garofano rosso
Caldwell, Il bastardo
Maugham, Schiavo d'amore
Lawrence, Figli e amanti
Palazzeschi, Il Codice di Perelà
Styron, Le confessioni di Nat Turner
Forster, Camera con vista
Monod, Il caso e la necessità
Gandhi, Antiche come le montagne